本书为2022年嘉兴市文化精品重点扶持项目

江乡最好是分湖

走读长三角古镇

张嫣 著

华文出版社
SINO-CULTURE PRESS

图书在版编目(CIP)数据

江乡最好是分湖：走读长三角古镇 / 张嫣著. --北京：华文出版社，2023.12

ISBN 978-7-5075-5884-5

Ⅰ.①江… Ⅱ.①张… Ⅲ.①长江三角洲–乡镇–介绍 Ⅳ.①K928.5

中国国家版本馆CIP数据核字(2023)第221954号

江乡最好是分湖：走读长三角古镇

著　　者：	张　嫣
封面题字：	查　律
责任编辑：	刘超平
出版发行：	华文出版社
地　　址：	北京市西城区广外大街305号8区2号楼
邮政编码：	100055
网　　址：	http://www.hwcbs.cn
电　　话：	总编室 010-58336239　责任编辑010-58336222
	发行部 010-58336267
经　　销：	新华书店
照　　排：	桐乡市华厦文化传媒有限公司
印　　刷：	嘉兴市大雪印刷有限责任公司
开　　本：	880mm×1230mm　1/32
印　　张：	8
字　　数：	200千字
版　　次：	2023年12月第1版
印　　次：	2023年12月第1次印刷
标准书号：	ISBN 978-7-5075-5884-5
定　　价：	68.00元

版权所有，侵权必究

序

跟张嫣认识的时间并不长。

有段时间,在本地的文化副刊《江南周末》上,经常看到署名张嫣的文章,往往是写本地的古镇,文字也如小桥流水般的幽静、优美。不由得细细读了几篇,想,大概是个外地的作家吧,能把嘉兴的古镇写得如此得丝丝入扣,不容易。后来一问,才知是的的刮刮的本地人,跟我还是海宁老乡。

于是,一次作协的江浙沪古镇采风,就邀请了她。我开玩笑说:"你写得那么好,我以前怎么不知道呢?"——这听着有点像表扬与自我表扬。张嫣倒也实在,说:"以前只是喜欢读书,没怎么写,也是这两年才开始写作的。"我顺口调侃一句:"这就叫出道即巅峰啊!"

说实话,这种不慌不忙的写作心态,我是颇为欣赏的,甚至还有点羡慕。写作,不再是一种工作或者一件活计,而是——说得"酸"一点吧——内心自然的延伸。就像苏轼说的"行于所当行,止于所不可不止",写作成了自悦的一种方式,这是很惬意的事吧。这好比一个美食家,吃多了珍馐美馔,对色香味也有了一套自己的见解,忽一日技痒起来,何不自己也来做回厨师呢?这样做出来的菜肴,自然不会差——眼光在那放着呢。

所以,读张嫣的散文,我总觉得她写的时候是漫不经心的。想到就写,兴尽则罢,似乎不讲究谋篇布局,也不刻意表达某种观点或是情感,就这么懒散地一路走,一路看,有了点感受,就记下来,真是"散"文。说句笑话,她的散文要是作为中学课文,老师怕是不愿意教的,这个中心思想,这个段落大意,这个艺术手法,好像、好像都没有嘛。问题是,没有归没有,好看还那么好看,偶尔还有几句击中人心,这不是成心为难人吗?

这本书读下来,时不时惊叹于张嫣观察之细致,心思之细腻,她总能在一些熟视无睹之处,看出不寻常来,新塍的一棵古树,会让她感觉:"时间似是静止的,有梵音和鸟鸣落入耳际,而打动我的却是那片从高处轻旋跌至大地的落叶,一瞬间的飘零尤显孤寂。"还有一些看似不经意间发出的感叹,往往也让人心里一动,甚至,一悸。说实话,这书里写的小镇,我全都去过,有的还去过好几次,但除了"江南小镇都是差不多的"这个顽固的印象,其他都很模糊,就像吴冠中的画杂乱地铺了一地。这次把这本《江乡最好是分湖》读了一遍,倒似又来了一次"深度游",石桥、街巷、弄堂、小吃……渐渐清晰起来,还不由得浮起了几行诗:"草在结它的种子,风在摇它的叶子。我们站着,不说话,就十分美好。"原来每一个小镇都有着自己的个性啊,就像江南女子,看着都相仿佛,其实各有各的精彩。张嫣以她的敏感,把小镇的眉目描摹了出来,鲜活而生动。既长知识,亦富情趣,更可见其襟怀。看来,她的写作也不是漫不经心的,每篇文章都好好花了一番心思,就像是小河里游弋的鸭子,看起来悠闲自在,水下的脚丫却在急切地划动着。

现下写古镇似是成了一种流行,走走,看看,回来翻几页方志,网络上扒一点镇上名人的轶事,拼起来就是一篇千字文,可以面不改色地称之为"文化散文"。但读下来,总有一股"电脑味"——让ChatGPT来写或许还会更好些。张嫣的小镇却总让人亲切，仿佛她就坐在对面，有一搭没一搭地娓娓道来，间或发几句慨叹。她的小镇里总有一个"我"在，这个"我"，漫步在小镇上，手里或许还拈着一块绿豆糕或者臭豆腐，不住地停下来对着一条弄堂或者一座老宅发点痴呆。读着读着，便有点恍惚，古和今，人与景，和谐地合成了一幅水彩画。如她自己所说的："不同时代的人，在这相同的地点，状似平行线般无意地擦肩而过，却在某一个支点，忽然靠近。"我们游古镇，找的不就是这种"置身于陌生岁月里却又似曾相识的感觉"。

这是张嫣的第一本书，虽然我很赞赏她这种"玩票"式的写作，但还是期待她能不断地写下去，美文如同美景，总是越多越好，总是常见常新。

杨自强

目 录

分湖：江乡最好是分湖 ·················· 1
路仲：水风凉处好读书 ·················· 10
新篁：吾家老屋新篁里 ·················· 19
新塍：书生风流今不见 ·················· 27
长安：归燕楼台不见人 ·················· 35
王店：溪上梅花舍后开 ·················· 43
天凝：蒋村烟树昼沉沉 ·················· 51
西塘：草堂何以集群贤 ·················· 57
沈荡：陌上花开缓缓归 ·················· 65
澉浦：至今人说小杭州 ·················· 74
陶庄：上客同舟过柳溪 ·················· 83
丁栅：尚书故里水沄沄 ·················· 90
木渎：楼阁波涛隐人烟 ·················· 98
枫泾：半是茸城半魏塘 ·················· 107
南浔：浔溪河畔遍桑麻 ·················· 115
甪直：江南佛像世无双 ·················· 125
新埭：东市吃茶西市酒 ·················· 134
洲泉：一篙江水到洲泉 ·················· 142

乌镇：江南几度梅花发 ·················· 150

瓜村：诗人浅尝愁滋味 ·················· 156

郭店：四百年来藏书事 ·················· 163

干窑：半是寥落半是忙 ·················· 171

崇福：烟月不知人事改 ·················· 184

新市：赵家有女初长成 ·················· 192

庚村：我见青山多妩媚 ·················· 199

白马湖：大师云集耀春晖 ·················· 208

南河头：鸣喜桥畔筑书楼 ·················· 219

石门湾：真是一个好地方 ·················· 227

拙政园：庭院深深旧事了 ·················· 235

后记 ·················· 244

分湖：江乡最好是分湖

位于江苏吴江和浙江嘉善交界处有一湖，因半属嘉兴，半属苏州，故得分湖之名（后人加水旁作汾）。

宋元时，分湖俨然成为江南名胜，文人墨客，吟咏唱和，翰墨飘香，往来不绝。元大德六年（1302）十一月间，客居在好友陆行直家当塾师的通州人钱重鼎，因对江南水乡的眷恋，邀请好友赵孟頫为其作了一副《水村图》，这幅一时信手涂抹之作，却为日后元代文人画家的水墨山水画开了先河，极受后人推崇。十四年后，陆氏为钱重鼎卜筑水村于分湖南岸陶庄分湖村徐河浜口，其风景正宛如赵孟頫之《水村图》所绘。钱重鼎曾作《水村隐居记》有云："景物所处，宛然不异于今所居，事固有不相期而相符若是然者。"

真是个令人心驰神往的心中之境却是眼前之景的意趣啊！

人们一直存疑，赵孟頫之《水村图》并非为分湖所作，但似乎已经无妨了，自从钱重鼎卜居于此，往后岁月，画中景即是眼前景，《水村图》再也无法与分湖分离，前因扑朔迷离反而更添神秘气息。

后来大家都知道，《水村图》一再被临摹、重绘，分湖一再被文人墨客称颂、吟咏，这其中不乏书画间的巨擘。虽然赵孟頫的《水村图》入了宫廷，而民间不乏热爱之士，清嘉善人魏坤令《水村图》再一次扬名。到了清末光绪年间，南社社员嘉善人周芷畦在分湖水村的废基上，新建了宅院，并再续《水村第五图》，并请多家名流题咏。

江南盈盈一水间，小河扁舟，屋舍林木，平野沙汀，清幽祥和，与世无争。与其说是《水村图》撩拨了数百年来文人雅士的"水村情节"，倒不如说是这一片宁静水村收纳了文人那不甘于政治的压抑或尘世的喧嚣与逼仄，放情于水波烟云，行吟于自在江湖。一如朱彝尊所云：江乡最好是分湖。

往昔的风流后来都成了纸上烟云，不过，分湖岸边倒是有一株银杏成了岁月的坐标，与流淌不息的湖水共同见证这一处的沧海桑田。

银杏位于云台禅寺内，周芷畦在《水村第五图》有云："予家自丙申迁湖滨之汾南草堂，出门不数十武即小云台。俯临分湖，芦苇萧飒，烟水苍茫。"可见，云台禅寺的位置正是与钱重鼎、周芷畦旧日隐居之所相邻。此次，幸得采风之便，叩开了紧锁的山门。

临湖即是一处荷池，已入秋，留得残荷一片，有观景台深切入湖。银杏亦临湖，枝繁叶茂，叶色青，有果实缀于枝头。树干上标识着它矗立于此的具体岁月：宋绍定三年（1230）。此时，陶文干的子孙已经在陶庄扎下了根，陶庄已日趋繁荣，有了点"渔鼓画桥杨柳外，酒旗茅店杏花前"的气息，再过二十四年赵孟頫才会出生，至于离钱重鼎来此卜居也还有八十六年，足以长成茁壮的姿态来迎接这位近邻，共享无限水边风光。据说，云台禅寺旧为道人修道之所，如今寺内供奉佛祖也供有道家仙人，倒也是一佐证。而中国书画之意境，与道教相涉频繁，文人笔下之山水，造境结构，也非独文人之精神世界，亦可包含道教修行证悟之归旨，尤其深处易代的赵孟頫、钱重鼎，或于清末民初柳亚子、周芷畦等人都处于身在江海、心驰魏阙的边缘，心灵更加迫切有个皈依处，远离尘嚣的分湖之滨，正是一处平静、诗意之理想生活。

分湖的水继续恣意向南，渐渐散成了细流，村庄屋舍沿着河散居，那里有一个叫汾南的村庄，夏墓荡便静静地依偎着这一处的宁静,而水波烟云里,依然流传着故人的消息。十七岁的朱彝尊避兵夏墓荡,一代宗师的诗歌创作也肇始于此。对于它的地理位置,清光绪《嘉善县志》载:"在治西北三十六里,昔大姓夏氏筑墓于此,故名,亦曰夏湖。"

午后,紧贴水岸的村庄似在沉睡。一碧如洗的蓝天,风在自由穿行,白色水鸟贴着水面划出漂亮的弧线,碧波起于风间,或被鸭群惊扰,一圈圈荡漾开去。水中的浮木上,也有可能栖着一只肥壮的白鹭,它紧紧盯着湖面,随时就要冲向猎物,而我为水中一无所知的游鱼捏了把汗。

水岸线极长,风是酥的、软的。这时,你就会看见水中央有一座小亭,它的一端有小路通向村庄,三面朝向宽阔的湖水。于是就有了心怡的时光,在亭里恣意就座,刚刚好沏一壶"寿眉",聊一些闲话。朴素的民居围绕着河岸,我想象自己能够在岸边觅得一处居所,春天赏花夏日看傍晚的夕阳,秋日升起薄雾冬月炉火把我烤得两颊绯红。当然,怎么能没有秋月呢?水天一色的秋夜,约上三五好友,带上酒一起吟诗邀月,岂不快哉。

去往岸边的夏河村晃荡,一些依然完整的古屋娇小而朴素地嵌

夏墓荡(禾塘/摄)

在紧凑的楼房间，屋顶黑色的犄角像一场不肯谢幕的旧戏，余韵里依然有着婉转的丽音，从水边芬芳的草地吹拂到被夕阳抚摸的金色田野。于是，你会看见，一个深色衣服的中年男人，孤独地坐在那静静流淌的小河边，离他不远的是一座不被赋予名字的石板桥，从树叶缝里泄下的一阵阵鸣啭声，深沉而激昂，似乎泄露了这一人一桥沉默背后的一丝波澜。

夏河村的村民是温良而自律的，一块刻有"永禁垃圾投河、埂树砍伐、鹅鸭投河"的"永禁碑"于2008年重现天日，据说立于1917年。如今它立于重新修葺的夏河大桥上，桥下是岑静的似镜湖水。

"夏墓荡前停钓艛，荒沟极浦易迷津。夕阳满地北风起，飞遍芦花不见人。"旧诗吟咏的景虽非今日，从小屋中飘出的糕点香气和阿婆蒸软的笑容，恰有一种岁月回溯的魔力。

一个叫孟岩的江苏人也正藏身于这片美丽的水村间，用手中的画笔及废弃的铜片来装点出一个理想的艺术世界。在他的艺术空间门口，正在打造一组了凡开悟的雕塑群像，而了凡也正是陶庄人，他的祖居地旧址位于袁家埭22号。

众所周知，南社的柳亚子居北岸黎里，与南岸嘉善的南社友人长相往来，放棹分湖。1920年11月，柳亚子与嘉善、吴江两地友人共游分湖，并写下《分湖游记》，发表于《大分湖》，至今仍被后人津津乐道。也是在这篇游记里，柳亚子提出了大分湖的概念："所谓西尽梨湖，东穷金溪，南包胥塘，北括蚬江，割吴江、青浦、嘉善、吴县四邑之地，以成大分湖之局，而芦漪、北舍、莘溪、柳溪四区，如昔人所称王畿千里以内。"使百年前的分湖在一群热心乡邦和献身新思潮的文人圈中有了全新的定位。

从夏墓荡出发，于傍晚时分来到与陶庄隔岸相望的吴江黎里，这是我的第二次黎里之行。上一次是辛丑年的五月，分湖书社在黎里的九南居进行了纪念陈梦家诞辰一百一十周年的雅集。九南居内有一座百年历史的教堂，出了九南居的南门，就是一片荒废的自留地，开满了白色小花。这些花应该已经过了全盛，枝干有点枯，花也在慢慢凋谢，但一丛丛的望去不失自然的野趣，那些花儿后来都被我收拾得干干净净插在注满清水的瓶子里。还有子仪的素描画，简单勾勒的线条，不失文人气象，大都也是与文人有关的故居或是小景，极有情趣。喜欢看着那些朴素野花与画一同入了大家的眼，那是用来怀念陈梦家的最好形式，因为是他深情注视到荒野里的那些野花，赋予它们上帝般的微笑。

那个夜晚的古镇，来不及细品，印象深刻的是小巷里的一抹幽香，是开满紫色花朵的楝树。古镇的夜晚很静，和蝶庵、子仪闲聊着，是刚刚好的时光。白天，秀红老师热情地带着我们穿梭在古镇的街巷里。古桥一座座沉睡在蜿蜒的河水之上，那些历经百年甚至更久的宅院，或敞开，或紧闭，小巷幽深，粉墙黛瓦青砖。在那个叫"西徐家弄"的八进深宅，秀红轻轻敲开里弄深处的一扇角门，一个老人和他的古朴庭院隐匿在深处，老人极少言语，砖雕、罗汉床甚至窝在院子里的上百年的龟，仿佛是从时光的背后转了出来。

看南社风云人物，听柳亚子前尘往事，周宫傅祠是更久远的传奇。黎里因着他们的故事，越发深邃而持恒。一家临河的老式理发店，半开着门，两个清瘦的老人专注地拉着二胡，有老人在仔细聆听，理发师不知去向（或许拉二胡的人里就有理发师，谁知道呢）。

这一次黎里依然也是从宁静而深幽的夜色里开始的，古桥若即若离，连廊上挂着柔和的灯，一排排盛开的橘黄，似乎望不到头。想着如果雨夜悠长，就走在这样的长廊，风雨在外，懒懒地靠在廊下听雨。

或许你会路过那个叫"中金家弄"的不起眼弄堂，因为弄堂实在是太多了，而每一个弄堂里似乎都有着悠长的故事。很多年前这里有一个少年，偶尔来住，后来他清亮的文字总是这样描写："秋季的市河有更多更密集的卖菱小船，吴江四乡女子，山青水绿，一路摇船一路叫卖鲜菱，镇上的石板路、桥栏旁、驳岸上，包括茶馆内外，立刻铺满了厚厚一层米色的菱壳。" 米色是田野的颜色，也是生命的一种颜色，那些从少年时就走入心的颜色与气息，后来就成为生命里无法剥离的一部分。后来，他写了一部上海味道的小说——《繁花》，他叫金宇澄，祖籍黎里。

或许这样安静充分的秋夜，脚步还可以再放慢点，对岸，你或许会遇见荆歌的会客厅，端本院和东圣堂，当然一定会听到柳亚子的故事。

即便如此安静，如此温软的水墨烟云里，也并不过分沉浸自我，那个叫张应春的吴江女子，壮烈的青春载入史册，黎里是她短暂而悲壮生命里的一抹亮色。

第二日，晴丽的秋阳下，我们在古镇上徜徉，我看到几朵梨花绽放在枝头，不慌不忙的白，弄不清缘由，那就安安静静享受吧。

到了夜晚，我们已经在吴江松陵镇看垂虹桥。

一个人究竟要任性到怎样的程度，才能"因见秋风起，乃思吴中菰菜莼羹、鲈鱼脍……遂命驾而归"。西晋张翰的莼鲈之思，以一种文化的符号，明为家乡美食代言，暗地里却是夹带着天下纷争的乱世中"人士贵得适志，何能羁宦数千里以要名爵乎"的一丝清醒。事实上，张翰辞官回乡后，因司马冏不多久兵败被杀，他便逃过了篡逆同党一劫。

不管真正的原因是什么，吴淞江里的四鳃鲈鱼从此名扬天下，张翰的任性辞官行径，就成了后世文人做官不开心时总要挂在嘴边赋诗高唱一番。

如今，四鳃鲈鱼早就不可寻，只在手帖与史册里留有余香，而宋代在吴淞江上所建立起的"垂虹桥"，南临太湖、北枕吴淞江，独步江南千年，且至今仍留有两侧桥堍的遗迹，引人遐思。

夜晚是有诗意的，尤其是小酌之后，去看一座宏大的残留古桥。秋分之后,似乎就是张翰开始思乡之时。秋夜此时凉而不寒,桥堍看不真切,桥下景更是黝黑一片,一侧已是宽阔马路,好在灯火把东堍的十个桥洞照亮,与灯火通明的华严塔相呼应。

  我们在夜色里赞叹这座断桥,却无须用过多语言,因为早有那些隽永的诗篇流淌在时间的长河里。吴文英来时:"素天际水,浪拍碎、冻云不凝。"春愁料峭时,往临安府参加殿试的蒋捷,舟过吴江,发出咏叹:"流光容易把人抛,红了樱桃,绿了芭蕉。"按理说,应该是春风得意,却是无限愁绪,或许他已窥见山河破碎的端倪,后来正是:"昨夜鲸翻坤轴动,卷雕翚、掷向虚空里。"稼轩来时,正下着大雪,"好卷垂虹千丈,只放冰壶一色,云海路应迷"。至于,张翰的莼鲈之思豪迈如他,显然更倾向于拯救山河,正如:"休说鲈鱼堪脍,尽西风,季鹰归未?"姜夔应该也是冒着雪来的,在范成大的居所里写下《暗香》《疏影》二曲,个人的飘零寄寓于寒梅,那个叫"小红"的女子一定是解了这番清寒。于是"小红低唱我吹箫",姜夔载着小红的轻舟过了垂虹桥,在刹那回首的廿四桥烟波里,或许旧时明月里也终究有过一丝丝的温暖,不再全是冷落。

  朱彝尊的出发地和我是一样的,但路途定是完全不同,他为吴江写的诗词也颇多,写垂虹桥也不下一次,"澄湖淡月,响渔榔无数。一霎通波拨柔橹。过垂虹亭畔,语鸭桥边,篱根绽、点点牵牛花吐"。

  这真是风雨是它,霜雪是它,悲喜有它,世事沧桑皆有它。多少历史如今也都散作了烟云,或许我们都无须记住那些久远的情绪,只需记住买花载酒时的洒脱和闲逸,或者偶尔也为美食离经叛道一回,毕竟,快乐总是如此短暂。

  夜览古桥,终究是有遗憾的,第二日匆匆离开,等不及晨间一观。这样也好,来松陵看桥,下次来吴江的一个简单理由,尤其想要在拂晓时分。

来吴江,怎么能不去震泽呢?震泽,本就是太湖之名。

垂虹桥的遗憾被随后见到的禹迹桥填满。荻塘河畔,慈云寺和禹迹桥,像双生花,紧紧相依。我知道这条宁静的河流,有着更加浩荡的前世今生,从它于西晋年间开凿起,就收揽了太湖东岸的诸多小河小溪,将大片湿地、滩涂化作了肥沃的圩田,催生了震泽、平望等富饶而美丽的鱼米桑蚕之乡。伴随着京杭大运河的开凿疏通,荻塘又成为运河水网里的重要航道:它横贯东西,连通着太湖与黄浦江;又与京杭大运河相交汇,连缀起湖州、苏州、嘉兴、上海等城市。

有了河,便有了人,有了川流不息的码头、小镇,然后有了家,有了缤纷的故事与河水一起流淌,于是,水也多情了起来。此刻阳光又是如此充沛,白云似乎都聚拢在了桥头、房顶、塔尖,热热闹闹地簇拥,像一床床绵软的蚕丝被。抬眼四望,碧空闲云,荻塘河的水静静地流,水中的桥身寺影,像双重的人间芳菲,一定装饰过很多人的梦。

小街从寺前经过,那就叫宝塔街吧,街与河并行着,河岸有着温暖的家。小街三百多米长,时宽时窄,最狭窄处两旁屋檐间留有

禹迹桥和慈云寺塔(张嫣/摄)

一丝天穹,春日里若有一场雨事,两旁定是水帘垂地,在石板上欢快跳跃,喷珠溅玉,行人侧着身倒也衣衫不湿呢。如果是现在的晴好,你会在半明半暗里与光阴欢快一场。很快,你会见到一座令你想要停下来的庭院——师俭堂。

六进的庭院,生活与商用巧妙结合,雕梁画栋,精美异常,四进、五进的砖雕门楼,即使有过破坏依然气势非凡,飞檐、裙板、月梁也无不雕刻精美。等一等,我站在第五进的院内,忽然想,跨门进来就是三进,那一、二进又在哪儿?有人神秘一指:街对面。

原来,宝塔街居然是于师俭堂穿中而过的,行商临水而居的便利与建筑顺势而为的巧妙,真是不遑多让。

等进入堂内的锄经园,才知道什么叫经典中的经典,如此紧凑于不足一亩的院内,竟然同时容纳了四面厅、五角亭、回廊、藜光阁等建筑主体以及山石小径花草藤葛,甚至还造了假山,上面竟然还倚墙建了一个半亭。建筑布局高低起伏,错落有致,竟毫无拥挤之感。围墙上空还开了漏窗,疏远阔朗,连脚下的鹅卵石道也是有奥妙,每逢下雨,形状不一的凹陷之处便会积蓄雨水,像点缀在园间的一汪汪小水池,倒映着山石花木。

此刻长长的木香藤攀附着墙身,似乎还留恋着那一场过去的花事,桂花正在悄悄酝酿,而一旁的梅树毫不介意地沉默着,花开有期,的确是不用太着急呢。

从四面厅藻井下垂的四只木雕花篮,精美绝伦,不知道它们有多少时光没有听过琴音,暗香浮动时,少了"梅花三弄"的清音,总是有一些遗憾。

琴音无从响起,师俭堂对岸的长廊,茶水已经续了几回,人间烟火的饱满与熟络,无论你是游子归来还是匆匆过客,似乎也总有一种小小的满足和安顿,于这风和日丽的江南,涉水而来。

山重水复,流年更换,于江南人来说,不变的是从湖边慢慢铺陈的烟火人间。

路仲：水风凉处好读书

其实，路仲距我童年所居的村庄大概二十多公里，只是在交通不甚便利的二十世纪七八十年代，信息较为闭塞，直到七八年前对它充满好奇。在美国汉学家比尔·波特寻找中国古代诗人的书籍《寻人不遇》中，读到他对南宋女词人朱淑真在路仲足迹的探访，兴趣更浓。遂于三年前的初夏时节，有过一次简短的路仲之行。那日，犹记得偱着书中的描述，沿着镇西路，寻到38号的朱淑真纪念馆。小街对面干货店年迈的老夫妻，也还在，日头极好的空旷小镇，到访的陌生人总能引起老人家们的好奇，与我攀谈一二。因为赶时间，竟未再探寻故居，一直引为憾事。

最近翻阅嘉兴藏书楼资料的同时，再次被路仲吸引。这个占地面积约0.3平方公里的水乡小镇，竟然在明清两代，出了数名彪炳史册的藏书大家、学问家：吴太冲的悟园（后寓居仁和清波门孩儿巷）；陆钰陆嘉淑父子的蜜香楼；管庭芬的花近楼；被称为绿窗布衣的钱馥以及钱保塘的清风室；胡尔荣的爱莲西堂及其祖父的爱莲书屋；当代篆刻书画大家钱君匋亦是祖居路仲。

在这张路仲藏书家名单里，较早受人关注的是陆钰父子，陆钰为明万历戊午年间举人，仕途之路坎坷，后隐居乡野，吴三桂以山海关请降，崇祯自缢煤山后，这个老举人竟然绝望到绝食而死。陆钰的儿子陆宏定迎娶了离之不远的洛塘周氏——明代大藏书家周明辅的女儿周釜，而陆嘉淑的女儿嫁给了袁花镇的查慎行。查家为江南望族，数代皆富藏书，而查慎行的得树楼名声尤甚。查慎行与陆嘉淑交往亲密,陆的诗文对其也产生一定的影响。陆嘉淑书画、诗文均有才名,以遗民终其身。他的诗文清丽,以宋宗为其诗学倾向,尤爱稼轩,如和稼轩的《鹧鸪天》:

柳带萦烟杏叶开,东风犹傍旧亭台。瞿公门外人应去,北海尊前客自来。 虽不饮,有春醅,不妨随客共衔杯。本无鱼菜供盘馔,莫道儿童市未回。

我并不十分确定,这东风骀荡、柳萦杏开的江南三月是否正和扑朔迷离的朱淑真旖旎在同一个亭台。但我很确定,管庭芬一定在那条叫"渟溪"的岸边,在阁楼的窗微微敞开着的晨曦或星光里,听凭一溪流水潺潺。

起了个大早,五点的盛夏,天空很快就透亮。

六点已经在古镇东的直大街,复古的牌楼和小桥,有显而易见的雕琢气象,周边新兴的仿民国建筑,崭新如斯却又毫无生气,远不如隔岸的旧屋,颓败中,亦有着热烈活过的深刻痕迹。

直大街的旧式居民楼一个紧挨一个地朝我们扑来,狭窄的街道上有两三只狗在游弋,上了年纪的老人,从半开的店铺或者祖屋中朝我们行注目礼。从一个断垣的豁口,我们望了望逼仄的天空,以有限的知识,茫然判断着这些建筑的年代。

好在童年的语言记忆深入骨髓,与老人们的方言对撞,毫无悬念。

热心的老人为我们讲解,如何以斑驳的外墙来判断这古屋的年代。然后又很自豪地邀请我们跨入祖屋,给我们讲解修缮的痕迹和拥有一百多年历史的墙体。抚摸着芦苇与黄泥黏合后以一百多年的时光来验证的这份坚韧,不由得思量:原来"蒹葭苍苍,白露为霜"的旖旎,是以人间生存为底色,在杳杳的历史长河里,从未离开。

惠长厅的入口极为朴素,它缩在一个商店的偏后一侧,稍不留神极易错过。这座建于道光年间的管氏厅堂,依然保存着原有的容貌。从这里走出的管氏子弟中有十余名举人进士，定是不曾忘却"淡泊明志"的祖训，如今它依然镌刻在这三进庭院的最后一进的门楼上。无论这屋子是住过名门望族，还是被战争洗劫，或像如今被人渐渐遗忘在一堆无人看管的货物中，虽缄默无声，却时不时撞击着仔细端详它的人。精细雕刻的斜撑和翻杆，在不甚明亮的光线里，低调地呈现着过往的殷实和主人的审美。几千年来，中国人以愿托乔木，在天地间安下一个叫家的地方，那是起点也是归属。我们爱说家学渊源，从这个出发点启程，总是带着些许烙印，走出独自的轨迹。当我们一次次在跋涉中，不断迷失和怅然的时候，好在还有建筑与我们安抚。当"歌曲和传说已经缄默的时候，建筑还在说话"。

  此刻，我想，管庭芬的藏书楼一定就在不远处了。

  果然，小街向西而行，不久就在右手边寻到虎啸弄。四五条狗趴匐在里弄里，懒懒的毫无退让之意。狗是我人生之旅中的天敌之一，不禁有些紧张起来。好在，有同行的海涛和丽霞壮胆，索性就硬着头皮往里再探了探。瞬间发现，原来这些看似狠戾的动物，不过是一种天然的自我防护姿态，看清我们面色沉静且毫无侵略意图，慵懒起身，象征性地喊了几声，就四下散去。

  沿着虎啸弄向北，路边有艳丽的凤仙花。数十步后渐渐开阔起来，转角向东而去，有一深锁的农家小院，背靠一自南向北的硬山式延绵旧屋，院内有一坐北向南的二层木质旧阁楼。庭外，有巨大的榉树越过楼顶，耸立在湛蓝的天际中。明晃晃的阳光下，我眯着眼：虎啸弄11号，应该是这里了。

  空间概念较为模糊的我，此刻，也能依稀判断，这旧屋应是惠长厅的外墙了。楼边的小路指引着我们往北部探去，阳光下一条溪水横卧在屋后，几株水杉高耸入云，屋旁有一片茂密竹园，修长的墨竹在旷野的风里兀自轻摇。

  小楼正静默在一半阴影一半明亮之中，野草和丝瓜藤匍匐在墙

虎啸弄11号管氏藏书楼（沈海涛/摄）

边，黄色的丝瓜花正开得热烈，向北的灰色砖墙上两扇褪色的木门紧闭着。是这里了吧，无数次晚归的"淳溪老渔"，跳下泊在屋后溪边的小船，轻扣着月下的屋门，如水的月华，映照在他清癯的容颜上。他轻快地跃上二楼，迫不及待地掌灯，打开从同是爱书如痴的郭溪葛继常或新仓吴寿旸亦或周勋懋处得之珍本，"雠校乐可销永日"。

他给藏书处取名"花近楼"，因杜甫"花近高楼伤客心"得名。

"日以书卷为生活"的管庭芬，刻书、藏书、抄书、写下1000多首诗词，有书画传世，尤致力于地方文献，闻名于时。同时，留有《日谱》，为其日记稿本，为史学研究提供了珍贵的史料。如，咸丰十一年（1861）十月日记几则：

初三，薄阴。寇焚掠郭溪，是日王余山挈眷奔避予家。晚知翁过谈。

初四，阴雨。寇焚掠丰墅南市。

初五，薄晴。祭扫本支祖墓。是日闻张玉良逃兵勾贼，限绍兴郡城。

……

过往如果不是文字的记载，总会消散在日常里。如果不是历史的沉淀，我们又何其单薄。有迹可循，是我们生命里的重要组成部分。

阳光越发浓烈，手搭前额，望了望一览无余的天空，我们往来时的路返回。小径上，但见一群灰鸭在一只大白鹅的带领下，"呱呱呱"欢快地蹒跚而来。许是我们的生人气息惊扰了它们，一时间鸭群有些步履凌乱起来，旋即又恢复了镇定，保持着整齐的队伍，在小径的十字路口，忽左忽右地集体调整前进方向，这训练有素的姿态，看得我们乐不可支。

一位老者此时从小径的另一边缓缓现身，偶遇好奇的我们，遂带领我们又复回到藏书楼的屋后与我们指点起来。问起老人可知管庭芬这个大藏书家，老人有些茫然，但知道这楼应有二百多年的历史，从懂事起就耸立在这里。

"管家的屋子从前铺满了整个管家浜的河岸，直到浜底。"老人指着小溪望不到头的远处如是说。我正无限想象着昔日盛况，老人又遥指河岸对面东北方向的田野解释，"对面那里也是管家的。"在我们的啧啧赞叹里，老人的手指又往南指了指，"看见那片茂密的树林了吗？那里曾是钱家，钱崇澍的家，他是一个有名的植物学家。"老人的眼底满是骄傲。

钱、朱、管、张四族，是为路仲的大家族，宋室南迁后，水系发达的江南，成为很多南下大家族重新繁衍生息的聚集地。路仲环水，中间有淳溪港南北贯穿，像管家这样再从淳溪分支筑小浜到屋前，南来北往自是再便利不过了。

"你们要去明厅看一看，那个是最老的建筑，差不多五百多年。"挥别热心的老人家,我们沿着直大街继续向西。

明厅,显而易见建于明代,现在被一个书画院所占据,屋门大开,主人却不知去向。艳丽的书画复制品挂满了这座明代庭院,灰尘覆满抬首间的梁柱,天窗被白色塑料糊去一半,光线不情不愿透了些许进来,依然暗淡。摇摇欲坠的雕花横杆上坠了几根铁丝,挂着褪了色的旧灯笼,看得人心惊胆战。满屋子的现代仿制品,光线幽暗,竟不知何处安放我们的视线,匆匆看了看高挑的屋檐,出门而去。

再往西,即是钱君匋的祖居,门楼下有"淡泊明志"四个篆书砖雕,一大簇薜荔横覆在这白墙黑瓦之上,院墙西侧紧靠的那条南北走向的河流即是浡溪。钱君匋虽出生在桐乡,但祖居路仲,桐乡与路仲一步之遥,年少时也曾来小住,后又归葬海宁西山,与徐志摩做了邻居。海宁路仲是他离不开的故乡。

一座三孔石柱石梁桥横卧河岸,对岸已属镇西街。岸边凌空依水而建的陈旧水阁一字排开,窗口晾晒的衣衫显示这里正有生活的气息。河水有些浑浊,涉水的木桩上有前不久梅雨季里涨水的印记。这座古老的德义桥,是连贯浡溪东西两岸的必经之路,承载了明清以来路仲小镇上人们的步履匆匆,见证了数百年来浡溪港里的船来船往,而如今却是空寂无人,在这古旧的色调里,只有盛夏里的蝉噪和骄阳。我站在桥下凝望,一个红色的身影匆匆上了桥,大红的裙摆在热烈的阳光下明亮得仿若一团火焰,如小舟荡开了宁静的湖面,这如风般的红色丽影,搅动了好似停滞的朴素时光,我和同伴不由得相视粲然一笑。

抚摸着桥栏上那两对石狮,下桥即是镇西路,终于要去寻那个叫朱淑真的女子了。

关于朱淑真究竟是不是路仲人素来有所疑虑。这一日离开古镇后下午又去海宁图书馆查找典籍。遇热心的馆藏员,得知我对朱淑真感兴趣,极其热情帮我翻找起了书,向我推荐了陈伯良撰写的

德义桥(沈海涛/摄)

《海宁文史丛谈》，并说书稿他本人参与了校对。此前，亦阅读了香港学者黄嫣梨的《断肠芳草远——朱淑真传》，关于朱淑真的籍贯谜团，此处稍作梳理。

朱淑真在后世的才名虽然很高，但在生前却并不彰显，原因可能是因其身为小吏的家属，又为非正常死亡，其诗被父母一火焚之。最初是南宋孝宗淳熙九年（1182），宛陵人（今安徽宣城）魏仲恭于朱淑真死后不久，收辑部分诗作，题名《断肠集》，并为之作序，但又对其身世语焉不详。根据零星琐屑的史料，后人作出了钱塘人说、浙江海宁人说、归安人说的身世之说，一时扑朔迷离，难下定论。

关于钱塘说，最早见于明代文学家、钱塘人田汝成的《西湖游览志》，稍后冯梦龙在《情史》中也说朱淑真是钱塘人。《四库全书总目》卷一七四《断肠集提要》云："《断肠集》二卷，宋朱淑真撰。淑真，钱塘女子，自号幽栖居士。"而朱淑真的大量作品里，清楚地留有钱塘的山水诗话。

如《游湖归晚》诗里说："恋恋西湖景，山头带夕阳。"

如《吊林和靖》诗里也说："不见孤山处士星，西湖风月为谁清？"

山水秀丽的钱塘自然是这个特立独行的女子曾经生活过的地方，但却依然无法证实她的籍贯就是钱塘。

田汝成之子田艺蘅第一个提出朱淑真是海宁人的说法，他在《断肠集·纪略》里这样写道："浙中海宁人，文公侄女。"要知道这之前他在《女史》中还沿袭了父亲对于朱淑真的钱塘人之说法。对于他并没有说明所持依据而留下的各种揣测，海宁人陈伯良作出了大胆设想：田艺蘅自己是钱塘人，为什么非要把自己推崇的女诗人说成是海宁人？又为什么要推翻父亲及自己？可以肯定，这必定是发现和掌握了某些新的材料。田艺蘅之后，明代赵世杰、清代胡薇元、厉鹗，尤其是清《四库全书》中清代宫廷所修的大型诗文总集（康熙）《御选宋金元明四朝诗》明确指出，朱淑真是浙中海宁人。

和以上两说完全不同的是黄嫣梨提出的：安徽海宁县。根据是：安徽休宁，在晋代曾称海宁，与朱熹的祖籍婺源，同属徽州府。前人既称其为"文公侄女"，必是同乡。同时，海宁在宋代为盐官县，到元代天历二年（1329）改为海宁州。再早些的南朝陈永定二年（558）曾一度有"海宁郡"之名。陈伯良指出，就像我们现在常混称不同时期的"北平""北京"一样，出自明代之口未称古地名，不能算错误，至多是疏忽了。而浙中海宁从宋以后就有朱熹的族人和后人世代居住，并成为海宁望族，分布于路仲、湖塘、袁花、盐官、硖石等地，在当地文献《海宁州志稿》中均有翔实记载。而更加鲜为人知的是：朱熹是海宁人杨由义的弟子。故，陈伯良以为，正如清人胡薇元所说，朱淑真是"文公族侄女"是大有可能的。

这个在史书里扑朔迷离的古代女子，眼下，我宁愿相信她是在这个淳溪水岸"无事江头弄碧波"的。要不然，与我此刻一样的夏日水边，她为何说："澹红衫子透肌肤，夏日初长水阁虚。独自凭栏无个事，水风凉处读文书。"

当我终于找到位于西市街51号，那个三年前错过的"朱淑真故居"时，美国老头比尔·波特所摄图片中的木牌竟然荡然无存。虽然知道这座小楼，与朱淑真真正关联的可能性微乎其微，但我还是和古镇的居民一样，固执地相信这个钟灵毓秀的女子于八百多年前，就在这样的庭院里，想着心事。

从隔壁屋子里走出一个和善的男子，他自称是外乡人，来海宁十多年，时常见到有人前来凭吊朱淑真。眼前的小楼有一百多年的历史，为朱家后人所有，现在也是租给外乡人居住。摇摇欲坠的小楼，只有檐下木撑上精细雕刻着的飞禽走兽，让人在记忆里回溯，哦，还有荡在墙边迎风的青色南瓜和屋前的那口古井，叫人莫名惆怅。

这个古镇还是有很多人给予她怀念，在不远处的德风桥边，人们为她建了一座"幽栖亭"。后来，我又去寻找三年前的纪念馆和那对年迈的老夫妻。却不曾料到，三年的时间，纪念馆已经拆除，淳溪水阁被打造成具有现代风格的私家庭院，而那对老人早已故去，再无消息。

晴光潋滟下，我站在树荫里，吹沐着岸上风，亦有丝丝凉意。宁静无波的溪水，似跌入一场酣睡。

新篁：吾家老屋新篁里

立春后的周末，春光盈盈，和海涛坐在新篁里镇北的北郭桥石阶上，恣意笑谈。桥下横卧舟船数只，靠岸有几间民居，有孩子蹦蹦跳跳走在石阶中间铺设的木质通道上，去往镇中心的方向。

嘉庆三年（1798），始建于康熙三十四年（1695）的北郭桥（又名北角桥、迎龙桥）得以重建，张廷济撰写《募重建北角桥》，也是这一年，张廷济获乡试第一，从此得解元之称。

而我来新篁里，自然是因为张廷济。

新篁地处嘉兴市东南，东连平湖曹桥，南接海盐元通和齐家，西临凤桥，北靠竹林和净相。据《竹里诗萃》记载，唐、宋时系村落，因林竹茂密，村名竹里田，简称竹里。明弘治年间，竹里开设丝行，商民附居，遂有新行（音杭）镇之称。清道光年间，因四周多竹园，将新行写成新篁。这便是张廷济的时代，嘉庆六年（1801）十月，三十三岁的张廷济于京师赵秉冲处，得见由赵秉冲向刘墉处借得黄庭坚《经伏波神祠诗卷》，并展看旬日，又以里名"新篁"二字，从是卷中钩得。后付嘉定竹工镌之竹臂搁上，成竹里一佳话。

新篁镇上的太平寺成为我两次前往古镇的坐标，且丁溪上的几座尚存的古桥，也皆在附近，极为方便探寻。太平寺位于镇南街，太平寺前有太平桥，被引为新篁镇上七桥之首，张廷济曾有诗云："最是看山情未厌，寻诗多上太平桥。"我在早春欲说还休的浅阳里，步上这座单孔半圆形石孔桥。桥面两侧的护栏和望柱显然是后期修缮重新铺设的，而桥身的楹联和桥孔内拱券上镌刻的图案却极为有趣。冬季之后，水平面低浅了，我和海涛下了河岸，在近处的浅河滩上寻到支点，极目望去，拱券石上排列着荷叶、莲花、如意、和尚手捧莲花等富含佛教意义的图案，显然是与正对的寺庙有着密不可分的联系。

并未急于进入寺庙，而是在太平桥畔走走停停。数百年间江南的寺庙都会有相同的命运：恢宏过又破败过，屡建屡毁，周而往复，有些不曾改变，有些已经变得面目全非。我并不纠结于宋高宗当年南渡时是否真的在太平寺避过难，但太平桥确确实实是张廷济父亲张镇（起也）于乾隆二十九年（1764）重建，这桥上的篆书、行书楹联均出自张家人之手。几分钟后我在寺庙内遇见在此帮忙的潘阿姨，她是张廷济胞弟张沅的六世孙跃群的妻子，陪我在太平桥上一览，极其自豪地说："这些桥都是我们张家建造的。"太平寺山门的匾额是张廷济所书，山门下，一对老人各自牵着一只狗，正窝着身子闲聊，徒然见到我们探寻的镜头也并不扭捏，且欣然配合，有着一种古镇主人的淡定和从容。

一束光斜照在太平寺重建石碑的碑身上，这是二十世纪九十年代的重修记录，高耸的碑石密密麻麻堆满了隶体碑文，而一旁的蜡梅正开得热烈，银杏片叶不留，犹显寥落。潘阿姨自告奋勇领我们去寻找北侧的那口古井。古井后紧贴的彩钢房，据说是张氏一族祖屋旧址，而这口井张家人一直使用，年数久远的无法厘清。

应该就在这里吧，乾隆六十年（1795）乙卯，四月中旬，张廷济偕同友人外出观海，憩坐渔舍。竟偶得蜀师砖、太康砖，喜不自胜。越一日又至海滨得永宁砖，集二年共获八品，故取斋名"八砖精舍"。张廷济乡试解元后屡试不第，遂结庐归隐，以图书金石自娱。建清仪阁，庋藏古器文物。三十七岁那年，他在精舍中庭亲自栽下一棵柏树，并以"甲子"名之。而张廷济的父亲张镇也曾于乾隆时期从净相寺分檇李载于精舍，檇李结实甚繁，分享儿孙。至张

太平寺重建碑(沈海涛/摄)

镇弃世后,树木渐衰,亲人所见树叶之日夕衰减,思亲之念尤甚。嘉庆十五年(1810)五月,太平寺主僧湛宗重建了明吴尚书鹏所记之沸雪轩,该轩与张氏考堂东邻,中仅隔明洪武二年(1368)所筑元处士陆景春墓。张廷济常于夏日登上考堂楼望之,追古思今,一时悲感不已。

太平寺过往的繁盛与一般寺庙却是有不同的。太平寺内沸雪轩,一直是当地读书人向往的神圣之地。咸丰时期新篁学子奉文帝像于轩内,兴文昌社,与会者达百人,直到太平军战乱时才终止结社文会的活动。在太平寺文昌社里,除了读书会友外,还有惜字会,张廷济是新篁惜字会的重要组织者。在《募置惜字田序》里他写道:"天下无不用字之人,即天下无不当惜字之人。"如此深厚的文化氛围之上更是建立起一个令人羡慕不已的庞大的文人雅士圈:海盐张燕昌,海宁蒋光煦、管庭芬、六舟、陈鱣,浙江学政阮元,等等,真正是"谈笑有鸿儒,往来无白丁"。2020年4月浙江人民美术出版社出版了张廷济著《清仪阁所藏古器物文》，欣喜购得。此书凡十册，以摹拓形式著录张氏所藏之金石器物，并于前后记载器物之形制、来源、文字考释等，共收各式器物四百多件。此书使其称颂大江南北，成晚清金石学一大宗。该书在张廷济身后曾长期湮灭无闻，后被桐乡徐钧所得，于1925年由商务印书馆影印出版，此后稿本转辗流入日本，现藏日本京都大学图书馆。此次能付梓出版，是文物研究及收藏界的一大盛事。

出太平寺，向西行，我们要看一看那与张家息息相关，凡是新篁人念念不忘的古桥。

欲见古桥，先遇镇东街口的一棵楝树。春阳在我们的走走停停间已经铺满了这座寂静的古镇，蓝色天幕下的楝树果沉甸甸的黄。镇东街两旁的民居和商铺不可避免地破败而被遗忘了，路口最多见的居然是煤饼店。一块旧黑板悬于褪色的木门，深深浅浅的粉笔字是只有古镇人才能意会，"052车号""盛家"这些仿佛是像费孝通笔下的"熟人社会里"生活上互相合作的"面对面社群"里的"特殊语言"。简约的文字，不需要法定的契约，一两个字就全部明了，这是越来越繁华的都市里最缺乏的信任。

向北的小街，依然人稀，我和海涛几乎披拂了一整条街上狭长的春阳，路过陈旧的商店、浴室、旧旅馆、古玩店和缝纫店，它们无一例外全部被锁在光阴背后，集体被遗忘。

那座叫大中桥的五孔石梁桥如今只能见到三孔，以东西向横卧在丁溪上。"康乐和亲安平""孝友睦姻任恤"这是张廷济于道光戊子年（1828）秋书写的桥额，分别阴文楷体镌刻在南北两侧桥栏石外，字的下方还有仙鹤、花朵、鸟雀等浮雕。桥的东头紧贴着临水的房屋，西头是一条小街，近处一座破败的小屋，以摇摇欲坠的姿态，孤独了不知道有多久？站在镇西街的河埠上，见不到行桥的人，也不见舟楫，几株梧桐坚定地扎根在岸边，临街低矮的一小排木屋，大多上了锁，特殊年代刷过的标语还依稀可辨。街道洁净而寂寥，仿佛时针走到了这里忽然停止了摆动。

从镇西街折向南，一家临街的小杂货铺开着，店内守着祖孙三代，皆为女性。小女娃趴在柜台上，认真写着作业，年轻的母亲照料着生意，一旁的不知是奶奶还是外婆坐在竹椅上，笑吟吟望着娘俩。小女孩看到我们，稚气地笑了起来，又乖巧地埋头写字，母亲也对我们报以温暖笑容，一家三口言语不多，却有种让人欢喜的和谐日常。

一对老人各自搬了个小板凳，隔着一个院身，靠墙而坐。远望去，像是一对刚闹完脾气的老怨偶，走近一看，显然是正乐滋滋享受着阳光。

再往前，一座七孔石柱石梁桥横跨在水域更显宽阔的水面上。这便是南星桥了。"文昌朗照"四个阴文楷体字，镌刻在南侧桥栏石外，清晰可见，由张廷济写于嘉庆辛酉年（1801）。三年前，张廷济以乡试第一的身份获"解元"之称。道光三年（1823），张廷济的儿子张庆荣亦成了解元，父子解元的传奇似乎正是应验了这四个字，也是中国儒家文化、文以载道的价值取向、读书人的毕生追求。与"文昌朗照"相对应的北侧护栏石刻为"寿纪光华"，从张廷济的父亲张镇开始，张家人便成了新篁举足轻重的家族。这座南星桥正是以张镇为首的七名里人于嘉庆五年（1800）同募重建。张镇行为敦厚，不仅抚养兄长三个孩子直至成年，还精通医学，且不受人酬谢，自乾隆二十年（1755）至嘉庆十三年（1808），五遇荒年，他都是率先给乡亲救济粮食，如此慷慨贤达的家风，能在如今的新篁古镇留下那样多张家筹建的石桥，也就说得通了。后人均称张镇为南星公。

大块长条的护栏石，间有望柱十二根，柱头均雕刻莲花图案，且莲花形态各异，有仰莲、覆莲和束莲等，莲花即有佛教意义，与不远处的太平寺遥相呼应，又以"出淤泥而不染，濯清涟而不妖"的圣洁之美，象征了中国文人的理想世界。每一个心怀善意和高洁品格的人行过这样的桥,看过这样的装饰,必有会心一刻。桥的东头接入田野,有二三间楼房临河而居,围墙外有二三棵吊瓜子树,水面正是"野渡无人舟自横"。站在田埂上,视线在宽阔的田野和古桥上游移,偶尔会有老人骑着电瓶三轮车经过。早春的田野还不曾播种,与长长的古桥和临水的旧屋遁入了一个古旧世界。不知道,交友甚广的张廷济,当年在这座长桥上,迎来送往了多少的同道挚友。他"追随二十二年,合离不一"的乡试同考官邢澍于嘉庆十三年(1808)客居嘉兴,便常放棹至张廷济寓所。清仪阁内畅饮雅谈,共阅所藏金石等物,一日即过,意犹未尽。邢澍归而赋以赠六首,其五:"名篇五十撼星娥,阁号清仪积古多。虹月沧江书画舫,由来家世说清河。"

南星桥望柱(沈海涛/摄)

站在南星桥上,极目远眺,早春的江水波澜不惊地流向看不到尽头的远方。我仿佛看到一叶轻舟由南而来,那立于船头的青衫老者,不正是张廷济吗?他心心念念的周史颂盘可有如愿寻得?

桥的西头像是生生被折断后铺设了马路，临街的桥面，还摆放着七八个白色塑料泡沫箱，里面种满了小葱，江南人最爱的作料，房前屋后随意扦插，厨房里正煎着鱼，葱还在土里。

南星桥是新篁里的南大门，自南而北的西青龙港（流经太平寺段因与放生河纵横呈丁字形而称丁溪）上曾建有五座桥梁：其中建于嘉庆五年（1800）的南星桥（七孔），建于道光八年（1828）的大中桥（五孔），建于嘉庆三年（1798）的北郭桥（单孔石桥），均保存完好。而重建于道光三年（1823）的三孔石桥青龙桥和乾隆年间重建的三孔石桥余嘉桥已然消失。遥想当年，船只自青龙港自南而下，一路经过七孔、五孔、三孔石桥，穿单孔而北上，那临河房屋鳞次栉比，街市上人流不息，自是一派人间烟火繁盛之景象，至今仍留在古镇人的传说里。

据说南星桥边还有一块张廷济所撰写的旧牌坊，在桥的南侧，便又寻了去。桥堍下，最先引起我们注意的是两块竖立在地上的小黑板，原来是一家小店的招牌，主人画工了得，各画有一只狗站立的肖像，极为传神。大概鲜少有镇外的人经过，招牌对面的矮屋内探出几个老爷子的脑袋，看我们有兴趣，就热情地打开屋门，另两扇门上又随意画着猪和狗，店内一下子热闹了起来。"画得好吧？"有人骄傲地把小饭店的主人推到我们的面前，那男人腼腆地笑了笑，下意识地问："你们要不要吃饭？"我和海涛欣然应允，又向主人打听牌坊，那男人说："就几步路，菜好了我来叫你们。"

真的只有几步路，在临河的岸边，出现了残留的一块牌坊。地上随意搁着一块文保碑斜靠在牌坊的石柱上写有：节孝牌坊（残）。显然极少有人打理，文保碑也风化得厉害。

残留的牌坊只剩两根长短不一的立柱和两根短小的横柱，从字体和风化程度、风格来看似乎也像是先后建造的。较短的立柱上可辨别的楹联，未见落款，字迹有张廷济的气韵，但查过《嘉兴历代碑刻集》及徐士燕《竹里述略》，均有张廷济《募重建南星桥序》（刻于南星桥），而无此记录，遂很难下定论。与此短立柱同一风格的横柱上雕刻有梅花、松树、鹿等精美图案。稍长的立柱起首交代了年份"咸丰八年戊午嘉平月"，落款：同里张晋燮（张廷济孙张庆荣子），显然与张廷济非同一时代，与其孙倒是年代吻合，不知能否有更多的资料来辨别此牌坊的由来。

"菜好了哦！"思量间，小店的男人过来喊我们去用餐，仿佛是家人在喊贪玩的孩子，大概只有在寂静的小镇才有这样的亲切和质朴感。

张廷济的书画金石瓦当砚台等收藏，这些年渐渐浮出水面，也多有官方和私藏的展出，供有兴趣的人参看，日记也已出版。而在他的故乡，清仪阁也好，八砖精舍也好，作为实物，均已消失。但作为一种精神，一种金石之气，一种郁郁文风，正以它独特的魅力留存在于小镇内外人们的心头。

初夏时，和友人夜晚走在古镇黎里的街头，途经一个小巷，有阵阵花香袭来，我禁不住低叹："好香！""是楝树的花。"朋友指了指头顶斜上方一棵二层楼高的树木，灯光里开满了一树淡紫色的花。"竟然是楝树！"就这一刻，我又忽然想回去看看新篁镇东街上那棵楝树，它应该也是花满枝头了。

新塍：书生风流今不见

新塍，大概是嘉兴人闲暇时最爱去的地方。

小镇位于嘉兴之西北，沿新塍绿道一路蜿蜒，徒步约八公里左右便与之接壤。一路观花海铺陈，走绿荫小道，看风吹麦浪，好不惬意。爱运动的人可跑可骑行，一路桃红柳绿之春色或层林尽染之秋意，无不令人畅快。一场运动下来，略显饥肠辘辘，那么就是刚刚好，新塍有太多的美食小吃：生煎包、小馄饨、汤团、定胜糕、月饼、猪油大饼、蒸缸羊肉，诸如此类，咸甜相间，等着你去大快朵颐。

而我对新塍充满兴趣，是因为那日无意在镇上小蓬莱公园外墙上看到的人物简介："许景澄，晚清名臣，杰出的政治家、外交家。世称许公，字竹筼，祖籍新塍。同治年间进士。"当下即欣喜不已。对许景澄感兴趣最初是知道他乃京师大学堂（北京大学前身）排在孙家鼐之后的第二任校长。除了清华大学的第五任校长为嘉兴人曹云祥之外，另一高等学府领总教习一职的，依然有嘉兴人的身影，真是与有荣焉。而同时作为晚清官居吏部左侍郎，总理各国事务衙门的大臣，却在庚子年之乱中，因力主镇压义和团、保护使馆、以使列强息兵，而遭到主战大臣载漪的忌恨。况帝后不和，终以"……任意妄奏。莠言乱政，且语多离间，有不忍言者，实属大不敬……"的罪名被斩首于菜市口。每每想起那个从容赴死的身影，心有怅然。

后几日，与范笑我老师闲聊许景澄为嘉兴新塍人之事，范老师说:"非也,许在新塍是读书。"于是,我得范老师推荐,读朱家英整理的《许景澄集》及高树写于1936年的《许文肃公年谱》。据高树云:许公道光二十五年(1845)九月廿二日,生于嘉兴城东角里街附近祖宅。先世为汉叔重祭酒之后。曾祖溶,祖国桢,本生祖廷梧,父丙熹,皆以公官赠资政大夫。许景澄出生之年正值鸦片战争之后,自幼敏达,十五岁即入县学。廿一岁入新溪教谕许大钧家。新溪即是新塍的旧称。

新塍,春秋时为吴御越之所,唐会昌初垒土为城,故称新城。宋时曾鲁公丞相权嘉禾新塍税,置新塍酒务。故又以城为塍。因水源于天目,且环镇皆水,故又称之为新溪。同时又因地处柿林乡而别称"柿林"。据郑之章《光绪新塍志》载,新塍为秀水首镇,北控吴江,西接桐乡,东南二际皆与县境相比邻。明代时,有颇多儒人徙居,到许景澄时代,新塍镇上文人雅士辈出,山馆草堂林立,人情之朴实、风俗之浑厚,文人间作诗唱答蔚然成风,有《新溪诗钞》三部,收录乡人诗作近二千首。

二十一岁的许景澄来到新溪教谕许大钧家,时家境贫寒。据年谱记载:"每晨起,从卖饼王翁贳饵食。翁怜其贫,不索值。后奉使欧西,以忧还,翁往吊,乃始出橐中装五十金为翁寿,至今传为佳话。"无独有偶,如今的新塍镇上有一家名气极旺的大饼铺子,也称老王,该老王自二十世纪八十年代从仙居迁居于此,所制烧饼香脆爽口,顾客络绎不绝,只是鲜有人知过去有卖饼王翁。

初冬日晨,从居городская东南的家里驱车四十多分钟再次来到新塍,一碗馄饨果腹,即往市河北岸之东北大街。街市安静,偶有单车或行人擦肩而过,过一弄口,往里见一丛翠竹掩映下的石碑上书:胡博泉老宅。宅门洞开,庭院不大,且置下数十个盆栽,靠墙角处有更茂密的翠竹已探出院墙。抬头见砖雕,人物花鸟栩栩如生,二层旧式小楼屋门紧闭,檐下木撑有雕刻花卉图案。两只幼小的猫崽一黑一白,缩成团,从白色泡沫箱内探出怯生生的黑瞳,令人忍不住

春光合作社理发店(沈海涛/摄)

轻轻逗弄一番。不知主人去往何处？在路口遇见一老妪，指点我们往前去，那里才是大家族。我微笑着道谢，内心依然想着，如何才能在极其有限的资料里去寻找许公当年的足迹？

路过春光合作社理发店，这个废弃的店铺有一种莫名的喜感。有老人经过，主动和我们介绍这幢建于合作社年间的二层房舍，早年开过各种店铺，最后为理发店。一束光忽然斜照在理发店的二层楼墙上，给黄色的墙身和褪了色的红底金字招牌添了一种美感。天空亦有一种意外的晴朗。欣喜间，心下生出一个念头，这几日阴晴不定的天气，得赶紧趁着这束光，直奔对岸的小蓬莱看古银杏。于是，脚下生风，快步过了市河，兴冲冲间，光线竟又眼睁睁弱了起来。

遗憾间，已经跨入小蓬莱的门槛，看到最后还有一丝微弱的阳光落在古银杏的树梢上。这颗栽植于梁代的银杏，一千五百年间，想来早已习惯这阴晴不定的冬日江南，见怪不怪地挺着一身明黄的树衣，呵护着一旁的寺院和一对已经渐渐风化的石狮，唯有嵌于墙内的五块碑石,静静述说着那些前尘旧事。又恢复了阴郁的光线,巨大的树荫下,只有我和好友以及一名路人。凝望着古树,时间似是静止的,有梵音和鸟鸣落入耳际,而打动我的却是那片从高处轻旋跌至大地的落叶,一瞬间的飘零尤显孤寂。我忽然想,许景澄丁忧在家的那两年,国家已是内忧外患,在翰林院浸淫数载,又"究心朝章故国及时政得失利弊",以其在外交识见上的敏锐与即将到来的外交任务,他是否也忧心忡忡,会不会也曾来到这棵古树下寻幽,会不会也有稼轩的词浮上心头:"可惜流年,忧愁风雨,树犹如此。"忽然间想到,没有阳光照耀的古老银杏,更具一份静美。

有关许景澄之师许大钧的资料极少,只知其为同治十二年(1873)癸酉科举人,居雨金坊,在东小桥东堍至香花桥西堍。东小桥又唤月河桥,居镇东,想来,刚刚行过的东北大街离这个雨金坊已属不远。些老宅陆陆续续以一种模糊不清的姿态,出现在我们的视野里,他们大多院门紧闭,墙上有砌的石碑,写着名字或者姓氏,其他不着一字。位于圣堂弄的蔡厅,整个弄堂延绵着这座人去楼空的民居,角门居然虚掩着,门内破败,门口有一蓝色报箱,竟然有一份《新塍镇报》,刊发的时间是2020年9月30日,第七期,总第一百七十五期。它是被离去的主人遗忘了吗?

再往前,是曾经被打造过的民国影视基地。不知过去可曾有过辉煌?看眼前铁门紧锁,院内杂草丛生,尽显萧条,显然已弃之不用多时。之前一路探寻的古镇,大多未曾开发,古镇的老人们依然生于斯,与古镇融合着,与光阴焦灼着,于生活依然是一场人间烟火的景致,只是需要你放慢节奏去读取。我想,商业和繁荣并不违背古镇的生生不息,但更重要的是,在开发之前,你更加需要沉下心去读懂这个古镇的灵魂与特质,才能寻找到它别样的吸引力。千篇一律的复制和一厢情愿的模仿,均非正解。

不知不觉已经来到问松桥下,我真想对问松桥问一问,日日目睹这片未曾绚烂就已经凋零的尴尬境地,可有觉得惋惜和不解?因为,问松桥下,问松里,明明有很多的故事可以演绎,明明有很多的故人可以追忆,却为何是这般光景?显然我亦是自作多情,这座单孔半圆形石拱桥,始建年代早已不详,亦回答不了我的疑惑。现桥为道光年间重建,二十世纪九十年代改建了东堍涵洞,它是见证了桥畔"小灵鹫山馆"的兴衰。

　　山馆主人是同治年间副贡生孙家桢,富收藏,原有别墅在吴江,园中奇石甚多,尤以"秋蕉拱露石""鹭君石""翰墨林石"为最著。后园毁于庚申之变,唯三石无恙。再移石至问松桥畔重建别业,叠石构园,新成八景,仿杭州飞来峰为中天竺国灵鹫山小岭飞来之说,遂成此名。山馆落成后,孙氏邀远近名手为之绘图,得数十家,又邀当时名公巨卿及著作名家为之题诗作记。看看这些名单里有谁吧:何绍基、俞樾、翁同龢、潘祖荫、吴熙载、赵之谦、徐三庚……哪一个不是名家?当然还有许景澄。许景澄题山馆八景的时间,我大胆猜测是在1888年至1889年间,其间他有三次返乡,均为处理祭奠和安葬太夫人事宜。彼时,他自1884年7月出使法、德、意、荷、奥等国已期满,1887年10月太夫人卒,十一月回国奔丧。岁月辗转,百年间早已物是人非,山馆荡然,好在二十五块咏碑陈列于嘉兴南湖畔揽秀园内,供世人观瞻。与小灵鹫山馆一墙之隔的是许鼐龢的滋兰树蕙山房。往西去,那个叫顾龙泉的贡生,在嘉隆年间以明经授学生:嘉靖四十四年(1565)状元范应期,万历十一年(1583)状元朱国祚均出其门下。一块写有"建行宫殿碑"的残碑不知何故被铺设在吴润昭私院门口的旗杆下,字迹早已模糊,依稀能辨别"同治"字样。

　　许景澄于1867年中举人,当时浙江乡试副考官为张之洞,同年有袁昶,后为一生挚友,并共担生死。次年,二十三岁中进士,年少成名。并辞新溪许氏,别江南小镇,去广阔天地。起始他亦好骈文而治小学,常作骈文与友人品评。《新溪诗三钞》就录有许景澄诗十二首。1874年的马嘉理事件,使清政府来而不往的外交体制走向终点。1876年,清政府与英缔《中英烟台条约》,许"为之慨然",在致葛煜珊的书信中云:"烟台更约,通商口岸迭有增加,乍浦独不置议。卧榻之侧,未容酣睡……"此时,他看到外祸频仍,国难日亟,已锐志专治经世之学。

都说江南的风是轻的,江南的水是柔的,江南的烟云是婉约的,可江南也从未缺少铁骨铮铮、掷地有声的文人,许景澄是,郑静兰亦是。

郑氏一族的居民楼尚在谢洞桥堍,东廊下2号正是郑静兰旧居。乾隆五十六年(1791),致仕后的桐乡青镇人郑熙迁居于新溪问松里。此后郑氏一族于此繁衍生息,世世代代崇尚文化之风,工诗善画之人不胜枚举。在《新溪诗三钞》里郑氏一族的诗文收入甚多,仅郑静兰就有诗作二十三首,且另有《焦桐集》与《焦桐续集》。郑静兰早许景澄一年出生,年轻时随父亲郑宝锴于福建任上,并嫁于仁和(今属杭州)范鸿书,婚后生活和美,可惜数年间丈夫去世,又失去唯一的孩子,于是育夫兄子范梦石为嗣。1879

谢洞桥廊下2号(沈海涛/摄)

年，三十五岁的郑静兰乘船返回新溪祖屋。

郑静兰的故居，二层小楼尚在，主人自是不知去向。老屋窗下河水汤汤，对岸的窗户有烟火气息在风中流转。连绵的旧屋逐水而居，是推开这扇窗户吧，她看到：向晚楼头每独登，卷帘坐看月初升。临湖一带人家住，水阁乘凉不上灯。寡居的她，过着平静的生活，她的才情为她赢得声名。1905年，名声在外的郑静兰已经年逾六十却未故步自封，受南浔张增熙之邀，加入浔溪女学。在这里，她遇到了秋瑾和来自崇福的徐自华，几位女诗人尽管年龄相差甚远，但因志趣相同很快成为莫逆之交，互相唱诗问答、题诗作序，结下深厚友谊。也是这一年，因抵制美货运动的曾铸，在清政府的干预下发表了《留别天下同胞书》。为此，郑静兰愤而作《读曾少卿观察铸留别天下同胞书感赋》，一吐心中不平，铿锵之词，跃然纸上：奇愤忽从商界起，一柱竟作中流砥。四万万人同一心，热情相感有如此……

秋瑾遇难后，郑静兰亦悲愤交加，作了四首悼亡诗。郑静兰从南浔返回新溪后，兴办女学已成其努力之目标，遂又在新溪创办女学——新新女塾，立志培育新女性，使女子挣脱旧日束缚而拥有更广袤的天地。

斯人已去，老屋空幽，连河岸之上的古桥——天竺桥也叹息着老去了。这座可能建于十七世纪的石梁桥，如今已经老得无法承载两岸的居民，石梁在中间断开，勉强不曾毁去，两岸已被围封，几乎错过。后来，站在河埠上远望，河水静谧得无人亦无舟来惊扰，不知悲喜。

临近中午，时有菜香从临街的窗户中飘散出来，这是一种居家的味道，远与饭馆不同。有清健的老人在我面前洒扫着街道，她与素不相识的我微微一笑，祥和的面容有我童年记忆里的那一抹温暖气息。一个穿着藏青色中山装戴着皮帽的老者，有着沉静从容的气度，跨入院门。我呆呆注视着他消失的门口，这样的服饰和气息几乎只存在于我的少年时期,而于这样的老街,却是如此贴合。有穿着豹纹大衣的外地孤单旅客行过,还有两个在屠家祠堂门口寻寻觅觅的中年男子。我与他们各自寻找着旧事,而站在古旧的西北大街的某一刻,我忽然想到,这样的我们是否像电影里的一幕回忆镜头,不同时代的人,在这相同的地点,状似平行线般无意地擦肩而过,却在某一个支点,忽然靠近。

　　回忆再拉长一些吧,1885年,法国一画刊的封面刊登了新任中国驻法大使许景澄的画像(赵省伟主编,广东人民出版社出版《西洋镜:法国画报记录的晚清1846—1885》),也是在这一年,许景澄接管的"济远""定远""镇远"三舰勘定,已顺利抵达天津大沽口。他的著作《外国师船图表》亦成。此后在外交上颇有建树,虽"弱国无外交",但在"中俄帕米尔问题交涉""中俄四厘借款谈判""修建中东铁路谈判"等外交上,均据理力争,艰难赢得了有利的局面。正是他两次出洋(第二次为1890年至1898年)的丰富经历和外交识见,使其对义和团运动的背景和根源有着真知灼见:攻杀外国使臣,必召各国之兵合而谋我,何以御之?然而,非但没有叫醒昏聩朝廷,更为自己招来杀身之祸。

　　极具讽刺意味的是,主战的慈禧在下一个月就被各国联军破了京师,西逃出京。再命李鸿章为全权大臣与各国议和。许公若地下有知,可否想起,当年在新溪所得那联:"算今世犹多未了缘,顾他不得;愿来生莫做有情物,还我本真。"

　　没有阳光的冬日午后,犹显阴郁,我复又回到古银杏下,屏息凝神。游人渐多,我于石桌上摊开简易茶盏,茶汤温润入喉,御一日冬寒。

长安：归燕楼台不见人

小时候常有的消遣是听戏文和评书，于是心里有了一个长安，它是"六宫粉黛无颜色"，是"春风得意马蹄疾，一日看尽长安花"，更是"玉辇纵横过主第，金鞭络绎向侯家"很奇特的代入感，对于距小村十公里外的长安镇有了最重的好感。此长安非彼长安，这是很快就知道的事。幼时的长安有爷爷的堂哥在，他和爷爷看起来一样羸弱，很多时候会躺在公庆街的小阁楼上，还经营着一家叫"永记"的米行。去看他，要经过他家的天井，攀上咚咚作响的木质楼梯，我坐在屋里的小矮凳上，百无聊赖地望着天窗发呆。

后来在嘉兴读书时，交通还不甚便利，放寒假时，能买到最快归程的票是到长安站。于是，也不曾想剩下的路该怎么回家，一腔孤勇登上拥挤的列车。暮色的车站，是父亲和他年轻的同事各扶着一辆28吋永久自行车默默等着。于是，那个披星戴月的寒夜，他们二人踩着飞快的车轮，仿佛是古代传递军书的驿站快马，驮着我还有我的行李，穿梭在飒飒寒风里。

长安与人到中年的我，是旧式电影里的几幕开场，在时间的罅隙里，总有念及。

卢照邻和孟郊有没有来过长安镇，我不知道，但范成大是一定来过的。你看，他说："斗门贮净练，悬板淙惊雷。黄沙古岸转，白屋飞檐开。是间袤丈许，舳舻蔽川来。千车拥孤隧，万马盘一坏……"绍兴十七年（1147），范成大从平江（今苏州）到临安（今杭州），长安是必经之地，他被长安闸白屋飞檐的景象所

35

打动，遂成此诗。这斗门即是长安闸了。长安闸是古代连接长安镇（崇长港）和上塘河的一个重要水利枢纽和管理机构。采用了三闸两澳复式结构，达到水利循环使用的目的。节能什么的，老祖宗向来智慧无敌。

带着对日本僧人释成寻在熙宁五年（1072）的《参天台五台山记》中过长安三闸记录的好奇，初秋的午后，我和好友海涛、胡晨直抵长安虹桥塛。

虹桥塛的停车场边，围坐着一大群颇有年纪的居民，中间是中年妇人舞动着红色水袖，咿呀咿呀声中有越剧的熟稔腔调从地上的室外音箱里发出，人群有序聆听。忽然觉得，幼时的记忆在这熟悉的音节里有了更逼真的轮廓。后来，在古镇的小街上徜徉，街角处、小巷里总会遇到修鞋的小摊，主人或有不知去向，小小的鞋摊上一定会有一个旧式收音机，旁若无人唱着越剧，过路的听者不知是否也如我这般亲切莫名。

几步之遥的上塘河，一座单孔半圆石拱桥横跨其上，大概已有一百六十多年，如果要追溯其始建年代，历史至少要再拉长七百余年。此时，云层较厚，光影有些阴郁，使得虹桥更添几分古意。立于西侧的钢筋混凝土建成的双曲拱新虹桥上，正对虹桥西侧面，不过数米，遂桥侧面貌尽收眼底。桥额上隶书"虹桥"两字清晰可见，两侧缘刻有古代人物故事及花卉浮雕，面积不大，却栩栩如生，在以往探看古桥中均未发现，甚是惊喜。再看下方两侧拱券旁所设对联石，竟也独树一帜不刻楹联，只刻精致花纹图案，南端图饰清晰可辨，北端似毁坏或被护岸砌筑包入，文字也好、图饰也好均荡然无存。从北端石阶上得桥顶，脚底正中的轮回图案竟然已被磨损得模糊，须费一些功夫才能拼凑出纹路。两侧护栏内侧再见精美缠枝花草图案，间有八根望柱，柱顶上有八个残缺底座，毫无疑问，这里原有的八个石狮早就不知去向。大概，它们正委屈蹲在某座拼凑起来的"复古"桥栏上，别扭地被过往人群抚摸。如果石狮

虹桥(沈海涛/摄)

也会穿越,一定不喜这样的被迫旅行。

道光十三年(1833),虹桥迎来了一次盛事,长安镇内许家的儿郎许槤、许楣兄弟竟然同登进士,弟弟许楣还中了会元。兄弟俩均嗜书成痴,藏书皆丰。许槤为清一代小学名家,同时明律学、工书法、通医学。许楣是货币理论家,对经史、辞章、金石、历算甚至医理无一不精。兄弟二人合力著有《钞币论》,一时成为美谈。至于官运,哥哥许槤更甚,历任淮安、镇江、徐州知府,政绩卓著。许楣则生性淡泊,只在户部任主事三年后即辞官归里。辞官后的十二年里,或许,他也曾站在虹桥上频频眺望,往来的舟楫上可有哥哥久违的身影。那场连绵成灾的梅雨下在了1848年的五月,平地水深竟达数尺,历经几百年风雨的古桥在许楣面前轰然毁圮。不忍这古桥之殇,许楣联合邑绅,捐款重建,才有了我们今日可以伫立在这古桥之端,悠然吟诵胡奎所著:

渴虹饮涧不曾收,化作飞梁卧碧流。

银汉水分天上下,白莲花出海东头。

我们总是想知道比遥远更遥远的时候，人们是怎样的存在，而这些历经风雨的古建筑，正为我们露出一丝端倪。

下虹桥南端，溯流向东，见连绵民屋逐水而居，宁静的午后少有人往，只有秋风了了。屋檐下，一位老奶奶正窝在自家门前劈柴，十指尽管看似卷偻，却毫不影响其精准作业。一个年轻些的妇人从边门出，看我们兴致勃勃，便主动攀谈："老人家有九十八岁了呢，身体可健康了，我都不如她。"闻言，我们发出"啊啊啊"的由衷赞叹，受到表扬的老奶奶依然淡定劈柴，仔细端详，脸颊上溢出了一丝羞怯笑容。

在长安镇上游荡时，和所有的古镇一样，是这些生于斯长于斯的居民连接了这新旧交替的空白或念想。无论是后来我们在东街上闲逛，打身旁匆匆而过的老人会回头突然冲素不相识的我们喊："往那边走，去看看陈氏民宅，那是真正的老宅子了。"或者我们在中闸桥上惆怅寻觅南宋以来的闸槽遗迹，踩着三轮车的阿姨，与我们尽兴闲聊。抑或者，在去往杭辛斋故居的新民街上，那个在我们询问无果差点要放弃时犹如神助般指点的男子，当我们尽兴返回时，又在屋前善意询问："可有找到？"或者像现在，当我们在长安坝遗址前，满腹疑虑端详着挡水木坝时，一个与我们年纪相仿的男子，正从路边经过，遂自动上前为我们作简单介绍。历史的风烟，从来都与人类紧密裹挟，杳沓而来。

长安闸始建于唐代，宋时重修三闸，设澳闸，船闸与拔船坝并存，大船或货船经船闸出入，小船或空船则过坝上下塘河。元初江南运河改道，长安船闸一度废弃，至正七年（1347）又在旧坝之西增建新坝，一直使用到清中期。而长安闸依然使用，往来船舶过坝有盘车上下。眼下驻足之地正是这拔船坝遗址。遗址正是水流落差处，侧西一粗厚木槛置于两侧长方形凹槽内，截断西去水流倒灌，上有横木可供人轻身踏过，北岸有示禁勒索碑和王相公堂旧址。东侧裸露河床倾斜而下，见南侧凹槽如旧，北侧有重修，木槛不知去向。

　　三闸两澳自此向东北迂回而置，三闸之间不过距离数百米，遗迹之上重置新桥，上中下分别是：上闸桥、中闸桥、解放桥。解放桥北端桥下的翼墙露出一截凹槽，是南宋遗迹。桥堍有一恢宏青砖建筑，门口筑：长安中心茧库，如今已成为玻璃切割工厂。遇一男子，说不出建筑的年代，显然他比建筑年轻许多。高挑的屋脊下，白炽灯发出惨白的光，横七竖八的玻璃，躺在灰扑扑的旧式老屋内，浑然不知。

　　云层有些变薄，消失的阳光从缝隙间软软地洒落在河面或者桥身，光线明亮起来。我们沿着河岸返回，相邻的铁轨上火车时有呼啸而过。我在这恍惚的轰鸣和远去的车影里，一时之间想象起六十年前，那些朴素的时光里，有个少年他也曾意气风发理想满怀，他在这个小镇的中学里度过自己的高中时光。那个少年是我的父亲，那个学校是海宁中学，在虹桥西北面几百米处。

　　海宁中学的声名超过了一个学校的本身，这是一件有意思的事情。在父亲读书的六十年代，据他回忆，操场上有个墓，被水泥围着，不知何许人也，直到1973年，这个谜底才解开。据《海宁州志》记载，墓的主人相传是孙权的第三女，故名三女堆。古墓在历史的变迁中，也未逃过被盗的命运，好在虽然值钱的东西所剩无几，幸运的是古墓的画像石与画像砖作为建筑构件难以搬运，盗墓者也不感兴趣，遂被完整保留下来。1973年春，海宁中学扩展操场，发现该墓后，由文物工作者进行了挖掘。一个栩栩如生的汉代绘画世界终于浮出水面，在这些潇洒活泼的阴线刻制的画像中，以天人世界、仙人世界、人间世界为主题内容，再辅以生动的历史故事，不难看出一千八百年前人们的信仰和审美情趣。同时，也代表了早期中国画幅的形成阶段，要到一百多年后，才会出现那个叫顾恺之的人。

　　依着三女堆，后来又有了觉皇寺，到了清代又建起了仰山书院。觉皇寺存在的一千多年有着旷世盛名，而我在光线渐渐落下的傍晚所见到的重新落成的庙宇（位置已移至海宁中学以北），尽管它也气势恢宏、廊庑深宏，可我依然觉得有某种缺失和遗憾。仰山书院倒是尚存，只可惜，疫情的原因，无法入校园内一探究竟。只能站在校门口遥想，那对同年金榜题名的许楏、许楣兄弟，是不是也曾匆匆跨过虹桥，一路谈笑风生朝着书院疾步而来。

　　时间有时候被地理呈现的是一个不断叠加的过程，在同一片土地上，芸芸众生皆是过眼云烟。1132年左右，稚子赵昚从嘉兴的杉青闸上了小船经长安闸，那时不过五岁的他哪里知道，作为赵匡胤的第七世孙，他终究使得皇权归还。再过十年，一个六十多岁的老妇人，被一艘小船载着，从遥远的北地大都驶入长安上塘河，熬过十六年的屈辱生活，终于被儿子赵构以谈和为条件解救，得以回到南宋皇都临安，她便是宋高宗的生母韦太后，而大部分人质却是"家山回首三千里，目断天南无雁飞"，包括宋徽宗、宋钦宗。与万古江河固守的，从来不是作为匆匆过客的人们；在历史烟云中流转的，恰是那些岿然不动的建筑，譬如桥梁。古建筑就像一条穿越时光的秘道，带领我们更好地了解比遥远更遥远的过去。

　　海宁中学正对的寺弄，是条修缮一新的古街，穿过弄外的长安新桥，遂拐入新民街。天色渐渐暗淡，我不确定能否找到杭辛斋的故居。窄街内，几乎无人，遇有开着的店铺，几经询问店家不知杭辛斋为何许人也。忽而对面边门出一中年男子，听得我们寻找杭辛斋故居，竟然神奇地指着路的尽头，笃定地说："往那边走，见老房子便是。"稍稍放下心，快速往前，路口处看到一侧旧式墙，转角后遇见一棵壮硕榉树，再往里拐个弯便是新民街156号，一处看起来颇有年代的古屋，有三四个年长的居民，正站在门口闲聊。

　　听闻我们是来寻找杭辛斋的旧址，一个戴着眼镜的阿姨主动和我们聊了起来。种满丝瓜和盆栽的天井，是两户人家共用，那紧闭窗户的二层木楼，据说正是我们要寻找的杭辛斋的旧屋，通往二楼的斑驳木门紧锁着,如主人的过往一样被牢牢封存。

"杭辛斋是第一个办报纸的人,很厉害的。"(1897年,杭辛斋与严复等人在天津创办了我国第一份民间报纸《国闻报》,宣传变法维新)古镇上的居民说起家乡的名人,言语里是满满的骄傲,更何况曾经共处一室,那是何等的熟悉。阿姨大概七十多岁的样子,很健谈,很快又与我们披露一些私家史料:这房子有一百二十年历史,其实不能算是杭辛斋的房子,房子真正的主人是他的第四任妻子张氏,他经常在这里住倒是真的。"那盲子弄的房子呢?"想起网上曾经瞥到过一眼有关杭辛斋故居的另一个版本。"那房子早就没了,不过也不是他的,是他的侄子杭毅的,杭毅是个将军。"阿姨如数家珍,又是一番感慨。杭氏叔侄的往事,显然在长安人的心目中并不曾被遗忘。一方水土养育出的一代人,有些人悄然而来默然而去不留一丝轨迹,而有些人成为一代人的丰碑,不时被人记起和传颂,这是他们那个时代之下,他们的风骨留给世人的信仰。

傍晚时分,我和阿姨坐在有着一百二十年历史的旧屋檐下的石板上,听着她讲杭家的前尘往事。而这个本来离我遥远,只存在于史料中的民国才子,忽然之间变得清晰和贴近。在某一个瞬间,我甚至想:他也曾经这样吧,坐在这石板上,听着晚风中榉树叶沙沙作响,他是在哀愁腐朽的政府和国家的命运?还是在沉思其下狱后被押解回原籍的这段禁锢岁月?二十世纪初叶的中国,可谓命运多舛,而又生机勃勃。长安镇,一个安居江南一隅的小镇,它滋养的人们已经投身于滚滚的历史洪流,写下属于他们自己的篇章。

挥手道别热情的阿姨,暗淡的天幕下,硬山顶的旧式屋檐渐渐成了模糊轮廓。该去填满我们饥肠辘辘的胃了,专门选了一家生意火爆的苍蝇小馆,果然不负所望,咬下"长安宴球"之时,年少时深刻的味蕾记忆全盘复苏,我惊喜得赞叹连连。在日渐丢失食物最初味道的今时,还能有这样的坚持,也是一种可贵信仰。

今日的长安或许也在发奋直追新的变迁，但在这些宽窄不一的巷子里，在一幢幢朴素的古屋内，在河岸横卧的古桥上，在乡音未改的软语中……长安依然有着它独有的古意，在历史的长河里，怡然、自得。

王店：溪上梅花舍后开

五代后晋时期，一个叫王逵的镇遏使，居大彭都官滩里，构屋定居后，"聚货贸易，因名王店"。王逵喜梅，据说于溪岸辟地百亩大手笔遍植梅花，故此地又名梅里。此时王店人烟未聚，成市要到宋时，到明中叶成为商贸重地，为嘉兴四大镇之一。而三百余年前，朱彝尊"梅里曝书"的雅事，又令王店一举闻名。

年少时，一个人在嘉兴读书，乘着绿皮火车往返，见到王店站牌就知道嘉兴要到了。第一次到王店，与一场无疾而终的青春恋爱有关。闺蜜的男友是高年级学长，早一年毕业分在了王店镇上的医院，那时我们也在各个市区医院实习，好不容易凑齐了几个姐妹陪她来，时间已到了黄昏。于是，我对王店的印象是几个年轻人在昏暗的街上疾走，市河看不清轮廓，商店混沌一片，来苏水的味道似乎更真切得多，当然，怎么能少了火车时远时近的轰鸣。

青春期的故事总是来去匆匆，他们也早就成了别人故事里的主角，而三十年前需要舟车劳顿的小镇，如今从我家驱车向西南不过二十来分钟而已。

那条黑夜里看不清的市河，叫梅溪。《梅里志》有说，长水自南来，至庆丰桥，折而东为市河，即梅花溪。王逵的梅树正是植于梅溪两岸。梅溪是长水的一条支流，穿镇三里而过，至今未变。

秦始皇二十五年（前222）置长水县，名称早于嘉兴很多年。长水南来，此南即海昌（今海宁），"长水自硖石北流二十里至王店，又北流十里至新塘桥。稍迤东北，流十里至马王塘桥，分东西二支。其正支出大马王塘桥东北，流经秀水桥，入鸳鸯湖。其旁支出小马王塘桥西北，流会九里港，入秀水县界之姚家荡。"《梅里志》的记载，为我们画出了一条蜿蜒的河水流向这片沃土，盈盈水光间，在长水中泛一轻舟，即可往返嘉兴与王店，或者索性南下海昌。小长芦，即长水旧名，朱彝尊自号小长芦钓鱼师，即和长水有关。

王店与附近地区的地域关系亲密有间，南边是海宁，往东五里即是海盐，西北十里是秀水，西南十里入桐乡界。周围的一些著名市镇如曹王庙、石佛寺、屠甸、濮院、硖石镇皆在一二十里之距。

即使到吴地或是西泠（即今杭州）也是尤为方便，如王店人李符所云："傍断浦、冷波一宿，篷底星饭，便到西泠，近如邻里。"王店的骚人词客们便能欣然下扬州，亦能游幕四海，广结天下客。一批批文人墨客在明中叶至清，尤其是明末清初动荡时期往来于此，或索性不问尘世，安心潜隐。于是造就了属于王店的高光时刻，号称清初词薮，占据浙西词派的半壁江山。

梅里人的风雅，朱彝尊自然是领军人物，不过，在去朱彝尊的曝书亭前，有必要来看看三百多年前的王店。

当时除了朱彝尊的竹垞，王复旦的梅墅，还有著名如：李应征的澄远堂，李衷纯的百顺堂，王翃的春槐堂、秋槐堂，屠爌的大经堂，朱一是的为可堂，王庭的秋闲堂，周筼的采山堂，李良年的秋锦山房，李符的花南老屋，徐在的演溪书屋，沈进的半巢居，李明嶅的乐志堂，蒋薰的留素堂等。这些私家园林宅第，分布在梅里四周，他们的主人大都是梅里词派或梅里诗派的主要成员，故而文人们经常在自家园林切磋聚会或师友结社唱和，在梅里词派的兴起和发展中，这些建筑也就有着举足轻重的地位。

中国的文人，在固有的父系家族制的基础上，崛起后历世相传，在梅里这个小镇上，文人圈子最著名的如李良年家族，一门十代人才辈出，尤其曾祖李应征乃万历癸酉年（1573）应天举人，被视为梅里诗派的开创者,兄李绳远、弟李符与其并称"嘉兴三李",而且在梅里还有专门为他们建的三李祠,位于市北三里,天香庵故址。钱昌龄有诗赞:"昭代诗人盛梅里,清门文采百年来。六峰楼阁旧相望,三李祠堂今又开。"

除此之外,梅里一门文人辈出的家族还有缪永谋一家四代;周筼、周篁、周簵兄弟及子侄;王翃、王庭兄弟及王氏家族;史遇家族三代等。这些家族构成了文化传递的重要载体,优良的家学传统往往也是一个家族持续兴盛的主要支撑。在梅里的文学家族之间,紧密的姻亲关系,师徒之谊彼此提携关照,形成牢固的文化与政治圈子,使家学优势最大化。明清时期,文社也达到了史无前例的兴盛,梅里人也积极参与,朱一是、俞汝言、李明嶅、李石友、李寅等人都是复社成员。

无疑,这样的梅里小镇是吸引人的,所谓"乐多贤友"。难怪薛廷文在《〈梅里词绪〉弁言》能无不自豪地称:"吾禾之有梅里,自明之初叶,迄今四百余年,虽一隅之地,而骚人词客,代不乏人。至本朝为独盛,天下之称诗词者,必举梅里,斯不盛欤?"

海宁人朱一是于顺治四年(1647)移居梅里,加入梅里词派的词学活动。此前在甲申(1644)之变后,他于第二年避乱浙东,在逃难中结识了不少浙东文人,包括领袖黄宗羲。朱一是在梅里定居下来后,诗词日益精进,与同里的文人王翃、周筼、缪泳、沈进、李绳远、李良年、李符等交游,当然包括朱彝尊。

朱彝尊是在朱一是来梅里的两年后即1649年迁居到梅里的,这一年他二十岁。此前顺治二年(1645),十六岁的朱彝尊因家境贫困,入赘归安县(今湖州市)儒学教谕冯镇鼎家。同年,清兵南下,占领嘉兴,朱彝尊随之从嘉兴城内碧漪坊避兵至嘉善陶庄夏墓荡,并开始学为诗,其《曝书亭集》编年始此。

此时梅里的诗词之学已经露出燎原之势,但谁又能想到这位年轻人的迁居,将开启一个辉煌时代。顺治十五年(1658),朱彝尊

曝书亭(沈海涛/摄)

择居于梅溪南岸的荷花池上,相当于现在曝书亭的位置,康熙八年(1669),朱彝尊在原居住地荷花池旁又购置了一块土地,一生爱竹的朱彝尊,自然是要居有竹,因"宅西有竹"索性称为"竹垞","不乡不市村落,半耕半读人家"便是其对"竹垞"之定位。康熙三十二年(1693),六十四岁的朱彝尊"引疾乞归,定居故里,专意著述",并于康熙三十五年(1696)夏,筑曝书亭于所居之荷花池南。朱彝尊在《著书砚铭》中曾提及:"北垞南,南垞北,中有曝书亭,空明无四壁。"曝书亭,很快成了清初诗词名家集会结社、互相唱和的场所。

往后数年,朱彝尊陆续建造了潜采堂、娱老轩、醖舫、杏花春雨山房、茶烟阁、木笔龛、敬悦斋、春酒库、枣香书屋、拥书楼、静志居、钓船坊等建筑,还营造了南洄、北洄、绣鸭滩、同心兰砌等景,曝书亭自然是景中之冠。

数百年的风烟聚散,史册里的字迹依然清晰,而尘世间再精美的亭台楼宇大都荡然无存,三百多年岁月的颠簸,曝书亭也几番摇摇欲坠。好在自嘉庆元年(1796),即朱彝尊谢世后不足百年,浙江学政阮元率先开启的重修模式至今不下十三次，终究保存了这丝文脉，虽然面积如今只存了原来的十分之一，建筑也仅剩下六处，但王店人依然可以自豪地开口必言曝书亭，它足以为梅里词派的当日恢宏找到一个清晰坐标。

到王店，见那东西向穿镇而过的市河即梅溪，不及细瞧，就直奔南岸百乐路18号的曝书亭。门口置有一对古朴的石狮，向北的朱红色木门上横有"竹垞故居"的黑色木牌，屋顶上低矮的绿植在瓦砾槽隙间被五月的阳光照得通透、莹亮，进门正对的荷花池未植一片荷花，爷爷拉着蹒跚学步的幼童在荷花池边与水中的游鱼对视，满院的绿色扑面而来，它们是枫杨、水杉、悬铃木、翠竹、朴树、桂树等江南最寻常的植树。三五个老人坐在东首边的娱老轩内，置身于上午的阳光中，熟络的样子显然是这里的常客，这便是朱彝尊晚年著书的地方。西移数步，即是醧舫，三面临池，美人靠上不见美人，却是大片葱绿的爬藤覆满了一整面白墙，那洞开的窗门，令人不由得浮想联翩：小酌后的朱彝尊吟咏起"醧舫西偏尽竹梧，紫薇山石尽教铺。儿童乡里堪娱日，不用千金买佛奴"。四周宾朋纷纷称颂、唱和，自是一番畅怀、淋漓。

途经醧舫前也可穿过池中的四曲桥，你会在南边遇见一对古拙的小一号石狮，它们已不完整，没人知道其经历，也不知为何守在路口，陪伴它们的是一棵一百五十岁的紫藤。这时，你就会见到曝书亭，果然空明无四壁，四下的轻风和阳光肆无忌惮地涌入，西北两根石柱上刻有杜甫诗、汪揖书、阮元摹写的楹联"会须上番看成竹，何处老翁来赋诗"，北檐下"曝书亭"三字的匾额为清初文学家严绳孙所书。遥想当年晒书之盛况，亦是这样阳光充沛的晴好日子吧。

园中的制高点，是假山上置有的攒尖顶式小巧六峰亭，乃1912年里人所建，六十年代重建时，时任西泠印社社长的海宁人张宗祥书写了"六峰亭"的匾额。六峰是指王店周边碛石东山、西山以及海盐大横山、小横山和嘉桐界（现划归海宁）殳山、史山。这原本是朱彝尊的建筑规划，早在康熙四十四年（1705）刊印其著作《明诗综》时，已用上六峰阁的名义，其孙朱稻孙刊其诗稿四卷亦以六峰阁为名。

潜采堂位于院区的西端，原址在南垞之北、醧舫之东，筑于康熙三十五年（1696），为朱彝尊读书、著述、藏书、书写之所。"潜采"即是深藏图书、专心博采学问之寓意。眼下所见之位置与史书记载不符，可作后代移置之猜想，墙上嵌有朱彝尊戴笠之经典石刻像，是1963年修葺时由倾圮的太史祠中移入，上悬康熙四十四年御题"研经博物"匾额，于1964年重修。

王店人的确是念着朱彝尊的，稍后我们在铁路以东的梅溪街上亦步亦趋时，在231号里弄内偶遇了九十六岁的王店老人吴金寿，他滔滔不绝地与我们讲述幼时的曝书亭，叙述其以人大代表身份对曝书亭扩建的提案和规划。老人的住所是一座有着一百余年历史的典型清代民居，原主人是镇上以木行为生的朱姓家族，金寿老人与这间老屋相伴已有七十多年。大概主人是木行为生，房屋建造坚固，屋顶高轩，纹饰虽简洁但也颇费巧思。老人家把房屋保养得极好，是我所见过的老式民居里最为整洁宜居的。我们在屋后的小天井里闲聊，二楼的木质窗门被老人精心油漆过，保持着旧日模样。老人刚刚从自己开垦的菜地中劳作归来，九十六岁高龄，有着矍铄的精神、敏捷的思维和清晰的记忆，令人叹为观止。王店近百年的风云，在他的从容回忆里，有着辉煌也有着无可避免的遗憾。他虽只是一名药店的店员，却对文化教育有着强烈的使命感，在王店中学既往的发展中，他以一名人大代表的责任感，以极其强烈的决心和坚定的信心，发挥过重要的作用。这大概是文风浩荡的千年古镇在民间依然秉承着的余音。

最能体现王店千年余韵的，因数三里长的梅溪河两岸的河埠，它们三五步就建一个，由石条、石块堆砌而成，由水泥浇筑的年代

《溪上梅花舍后开》（吴藕汀画/范笑我提供）

应是不远。昔时，船运发达的王店，不知道要在这样的河埠迎来送往多少的船只和旅人。如今，溪中再无舟行，河埠上，也人影淡去，倒是有几个少年正兴致勃勃蹲在河埠上，埋头专注于河水，我在对岸静静地望着，河埠上二层旧楼的卷门半开着，是为王店镇第二小学。

　　光明桥畔，梅溪街224号，一个曾经有过无比辉煌时代的海鸥电扇总厂，门口"祖国万岁"四个大字依然醒目，往里却是寂静空阔。小时候，看过父亲托关系买来海鸥电扇在家里自己组装，至今那台电扇依然还能转动。二十世纪八九十年代，海鸥电扇是紧俏物资，这小小的电扇曾经飞进了中南海，也尤为值得王店人骄傲，当年每日上下班时间，从电扇厂出入的人流堵塞着梅溪街也是一番盛况。然而，花无百日红，不善经营的结果就是倒闭，二十多年来这里再无一次生产，有着明显时代特征的厂房依然耸立。前不久，梅里有为图书馆在厂房里安了家，工业风与文化的结合，也不失为一种风尚,作为文化古镇,这是必然的呈现。而经过多年的经营和发展,王店的小家电也渐渐崛起,在行业内占有了一席之地。

一条条清寂细长的小弄,在老宅之间朝外延伸。随意拐入,向外便会遇见一大丛翠竹,旁侧有细心侍弄的蔬果,二三间小楼前后排序着,五月上午的阳光,有着饱满的线条与光泽,有林间细细的微风,有淡淡的青草香气,有着令人想要停顿片刻的烟火气息。

火弄杂货店的字迹依然清晰,木门却已尘封了不知多少年月,执红伞的阿姨胖胖的背影落满了光影,我目送着她穿过阳光铺就的长弄,消失在骑楼外。河埠上,总会遇见几个静静垂钓的身影,岸边一处处水阁大都破败,像是不肯轻易退场的演出,还在留恋昔日时光。

从梅溪北岸的人民路折返朝西,路过修缮一新的四喜街,见有一高耸的石拱桥,便是文昌桥。桥是新建,颇为失望,要知道这三里长的梅溪上,曾经有桥三十四座,如今,已荡然无存。桥南即是吴金寿老人所言的王店中学,校门口正对河岸上建有水上戏台,无戏可观时,亦是人们休憩的好去处。

下文昌桥南岸是为解放街,青砖和石板铺就,古朴清洁,老旧的民居里人语声时不时传出。藏于270号的许氏民居,不显山露水,却有着令人吃惊的雅致,雕梁栋画虽然家常,却极见精致,特别是朝着天井内并排的两个砖雕仪门,虽被挖去了大部分的字眼和花纹,依然彰显了主人的美好寓意和品味。而188号的施定夫故居,则是见证了一个十二三岁就在小杂货铺当学徒的家贫少年,如何刻苦钻研终成画家的。

所有过往的时间,是画家的一幅一幅,是史家的一笔一笔,是建筑的一砖一瓦,是市井一日一日地慢慢累积。午后,我们在王店中学门口的水榭铺开茶盏,在一壶明前龙井的清柔甘甜里,用着那样安静恬淡的心情,将那些昔日的盛况与眼前的安宁日常,慢慢糅杂、咀嚼。

天凝：蒋村烟树昼沉沉

宋建炎元年（1127），康王赵构在大宋的南京应天府（今河南商丘市）登基称帝，南宋始，亦开启了他亡命天涯的日子。金兵追着赵构在江南逃亡直到建炎四年（1130），韩世忠在镇江大败金兀术，局势扭转。金人喘着粗气隔江兴叹，而赵构也不再颠沛流离，官员民众各得其所，开始了"直把杭州作汴州"的新生活。

也是在这一年，一名叫德性的僧人，来到现为嘉善县治西北下保东区距城三十六里的地方，但见"境土饶沃，水木清华"，便率僧众"垒石崇墉负栋，为栖禅之所"，取名"宝积禅寺"。

清《光绪嘉兴府志》中还记载，嘉善县西北三十六里处，一名从西而来的僧人广济于南宋乾道五年（1169）建定慧禅院。两寺建造相隔近四十年，也不知两株银杏究竟落在了谁家，这一生根至少便是结结实实的八百多年。偏安一隅的南宋在江南渡过一百五十二年，随着崖山海战的全军覆没而终结，而两株银杏似乎才青春伊始。

又过了三百六十多年，到了1645年的夏天，清军入侵江南，一时之间自江以南，兵民溃散，戎马交驰。于闰六月廿六日，禾城（今嘉兴）既陷，劫灰熏天，项圣谟仅孓身负母并妻子远窜，家遂告破。在这之前，项圣谟的兄弟、前明蓟辽守备项嘉谟不愿降清，带着一子一妾投天星湖（嘉兴秀州南路东仍有天星湖路）死。项圣谟后隐居十三年的地方即是现在的嘉善姚庄。这灰心枯竭的末世光阴，于这遮天蔽日的大树，亦不过是又一个轮回。

两株银杏，所在的地方，现在叫天凝蒋村。

第一次去蒋村是个阴天。似乎来早了几日，银杏叶尚有些青黄相交，两株树相隔约有百米，树下有农舍民居数间和菜畦田园，再往里，是一条贯穿的清澈水塘，即蒋家漾，塘外皆是良田。树下游人不多，三二成群，亦不喧闹，有几个阿姨兴之所至在树下毫不扭捏结伴跳起了舞。树下有一小亭，我带了泥炉茶盏，生了火，耐心守着一壶水的沸腾，时不时凝视这高耸的古老银杏。一布衫老人缓缓踱入亭来，主动用乡音与我们攀谈，同伴禾塘是嘉善人，言语相通，即刻有了共同话题。我在边上饶有兴趣地倾听，似乎已经回顾到了二十世纪某个场景或者相识的人，风在亭外时不时吹过，泥炉温而暖。

老人聊了会儿天与我们告别，步履蹒跚，天依然阴郁，古树沉郁，田野的风浩荡，似1649年的某一天。国破家亡的项圣谟画下了一副《大树风号图》，画面上近处是陂陀，中间是一株大树参天独立，占据着画面的绝大部分，那树干硕大挺直，呈刚强不趋之势，枝干繁密横生，不着一片树叶，树下是一个踽踽独行的老人，拄着手杖，背向而立，遥望远处此起彼伏的山峦，低吟忧思。那画左上方的题跋，满是老人的忧伤："风号大树中天立，日薄西山四海孤。短策且随时旦莫，不堪回首望菰蒲。"

画中的树，可能是一棵榆树，也可能是一棵银杏，但地点或许在嘉兴凤桥的石佛寺，当然也有可能是眼前的这株，毕竟隐居的地方离这里也不算远。说法不一，但不影响对一株饱经风雨、历经沧桑的古树的咏叹，借以抒发不可曲折的生命姿态。史册里的旧影诉不尽世间的所有悲欢离合，那些清冷的数字也只是机械记录，宝积禅寺在史料中的惊鸿一瞥，也早就烟消云散，倒是两株古树，成为过往岁月的见证者。

银杏树上的官方挂牌为宋建炎四年（1130），在我再次询问嘉善的陆勤方老师时，他非常认真地纠正了这个美丽的错误：清光绪《嘉善县志》卷首"下保东区图"，发现在蒋村的寺院应该不是建

蒋村银杏(沈海涛/摄)

于南宋建炎四年的宝积禅寺,而是建于南宋乾道五年(1169)的定慧禅院。志书的"定慧禅院"目下是这样写的:"定慧禅院,在治西北下保东区。距城三十六里。宋乾道五年,僧广济创建。明洪武初,僧衡琬重建。《章志》有蒋氏侯爵者葬此,故名蒋坟。又地名蒋村,水名蒋家漾。名号无考。自济构院,雄冠一方。闻于朝,赐今额。尚书黄中有碑记。"

陆老师认为,位于蒋村的定慧禅院既雄冠一方,又得朝上赐题匾额,留下了两株高大伟岸的银杏来,让后人记忆。或许,更加合乎情理。

或许,这也是寻觅的意趣所在,在史海里钩沉,于现实中比对,草蛇灰线里寻得真相。

去往蒋村的路上,途径天凝古镇,视线触及长河上横卧的一座石板桥,忍不住惊叹了一声,同行的伙伴了然:"等一下回来就去看。"

回程依然延续了阴郁的天气,集镇空旷,少有人声,河岸方向的连绵旧屋群里有隆隆的机器声,曲折穿过小巷,终于来到那座石桥。

桥是三孔石板平桥,呈南北向跨市河,望柱上坐有八个石狮,很是惹眼。桥下河水深幽,立于桥头向东端望去,另一座耸立的石拱桥东西相望着,这大概便是建于明代的圆通古桥了。

石板桥的桥基用条石砌成,桥墩为四块条石组成的排柱墩,桥墩上的桥联字迹依然能辨认,联柱天盘上的如意雕刻和帽梁石两端的瑞草雕饰亦都清晰可见。桥额用镜头拉近了看,似为"重建瑞凝桥"字样,建造年份有些难以辨认。坐狮线条粗犷、造型古拙,或踩石球,或怀抱幼狮,中间有两个石狮颜色和造型上略有差异。果然,在桥下遇到一位当地的居民,与我们谈起这座桥的过往和石狮的遭遇。老人透露,瑞凝桥初建于光绪二十六年(1900),也就是庚子年,重建于光绪三十四年(1908)。基本保存完好。望柱上颜色迥异的两个石狮子,其中一个毁于抗战时期日本人的战火,而另一个受损后被人偷了去,其余坐狮皆是原来的旧物。古桥刚刚完成修缮,市河两岸的房舍也是修葺过后的样子。老人显然对石桥有着深厚的感情,对于古桥的历史清晰到具体哪一年,凝重的眉头下,有一种深深的眷恋。那是一个多灾多难的庚子年,一座桥的新建,与一个民族的坎坷经历似乎没有实际的关系,然而,生命的枝丫,开在岁月的长河之上,沉淀下来的是一路奔涌的时间洪流,裹挟着每一个生命。我在桥上瞧着那些石狮,时不时有行人经过,一个老人带着五六岁的小男孩一边走着一边给他讲着母亲的故事:"这座桥你妈妈小时候每天都要走过,去上学。"男孩稚嫩而热切地回应:"哦哦,妈妈天天走过啊!"目送着一老一小下了桥走远,我有些思绪飘远,先生的老家在天凝镇附近的洪溪镇上(现在洪溪并入天凝镇),很想知道,他是不是也曾在幼年时来过。后来发了朋友圈,先生的堂姐即刻回复:好熟悉的桥啊!从前洪溪到南汇(婆婆家在南汇),先从洪溪坐船到天凝,再从天凝走到油车港,然后还要坐船才能到南汇。原来,从前的路是这样的曲折,江南水路并用的行程里,是要经过多少座桥,才能望到家人的熟悉身影。

沿着古镇街朝圆通桥的方向走去,很难想象如今的清冷老街曾经是多么的繁华喧闹。在小镇人的记忆里,以圆通桥为中心,各种的糕团店、水果店、鲜肉店、腌腊店、烟纸店、酱油店、碗店、药材店、茶馆等一应俱全,教堂和轮船码头亦各有各的闹猛。上街的农民出售了农产品去老街上的茶馆喝一壶茶,相识的面容和善打着招呼,小镇上的孩子们夹在人流里,吃着糕点,和小伙伴们嬉闹着。爱听故事的大小人更喜欢在夏天的傍晚,摇着蒲扇,坐在古桥上,听大人讲着神乎其神的故事——《山海经》《聊斋》或是《三国演义》。

相传,明初镇上建有天宁禅寺。当时南北往来本无桥,极不方便,寺内有圆通方丈便下决心建一座桥,以济众生。后人为了纪念他的功德,石拱桥就以圆通命名。据清光绪《嘉善县志》记载,圆通桥为明万历十八年(1590)重建,而初建时代很难考证。

此刻的圆通桥应该也刚刚修葺一新,西侧桥联磨损严重难以辨认,东侧字迹清晰。一个测绘人员站在桥上,摆弄着架上的机器,抬首间不知已成了别人眼里的风景。青灰色的天际下,石桥越发素朴、古旧,与那寂静的小街和清幽的河水,正是素色勾勒出的江南清浅光阴。

隔了一周,天放了几日晴,我又兴冲冲去了蒋村。

人群自是热闹多了,银杏亦不负众望,周身披挂黄色大氅昂首伫立,二十多米高的树杈直入青天。田野、房舍、菜畦甚至水塘都附上了喜悦而温润的金色,孩童的嬉笑和初见者的惊叹,在阳光里闪亮着。多么像天才诗人济慈热爱的秋:

雾气洋溢果实圆熟的秋/你和成熟的太阳成为友伴/你们密谋用累累的珠球/缀满茅屋檐下的葡萄藤蔓/使屋前的老树背负着苹果/让熟味透进果实的心中……

我想,大概到了秋与冬,才能真实而具体地触摸到岁月。

从蒋村出来后又重启了新路线，行程也是信马由缰，不停遇见河流，心想，总会遇见河畔的某一座古桥，它们定是裹在金色的柔波里，穿过不同的历史与岁月，向我招手。位于洪福村的宝善桥和安福桥便是这样偶遇的。

宝善桥为单孔半圆形石拱桥，拱券上清晰刻有"宝善桥"三字桥额，桥两侧设有对联石，联石顶端置有雕刻纹饰的遮雨石，阳文楷书楹联字迹依然能辨认。桥面护栏石上坐着一个孤单的青年，穿深色衣服，低垂着头，手里时不时滑动着手机，但心思显然并不完全集中，从他身边经过，还能听到他粗重的吸鼻音，似乎连眼圈都有些泛红。属于宝善桥的历史并不长，大概建于光绪年间（1875—1908），但却足够承担这位年轻人的忧伤和落寞，荡漾的水波，或许能解一解这青年的悲伤。岁月温柔时，如桥下流水缓缓流动，如冬日暖阳拂照一身；生命坚韧时，似冬日寒星涌现，似旷野疾风劲雨。

安福桥落于乡间，田野空旷，视线一览无余，从远处的公路行车经过，原是匆匆一瞥已惊艳。穿过田埂，经过几户农家小院，遇见一个垂钓者。安福桥为三孔石梁桥，桥墩由三块条石竖砌组成，桥面铺三块长条石，一头贴在农户的低矮院墙，另一头没入由笔直水杉相围的乡间小路并指向远处。刻有"1913年新建安福桥"字样，宣告了它后来的确切岁月，但也暗示着它仍然有着更加久远的往昔。两边各有栏杆及四对望柱，石梁及帽梁石上刻有花卉、草龙、太极鸟等纹饰。我站在河岸边，辨认着桥墩上的对联，镜头里，披着一身金色柔光的行人匆匆经过。

人们自古以来都爱在水草丰美的地方定居，似乎，所有的故事，也都开始在一条芳香的河边，涉江而过，花开千朵。我们不经意遇见的那些古桥仿佛是一个个历史博物馆，存放着雁鸟飞驰、王朝更迭的四季岁月，沿着经年不息的河流，慢慢回溯。那河岸的枫红、杏黄，那参天古树的永恒姿态，好似一幅佚名的宋画，在时光里轻轻点染，慢慢洇开。

西塘：草堂何以集群贤

冬阳撒落湖面，又影影绰绰地荡漾在人脸上，天色明丽，香樟的绿荫在河埠岸边安安静静，游船悉数靠了岸，艄公聚在高耸的石拱桥下不紧不慢聊着家长里短，一只猫咪在桥堍的平台上舒服地打着盹。

码头、岸边、廊下、小弄、商店、酒肆、桥头，均无人影，这是2021年12月某一日的西塘，因为新冠疫情，一夜之间，人流如织的古镇似被按下了暂停键，人潮退去，时间也慢了下来，像流淌的黄金，凝固住了那些不曾忘却的永恒。

岸边的石条凳，被阳光抚摸的已经有了浅浅的暖意，我们在石条凳上等一个人，等的那个人叫蒋国强，他是西塘人，而陪我等的那个人也叫蒋国强。两人同名同姓，年龄相仿，又志趣相投，据说两人时常被人打错电话或加错微信甚至发错邀请函，这些美丽的误会，结下了一段缘。我不知道一开始他们是怎么互相称呼对方的，有趣的是西塘的蒋国强出书时，另一个蒋国强为他写了序，尤为好玩。好在写序的"蒋国强"朋友们习惯唤他禾塘。

西塘，旧称斜塘，有"自古斜塘出人才，一扬风流天下知"的美誉。我在两个蒋国强的陪伴下，听着西塘的故事，慢悠悠走在空荡荡的街头巷弄内，路上几乎很难遇见游人，唯有几个店铺半开的主人漫不经心地在门口闲逛。那些宁静而悠长的弄堂，被时光打磨，远离了喧嚣、热烈，却被赋予了饱含深情的古镇烙印，穿梭在很多人的梦里梦外。而我如今却能不必与人拥攮，独自拥有。

土生土长在西塘的蒋国强有着无数的故事与这个古镇有关，他写下这些珍贵的记忆。出生于木工世家的他还有着数十年的木雕情缘，在古镇烧香港北街拥有一个古老民宅——余庆堂，创办了江南明清民居木雕陈列馆，成为古镇的一张文化名片。

在去余庆堂之前，我们把时光轴拉得再长些，去寻觅民国时期那些活跃在西塘文化中心的南社社员们的踪迹。

说起南社，有一个与西塘特别有渊源的人名就会脱口而出——柳亚子。柳亚子是吴江人，吴江与嘉善隔分湖水相望，柳亚子时常偕友人买棹南下，西塘是他必经之路。这里有他的诗友余十眉，有他感兴趣的名胜古迹，游踪所至，留下的大量诗文，至今流传在当地的文史界。今天的我们也如当日兴冲冲寻访旧踪。

南社社友虽遍及全国，以江浙两省居多，而小小西塘就有十八人，可见百年前的西塘是何等的人文荟萃。余十眉世居西塘，1912年起就从柳亚子、陈巢南游，并由两人介绍加入南社。

1920年冬，也就是一百零一年前的某个冬日，柳亚子的从弟在芦墟结婚，余十眉被邀观礼。次日，一行人游玩分湖，游罢又应余十眉邀请柳亚子赴西塘一游，陈巢南也赶至西塘。

那时的西塘是多么风雅啊！主人设家宴，宾客至如归，席间宾主八人即席联吟，推杯换盏间佳文妙句频出。听听他们这些吟诵，仿佛还能从文字里感受到旧时文人激越的风采，窥见那愉悦的场景。如今的酒场酣战怕是没有人会吟诗，更不会赋诗了。热情周到的主人，更是要赋诗来欢迎尊贵客人的远道而来：

卅里分湖能放棹，草堂何意集群贤。

已过秋后花犹好，似为人来色更妍。

第二日，以余十眉为首的西塘社友蔡韶声、陈觉殊、郁佐梅、郁佐皋、郁慎廉邀柳亚子、陈巢南同游镇上西园，并摄影留念，名曰"西园雅集第二图"，与宋代李公麟所作名画《西园雅集图》遥相映照，成为人们津津乐道的一桩文人雅集盛事。柳亚子《吴根越角杂诗百二十首》中有诗为证：

明朝裙屐集西园，鸿爪留痕逸兴酣；
连我又教成八子，二陈三郁蔡余堪。

这张旧照片有一日在范笑我老师的吾衿山茶叙时得见，昔日翩翩之君子，坐拥于假山俊石之间，神采飞扬。

闲谈间，我们已经来到西街计家弄，"正和文化大宅"的牌子正是西园旧址，原系明代朱氏别业，后又出让给孙氏。民国初，孙氏将园借给其亲戚余三开茶室，东侧假山上有白皮松一株，高逾数丈，风来稷稷有声，故茶室名为"听涛轩"。园北与胡蒙子居宅毗邻。1935年孙氏将园典给胡，作价米百二十石。1951年，胡退居三旧室，将西园还给孙氏，遂废，二十世纪六七十年代，已成白场一片。而胡蒙子位于西街的老屋还在，只是不再是风雅之居，开了客栈，做了店铺。胡蒙子先生一生为教育事业鞠躬尽瘁，是嘉善县创办中学教育第一人。

二十世纪末，西塘旅游开发，移地重建西园，新址位于旁侧的苏家弄，又以"西园雅集"场景为蓝本，并塑柳亚子铜像，期复旧日盛况。

西园几百年来是镇上文人墨客相邀聚会之场所，茶烟长日沸腾，缕缕绕巘石间，如闲云山岫，俊侣既集，雅谈竞作。柳亚子来到西园的第二年夏天，西塘南社的另一位重要社员沈禹钟由沪还乡，在《申报》上连登十一日的《还乡日记》，文辞苍古朴茂，文友间常聚于西园，茗饮畅谈的洒落跃然纸上。沈禹钟时任职于商务印书馆，诗才敏捷，又擅长小说，闲谈间朋友们往往还要防着他一手，生怕自己一不小心被引为小说人物，故而憨直如郁佐梅，谈笑间常频频顾忌沈，令人忍俊不禁。

西园胜景在沈禹钟的笔下是这样的：

茶席分设三处：一曰听涛轩……以园中有古松一株，高干参天，如苍龙负地而昇，叶阴奄园之半。风起时，触而怒号，如万壑涛声……一曰四角亭。一曰六角亭。

除了诗文，他们也关心时政，相谈甚欢便置酒浅饮于西园，午后倦怠索性就在六角亭中小睡，醒来，轻风扇裾，蝉唱在树，几人便即兴联诗。日头西斜时，雨点破空而下，雨声越过涛声，众人舍亭入轩。雨久不止，明灯已上，看飞蛾逐队，触焰而死，联想到天下人莫不是敬慕名利而趋走热衷者结果亦如此，而观者虽深明其理，仍不免风尘，为衣食而谋，不觉兴叹。

雨止而客散，月黑星沉，好在有街灯引路回家。

小镇不大，沈禹钟的家与西园近在咫尺，几步路之后蒋国强把我们带到礼耕堂弄9号，这里是他二十五岁之前的家，而一墙之隔就住着沈禹钟的家人。

蒋国强的儿时记忆几乎都是这座老屋和路尽头的新木桥。新木桥是临时的称呼，现在它又恢复了"环秀桥"的名称。明清时期，西街多官宦富绅宅邸，对岸是商业集市，商铺密集，明万历九年（1581），乐善的沈春山发起募款建桥，不仅方便了百姓往来通行，更是以三孔联拱、高大雄峻为全镇之最，以长虹凌波之势被推为"平川十景"之一。 此后，三百多年小镇光影如桥下流水悠悠流淌，直到1944年冬日下午的轰然一声，环秀桥忽然倒塌，响声达数里，附近的居民纷纷从屋内奔出，惊见往日气势恢宏的石桥灰飞烟灭，惊骇不已。以后历经摆渡桥、三孔木桥，到三孔钢筋混凝土排架桥，再到如今已重建的单孔石拱桥。据说，为了恢复环秀桥的古朴风貌，这是从里泽拆来的南星桥重建而成，新桥的位置也东移了百米，当游人兴致勃勃站在桥上俯瞰夜色里灯火如织的西塘时，无不感叹它的灵动妩媚，而对脚下的这座桥不甚了了，大多的过往都已被沉入时间的褶皱里。

好在，礼耕堂9号的玻璃门虚掩着，店小二是个清秀的男子，并不介意我们的随意参观。格局自然是大肆改动过，门厅被切割成数个房间，粗壮的廊柱一大半被包裹进了新砌的墙壁，唯有卷棚式雕花梁上的花纹和地上的方砖还是旧日模样。二楼有个小小平台，是蒋国强心心念念的儿时乐园，通道两旁应该是隔出的客房，头顶的横木一头连排着四个如意木饰，童年里的点点滴滴就到了眼前。再往里，就是走马堂，窗户开着，阳光射在了天井里，墙外已是沈家的庭院。院子都不大，寻常江南旧时人家的陈设，房屋都已几易其主，沈禹钟大多寓居上海，在蒋国强的记忆里并没有交集，或许哪一天故人回乡，只是尘满面鬓如霜，对面相见也并不一定能相识，况且两人的年纪几乎相差了半个多世纪。

沈禹钟回西塘与友人常聚于西园，还时常受邀前往余十眉的寓所，余宅至今仍在，位于古镇景区外南棚下街55弄内。一块书写"余十眉故居"的石碑随意镶嵌在斑驳的旧墙上，小弄弯曲狭长，进弄十数米左拐便是余氏的建筑。现存仅门不大，正上方的青石雕刻着一排麒麟图案，素日很少得见的款识，进门是一个宽敞的石板天井，入目是高敞的二层木式小楼，整个建筑呈"凹"字形。走至正厅廊下，只见雕梁画栋，无比精美，有些横梁上的石灰甚至还未曾拭去，木饰花纹半遮半掩，透着沧桑与无奈。老屋里的主人纷纷走出来，他们都是这里的房客，彼此为邻，分割了老屋，谁也说不清房屋有多少年历史。这就是"探珠吟舍"了。

我们不曾进入屋内，因为我知道屋内的案几上不会有铅笔画，即使有画也不会画一枯干植瓦盆，分枝处截而不绘。如果有，我也会把沈禹钟当日奋笔题下的五绝重写在旁：

讬根空无地，承露竟无枝。

忍负春风意，禅心一寸知。

"探珠吟舍"的花露饮清冽适口，好客的主人常常用来招待宾朋，这里还是西塘南社社员活动的重要场所，他们诗酒相酬，文气相通，抨击时政。柳亚子来西塘也均下榻于此。1920年冬天的那次设宴正是一楼正厅的"仁荣堂"。来年11月，柳亚子应余十眉之邀复游西塘，设宴于烧香港一家被戏称为"乐国"的酒家，吟诗赋会。柳亚子甚至醉卧"探珠吟舍",夜半跌至床下仍未醒,后作诗《堕地》,余十眉又和诗一首。呵!从前,连酒醉堕地都能这样诗意。

老屋陈旧暗哑的身躯透出一股笃定的气场,过往谈笑有鸿儒的松快,在记忆的湖水中时时涌出,那些无声而又漫长的时光,荏苒过这里的湖水、老屋,骨感铮铮。偶尔,会有如我这样的人穿过时光,穿过吵嚷的人流来到这个安静的老宅,寻一场旧梦。

无风的冬日午后,烧香港连绵的江南民居倒影入岑静的湖水,长廊寂静无人,疏淡的光影像是打在女子脸颊上的腮红,令古朴的黛瓦粉墙尤添一份妩媚。原先河道窄小,但环境清幽,住着许多大户人家,附近有圣堂庙、东岳庙、福园宫等庙宇,到了春节尤其热闹。

柳亚子等一众南社社友狂饮二日的"乐国"酒家正位于此街口。当然,旧物早就不在,如今的"乐国"名字尚存,但已非旧日光景。

"乐国"原非酒家的本来招牌,来自余十眉的一句戏称。柳亚子造访西塘前,南社因诗派相争,陷入内讧,柳亚子愤而辞去南社职务,回归家园,悉心收集整理乡邦文献,与其说有闲情以分湖为轴心会友,纵情诗酒,毋宁说是内心消沉苦闷情绪的返照。把豪情与心事放在文字里那也是明智的,因为它们别无居所。

"乐国"酒家的三日痛饮当歌,催生柳亚子一共作了三十五首诗,集成一卷,即《蓬心草》,并自作了序。与会诸君也是尽情歌咏,余十眉《乐园纪事 次亚子韵》有云:

举杯一掷气成虹,不分今生与再逢;
销骨谗言成刺骨,酒佣事业胜书佣。
卿持白米红盐里,我亦回肠荡气中;
几度难忘扶醉去,三更灯火惜匆匆。

柳亚子酩酊大醉跌至床下正是第二日,第三日晚是为饯别,酒酣处,诗情豪迈,别情也是依依,席间众友纷纷长歌当哭,情绪高涨缠绵。生逢乱世的无措和痛斥,文人书生的意气和愤慨,于诗文处化为披肝沥胆的豪情。柳亚子《过斜塘之乐国酒家》有云:

誓纵狂欢追乐国,宁甘韵事让迷楼。

豪情历历扪胸在,拼得如泥一醉休。

柳亚子此次西塘之行所得诗集,后寄给西塘及各地的诗友索和,和者多达三四十人,诗词四百多首。不久,柳亚子又将和诗集取名《蓬心和草》,并与自己的《蓬心补草》等合编成《乐国吟》上、下两册。1921年的这场西塘南社诗人的诗酒聚会,在江南诗坛上留下了千古佳话,至今余响不绝。

西塘一别,凝结在心头的愁结似乎慢慢松解,此后,余十眉应上海竞雄女校校长徐自华之聘赴沪,而柳亚子、余十眉等八位发起人,于1923年10月宣告成立新南社,废除酒社等消极活动,推行新文化,提倡民族气节,旧南社同时解体。固然新南社诚如昙花一现,然而江南文人之气节与情怀,在浩瀚的历史长河里,终究是源远流长。

西塘的文化脉络沿着南社社友的足迹,始终绵而不绝。2019年西塘旅游文化发展有限公司编辑出版了《西塘近代诗词选》,收集选编了包括余十眉、沈禹钟、江雪塍等十位西塘近代诗人的作品,是西塘人文历史的写照。有一日,年逾古稀的文化长者韩金梅,为我们解说南社文人的趣事,以及嘉善田歌推广的艰辛与坚持,这一份江南文人的执着和对本土文化乡情深深的眷恋,依稀有着百年前先贤文人之余韵。

沿着烧香港往里行数十米,靠右即是蒋国强的木雕陈列馆,江南民间精雕细琢的日常,在他精心收藏的房梁雕刻,雀替、牛腿的曼妙,栏板雕花的情趣,甚至是雕花印糕板中,被一一呈现。文化的特质,不仅在诗文,也在日常陈设、家居布置及精雕细刻的装饰中被内敛隐晦的表达。无论是山水花木,还是飞禽走兽,或是戏剧人物及仙道祥瑞，无不体现主人的审美情趣和美好寓意。江南人一代代对美好生活的向往和祝福，凝固在这些圆润和顺、疏朗有致的雕刻里，积厚流光。

一进天井中的蜡梅枝条已攀至二楼窗台，阳光从临河的格子窗棂透入，投射在粉墙上，光影里还有一对清式扶手椅，面前陈设了一张年代久远的榉木账桌，上面铺着蓝印花布。坐在美人靠上，栏外清寂无声，唯有湖水安静流淌，安静疏朗的冬日里，便生出一丝丝静谧素淡的欢喜。

在余庆堂的陈列墙上，我还瞥见了一块"嘉善昆曲研习社"活动基地的铜牌，这就是两位蒋国强业余时间共同研习的爱好——昆曲。在这深幽古朴的庭院里，唱一曲幽怨绵长的《牡丹亭》，想来意趣定是妙不可言。于是，待到梅香袭人的那一日，我再次踏入余庆堂，推开庭院的木门，沁人心脾的梅香拂至鼻尖，窨满了心神。踩着碎步轻轻攀上二楼，因为早有袅袅婷婷的昆曲音律传来，研习社的社友们或站或坐，分外沉静，丽音婉转如丝如玉，飘落窗台又被裹进梅香，随早春的风流动，跃上飞檐，在云端经久未散。

沈荡：陌上花开缓缓归

那是一个春日，吴越王钱镠走出宫门，西湖堤岸早已万紫千红，不禁想起分别数日的老妻吴氏，便书信一封托去相思，一句"陌上花开，可缓缓归矣"竟成为经典流传至今。要知道，钱镠不过出身底层，曾以贩盐为生（据说海盐澉浦还留有钱镠当年贩盐走过的盐道），这样清新雅致的相思之词，实为旷世奇作。钱氏一族，遍及世界各地，历代名人辈出。

明正德年间，海盐一支钱氏后裔钱琦中了进士，其后便一发而不可收，六百余年中进士十六人，举人四十多人，逐渐成为嘉兴府的望族。这中间，自然少不得要提起清代三朝元老钱陈群(1686—1774)，清康熙六十年（1721）进士(二甲六名)，雍正时任翰林院侍读学士、刑部左侍郎、太子太傅、刑部尚书。钱陈群以他博学多才、恭勤廉洁而著称，久值南书房，为乾隆近臣。而乾隆的出生一直像迷在坊间流传，其中一个版本恰是其母为钱陈群之妹。乾隆六下江南，数登烟雨楼，而钱陈群与子钱汝诚族孙钱载，祖孙三代先后六次迎驾、扈从，成为绝无仅有的荣耀。

钱陈群出生于嘉兴春波门外南湖之滨白苎村，是为母亲陈书的娘家。钱家家贫，仍还时常接济乡里，于是钱陈群父亲钱纶光随父母前往衢州教书，家中留下陈书带着尚未成年的三个儿子，边养家糊口，边教育子女。陈书号南楼老人，这个南楼正是位于海盐沈荡半逻村（今为中钱村），钱陈群后来重修了位于中钱村的钱氏祠堂，正是今日我们的目的地。在钱氏祠堂工作了六年的俞建平老师热情地接待了我们。

钱氏祠堂题名"永思堂",正对河埠,有中钱桥,俞老师告诉我们陈书的南楼即位于桥南块。祠堂外有围墙,开两侧边门,我们从西门而入,入门南墙处有两块石碑,上刻有乾隆赐予钱陈群的悼文,应是新立,但道不尽的是这位天子对近臣的留恋和褒奖。两只庄严的石狮子镇守祠堂正门,"清芬世守"题于正厅内,取自乾隆御题于陈书的《花鸟人物画册》。"钱氏家训"悬于墙上,是每一个来访者必要读一读的警句,是俞建平老师为我们津津乐道的钱氏一族兴旺的传世之言。进入院内,回廊悬挂的正是南楼老人陈书的瓷画,这些真迹曾经摆在乾隆的三希堂内,被时时观赏品玩题跋。我想不仅是陈书的画艺高超,能担"清代女画家第一人"之盛名,更离不开她含辛茹苦抚育幼子成人的贤名,也才有了乾隆在见到钱陈群为感念母亲的养育之情、教授之恩而请人画的《夜纺授经图》后,深受感动,题下"嘉禾欲续贤媛传,不愧当年画荻人"的美誉之词。作为女性,我对陈书产生了浓厚的兴趣。古往今来,才艺双绝或贤名远播的女子不在少数,但要像陈书这样不仅自己知书善画、贤良淑慧,还能忙于生计,教导三个孩子,且各自成才,甚至直接影响到孙辈的女子真是凤毛麟角,贤媛之称实至名归。女子如何在家庭和社会中找到自我,并成就自我,陈书堪称典范。而家族的兴盛和延绵不绝,更是离不开一个兰心蕙质、品格高逸的母亲言传身教下的躬耕传递、世守清芬。再观如今社会,亦如是。

第二个园中矗立光绪二十八年(1902)御赐工部尚书、军机大臣钱应溥祭文碑、恩旨碑两通,及墙上两侧悬挂的海盐钱氏科举榜上密密匝匝的钱氏后人,正是这个簪缨之家传世之最好例证。

钱氏祠堂经过几百年的风云,中华人民共和国成立后,被征作粮仓而得以保存。俞老师为我们指点二进高挑的房梁,有当年被石灰涂抹后遗留下的清晰痕迹,也正是这样的歪打正着,如今我们依然能目睹房梁上精美的雕刻。而钱陈群的墓志铭也因为被当作洗衣台之用，虽稍有磨损，但字迹依然清晰可辨，如今也保存于祠堂内，供我们细细研读。

一棵巨大的朴树挺立在后院的假山前，"前水后山""前槐后朴"的美好寓意代表了传统中国。盛夏的江南院落内，草木郁郁葱葱，据说满园的桂花是钱镠之爱，而花厅前的假山、池塘、草木、凉亭更是入了同行的禾塘的眼，这个昆曲资深曲友忍不住叹曰："这里，真的适合来一场游园。"

将近花甲之年的俞老师是老沈荡人，说起沈荡这个千年古镇的昔日繁荣，深情而自豪。从小喜欢绘画、书法的俞老师，在镇上的毛巾厂里度过了大半的职业生涯，有十年的时间成为这个厂的掌舵人，在成为钱氏祠堂的守护人之前，他还是一名私企业主。这些丰富的阅历，使得他如今越发通透、豁达，用饱满的激情和丰富的知识，立志做好这个非遗的传承人。

俞老师对沈荡过去岁月的追忆中，无论是河塘内舟船林立的繁荣，还是七八十年代数不清的国营厂的恢宏岁月，都是他记忆里的重要篇章。追溯沈荡之古韵，自然要去一去依然秉承古法的沈荡酿造。

在沈荡酿造的展厅内，早已等候我们多时的海盐沈荡酿造有限公司副总经理庞卫华先生为我们足足讲了一个小时。故事至少得从光绪十三年（1887）讲起。来自海宁硖石的油厂老板孙职卿和杭州盐商周氏先在沈荡中市街开设了三泰酒酱店，后又在西市街办起了丰泰酱园，接着又在东市开设泰兴酱园（即现址）。泰兴为总园，正是前店后坊的传统模式。海盐沿海产盐，内陆又多产黄豆，故海盐人自古开设酱园众多，并形成了独特的酱油制作工艺，代代传承。上海开埠后，海盐酱油业的几位巨头看准商机，纷纷进驻上海滩，先后创办酱园，并在上海酱园业中独领风骚，被称为"盐帮"，如冯万通酱园、徐松盛酱园等。而与"盐帮"鼎立的"上海帮""宁帮"里的师傅也大都是海盐人。

曝晒中的酱缸（沈海涛/摄）

泰兴酱园虽在盐帮中不算巨头，但从成立之初到如今，从未间断生产，亦不曾移动过厂址，堪称真正的百年薪火，至今也依然保存着当年的泰兴酱园门面及招牌。

在庞先生的详细介绍下，我们渐渐了解"冬日酿酒"和"夏晒酱油"的古法酿造技艺。立冬开酿，历时一百多日的前、后发酵期，再经过压榨分离出酒糟和酒液，密闭封存后，再是数年到十数年不等的存储、发酵，才是足酿足陈的黄酒。每年六月，是开始新一季酱油露天晾晒的黄金时期，尤其是三伏天的晒油，阳光晒出天然的酱色和芳香，而前半年反复翻动亦是尤为关键，师傅们往往早上五点左右，就要徒手在一千斤的酱缸内翻动。再经过一年多的发酵期，才是层色、口感、香气俱佳的上好白酱油。

在这个拥有一百多年历史的企业中，那些一辈子只用心做好一件事的制造技艺传承人，无疑是最宝贵的财富。他们从学徒时就在这里，从青春年少到古稀之年，以师傅带徒弟的方式，传统工艺代代相传。而泰兴酱园从成立之日起，就采用职业经理人经营的模式，投资人并不参与管理。正如庞先生所言，沈荡酿造一百多年的变迁，正如一部中国企业体制转变的近代史，书写了传统工艺在时代洪流之下独守匠心的佳话。

在去往晾晒场的路上，途经一个铜人雕像及作为展示的酒甏。庞先生笑着说："这个酒甏有一百多年历史，总有人问我为什么不用罩子罩起来？""为什么？"我下意识问道。只听庞先生底气十足："因为像这样的酒甏我们有一万多个。"闻者无不惊叹。

很快，我们就在晾晒场上见证了这些古董级的酒甏，它们如列兵一样整整齐齐码放在晒场上，等待下一季的粉墨登场。循着酱香，只见一个个排列整齐的大缸，或盖着斗笠状的篾竹盖，或在阳光下裸露曝晒着满满一缸酱。庞先生介绍，曝晒中的酱缸是六月份刚刚新制，才翻动过三四次，而带盖的都已一年以上，假以时日这些酱香将越发浓郁。而我亦是谙熟这样的酱香，小时候屋檐下的竹篮中，奶奶总会在盛夏里制晒出这样的手工酱。

庞先生还为我们打开了位于半地下的酒窖，这里储存着至少六万坛的黄酒及白酒。仿佛遁入一个时光隧道，这些不同年份的酒，在数年或数十年间，它们在微生物的作用下，每一日都经历着发酵和蜕变，直到被开启。在这些手写的年份中显示，最早的是我工作的第二年1994年，之后的年份林林总总，而我忽然困在这些年份里，恍惚中想着那些年的自己。在与自己的时光共同经历中的不断蜕变，本身就有一种穿越时空的力量。于是，为孩子或者为自己存储十年的酒成为一种美好的心愿，一部分以私人名字窖藏的酒坛，除了在封坛时如常加以荷叶、笋壳及封泥外，还额外封入了写给十年后的自己抑或十年后的孩子的心愿卡，在这封闭的世界里，酒在一日日地发酵、蜕变，而外部世界的自己，亦在经历一日日地成长与改变。

推开泰兴酱园那扇响彻了一百多年的咿咿呀呀的木门，从前的门市依然有着旧日模样，仿佛门外的一个多世纪，不过是一场斑斓旧梦而已。从前的"官酱园"和"官酱""槽坊"三个木质招牌，依然被妥善保存。"官酱园"为双面竖刻，横书"两浙盐运使司"，落款：1913年，月给盐字第二百六十九号开设海盐县沈荡镇诸公泰兴，右下角留有"保商徐丙奎"字样。想来，这便是悬挂于厅堂前，与如今展示的营业执照无疑。而其余两块招牌，在食堂厨师刀下留着细细密密的砍印，被庞先生笑称为"挨过千刀、躲过一劫"。

沈荡黄酒，似一种烙印，刻在有海盐的记忆里。海盐的作家余华，在长篇小说《许三观卖血记》中，主人公许三观每次卖完血后，总会去胜利饭店点上一盘炒猪肝和二两黄酒。沈荡人民私以为这酒就是沈荡黄酒。

在沈荡，还真有个胜利饭店，因是几年前，拍摄电影《许三观卖血记》时搭建的场景，如今依然被保存着。它依桥而建，周围的建筑正在进行修复重建，唯有它在树荫里，被斑驳的光影抚摸着，悄然无声。对岸是已经修建一新的港南西路，路尽头的青龙漾上，东西向跨着一座三孔石墩石伸臂梁桥，中孔石梁上镌有桥名为：冯夷桥，旁有人物、吉祥动物的浮雕。冯夷桥有着独特的存在，其一是它的造型，桥墩上部中孔用五层边孔以四层条石纵横交错层层挑出，成为伸臂结构，似房屋建设中的斗拱构造。其二乃是桥中的望柱，四根之中有一对是常见的石狮子，而另一对却是石象，在嘉兴地区古桥装饰中应是独一份。史料记载该桥为1936年重建，而始建年代语焉不详。

水网密布的江南，桥是人们最日常亦是最深刻的生活记忆。我们要去看的第二座桥，是沈荡大桥，又名永庆塘桥，它是沈荡人心里难以忘却的故乡风景。沈荡大桥并非一开始就建造在目前所在的聚金村的陈家港上，它最初的位置是在沈荡镇东的海盐塘，海盐塘旧称永庆塘，故名永庆塘桥。大概在1997年年底至1998年时，因河道拓宽建设需要，才被移植至如今的位置，这座气势如虹的三孔

冯夷桥望柱上的石象(沈海涛/摄)

石拱桥成为海盐唯一整体搬迁的古桥,一如既往横卧在河塘之上。

而沈荡大桥的历史,可追溯至康熙五十八年(1719),在当地的僧侣、绅士、民众等聚众人之力,举七年之久成于雍正三年(1725)。道光年间(1821—1850)倾圮,至光绪八年(1882)得以重建,且桥的位置也向北移了二百米。抗战前后,这座桥再历风雨,战争前夕,沈荡大桥曾为硖石至新篁的公路桥,在桥面石阶上筑水泥混凝土基座搭设支架铺木桥面,建成了可通汽车的公路,抗战后木桥被毁,不再通车。

一座桥的命运,从它开始耸立之日起,就已和周围的岁月胶着,与这里的百姓共同经历时代的裹挟,似桥下的河水奔流向前。

一场雨之后,泥泞的河岸,依然阻挡不住痴迷的垂钓者,这是习以为常的生活吧。用镜头放大,看到高高的拱圈上方镶嵌的桥额——永庆塘桥,在其上的护栏石镌有"大清光绪捌年里人重建"字样。桥两侧拱券和边孔旁分别设有对联石四条,顶部分置遮雨石,四副楹联字迹清晰可辨。地理环境、交通功能、建桥功绩和对美好生活的向往是这些镌刻的内容,也是这个千年古镇中跌宕年月里的重要注解。

一座新的永宁禅寺正建在离桥不过数十米的地方,仿佛两个刚刚搬到一起的邻居,彼此友善地试探着。我站在对岸,看一桥一寺这新旧倒影相携扑入水中,在奔流向前的岁月中,未来它们或许也将是别人可追忆的往昔。

在沈荡的小弄内寻寻觅觅,那些旧日风景依稀尚存,包家弄、大木弄、送子庵弄、豆腐弄等旧里弄内,依然有着缭绕的烟火气。那些延绵数代的日常和坚守,始终不曾从骨子里褪尽。无论是已传承四代的包家商店,还是贲湖西路上拥有六十一年修表生涯的沈荡钟表店,他们更像是一种生活状态,悄无声息地融入于这个古镇流动的经脉中,成为古镇人们难以割舍的情怀。

而,让我最终读懂沈荡这个千年古镇之风雅与隽永的,是那对"与子偕老"的老夫妻。那时,当我在沈家民居的旧式小院内,望着院子里一大丛碧绿的茉莉花叶中探出的一个个粉白嫩蕊而心下欢喜时,一位声音洪亮的白发奶奶推开侧边的纱门走了出来。奶奶姓汪,为我介绍这座一百多年历史的二层小楼后,又热情邀请我们入屋参观她的庭院。那个幽静的庭院,整齐摆放着形态各异的太湖石、盆栽,青葱绿意和山石峻秀间,显示了主人极高的审美情趣。汪奶奶自豪地介绍:"都是我家老头子自己修整的哦。"奶奶拿出李先生年青时的相片,只见浓密黑发下是宽阔的额头,眉目舒朗,鼻梁高挺,透过鼻梁上的眼镜依然能触及的深邃眼神,深色的呢外套和围巾,好一个儒雅静气的旧式青年文人。汪奶奶介绍自己是沈荡小学的退休老师,现年八十岁,丈夫李先生是一名技术工程师,现年八十五岁。这是他们相守了五十多年的家,虽是旧屋,书报、衣物、杂物均叠得整整齐齐。汪奶奶又热情邀请我们上二楼看家具,随即就见到了一头银发、清隽儒雅的李爷爷,他一见到我们,就极有风度地从躺椅上站了起来。看得出来,这是个内向安静的人,但却有着极好的修养,他一脸纵容地看着奶奶的风风火火,而奶奶对丈夫是无限的崇拜,欢乐地为我们介绍那个桌上的德国钟摆坏掉后是李先生自己修好的,而李爷爷也轻轻地附和:"这个钟比我的年纪还要大了呢。"

为两位老人拍下相片,镜头里他们十指相扣,丈夫面容上的安静宠溺和妻子的活泼笑颜与身后的优雅庭院,几乎是我以为的中国家庭及婚姻的最完美诠释。

爱情与生活交织的漫长岁月里,不就应该是这样的吗?彼此不同的个体,我眼中有你,而你以我为荣。经年已过,你依然如初般纯真,而我亦始终坚守自我。深红浅碧的温柔岁月里,一个人的明媚和两个人的默契,成全彼此。

沈荡之行后,范笑我老师特地赠送了我一本《许楼山诗存》。1935年出生的许楼山老先生在沈荡镇上的海盐二中教了一辈子的语文,退休后致力于格律诗的创作,以细腻隽永的诗情记录时代。而为沈荡创作的《沈荡棹歌》和《沈荡杂吟》,不仅是许老师自己三十一年沈荡岁月落笔时有了个着处,于刚刚去过沈荡的我读来,这些草木虫鱼、街巷杂花、桥石垣瓦亦是心旌摇动,更何况那些沈荡人呢?

澉浦：至今人说小杭州

南宋绍定三年（1230），出生于官宦世家的常棠，却无意仕进，选择隐居海盐澉浦。他在屋旁植竹数十竿，以"竹窗"自号，日常留意地方掌故、山川、名物，当镇监罗叔韶有意编集镇志时，两人不谋而合。此后常棠历经二十余载，广搜资料，"订正尤详"，到宝祐四年（1256）刊印成书。《澉水志》全书八卷十五门，冠以舆图，前有罗叔韶及常棠二序，被誉为"乡镇志开先河之作"，为中国历史上现存最早的镇志，《四库全书总目》称其"叙述简核，纲目该备""可谓体例精严，藻不妄抒者矣"。

看似无意的一次合作，却不得不让我们好奇，一个镇域，何以有如此底气挥洒春秋笔，开编纂镇志先河。

常棠记载，澉浦旧属会稽。又引《水经注》云，东南有秦望山，旁有谷水流出为澉浦。南宋时的澉浦镇境为"东至海岸边海界，西至六里堰近潮村界，南至篠山边海界，北至官草荡新浦桥界；东南到葛母山界，西南到盐官灵泉乡界，东北到秦驻山界，西北到鲍郎浦界"。

澉浦历史上第一个载入史册的文化事件，是一个叫干宝的人撰写的《搜神记》，干宝因此也被誉为中国志怪小说的鼻祖。

六朝时期，司马睿的东晋定都建康（今南京），江南随着大量中原人士的拥入，南北文化有了第一次全方位的融合，干宝身处在中原第一次南迁后的历史洪流之中，他的《搜神记》更像是中原文化与海盐所在的江南文化交融后的复合产物。

干宝祖籍河南新蔡，祖父干统、父亲干莹都在朝为官，永嘉之乱爆发，举家南迁，最先落脚于海盐县灵泉乡（今海宁黄湾乡）。大约在二十四岁时，干宝初任盐官州别驾，可谓青年有为，于而立之年应召为东晋著作郎，主掌编纂国史，著有《晋纪》二十卷，当时很受推崇。后官散骑常侍，相当于皇帝的御用顾问。

干宝后来迁澉浦定居，并在澉浦完成《搜神记》这部奇书。据干宝自己所述"承于前载""采访近世之事"，长期生活在海盐一带的作者，自然在书中呈现出不少的家乡元素。西汉平帝年间，海盐曾遭受大规模海浸，设在华亭乡柘林的海盐县治，为海潮所淹，后来成了柘湖，海盐县治迁到了武原乡。东汉顺帝年间，海浸又一次把县治淹没，成了当湖，到了东晋时已是第四次被淹而移至今海盐县武原镇东南的马嗥城。干宝在《搜神记》里就著有一篇《城沦为湖》，说的是秦始皇时期的城陷没为湖，人化为鱼的故事，显然这是以海盐县被海水所淹为背景的。《搜神记》的名篇《韩凭夫妇》中的梓木生于二冢之间，鸳鸯盘桓树木，晨夕不去，与清光绪《海盐县志》中记载"双梓墓"的情节极为相似，而双梓墓的发生时间似在离干宝不远之吴黄龙年间，不排除干宝在收集题材时被激发了灵感。而一些当地传说及民间故事如《白马化蚕》《黄牛化蚕》《青蛙报恩》《白龙君求雨》与干宝《搜神记》中的《女化蚕》《黄雀报恩》《风伯雨师》等，情节都有千丝万缕的关系，可见，正是这片土地丰厚的人文给予了干宝丰富的创作源泉。

今天，那些脍炙人口的戏曲故事如《天仙配》《窦娥冤》，甚至鲁迅的小说《铸剑》等，均认为脱胎于《搜神记》。修国史外的"成其微说"恰神来之笔，在魏晋时期重视个人思潮和文学不重教化的风气影响下，有着极高的价值，可能连他自己都没有想到，往后一千六百多年来他对后世小说创作的开拓性影响和对中国戏曲的贡献。海盐以及古澉浦的地方文化也在中国历史的长河中绽放了早期的璀璨光芒。

干宝墓地在其临终前亲自选定住宅的后园中，据其后代考证，便在现今的澉浦甪里茶院村。干宝之前的孙吴赤乌年间，江南有寺之始，茶院村位置建有金粟寺，是为佛教最早在东南沿海地区传播的标志。

干宝去世后五百多年的五代时期，一个贫寒的十六岁少年以盐贩为生，担着盐从海盐澉浦鲍郎盐场出发，行走于两浙与苏皖之间，后来他的故事人人知晓，他就是吴越王钱镠。

谈到古海盐，"海滨广叉，盐田相望"最为著名，常棠在《碑记门·澉浦镇题名记》开篇即说："东南财用，大抵资煮海之饶，海滨斥卤，牢盆相望，而关市有征未能去也。自郡邑外，每因大聚落而置官司，或至于兼二，则其责弥重，来者难之。澉浦为镇，隶秀之海盐，鲍郎在焉。"

"煮海"制盐的历史可清晰追溯到汉文帝时期吴干刘濞或更早的秦，到了汉武帝时期，在整个会稽郡中，只有海盐设立了盐官，澉浦镇西北十二里的鲍郎盐场，在北宋时成为澉浦主要的税收来源，南宋初时达鼎盛，中期之后，澉浦盐业开始萎缩。

唐开元五年（717），张廷珪奏置澉浦镇，澉浦行势正如常棠所云：镇南、镇西诸山峻秀；东与北多低矮白山，不种林木。东枕大海，相望秦驻跸山，实为险要。因此，设镇的目的更有可能是为了军事守备和镇压盗贼。

两宋时代，澉浦的发展紧扣国之命运。自宋高宗南渡定都临安之后，来自海上的危机，进一步提升澉浦的军事地位。二十世纪七十年代晚期，在澉浦境内开挖长山河时，意外挖掘出九方宋代铜制军印，它们的出现，从一个侧面印证了这段兵戈铁马的历史。据说，军印出土的地点，正是明代澉浦城遗址的东南角，距东城墙约60米，距南城墙约180米，或许我们可以大胆猜测，这里有可能是当年军寨的驻扎地。

当然，澉浦天然的港口地理位置，也因为成为畿辅之地，而拥有了得天独厚的优势。且看常棠在《水门篇》中所述："海在镇东五里。东达泉、潮，西通交、广，南对会稽，北接江阴、许浦，中有苏州洋，远彻化外。西南一潮至浙江，名曰上潭；自浙江一潮归泊黄湾，又一潮到镇岸，名曰下潭。东北十二里名曰白塔潭，可泊舟帆。"这样一个可通四方乃至"化外"的天然良港，终于为自己迎来了一次华丽转身——发展海运贸易。宋淳祐六年（1246），澉浦设置专管市舶的官吏，四年后建立市舶场，源源不断的海船满载货物往返于与大食（阿拉伯帝国，在今阿拉伯半岛）、阇婆（今属印度尼西亚爪哇岛或苏门答腊岛，或兼称此两岛）、占城（今越南中南部）、三佛齐（印度尼西亚苏门答腊地区的古国名）等地。

来自海上的番舶都停在了澉浦南的龙眼潭，货物上码头后经过招宝闸转入运河，出镇西栅桥运抵六里堰，在此翻船过坝后沿河运向内地。货物出口亦循此道。商贾云集，人丁兴旺，舟船络绎不绝的六里堰因居镇西六里得名。如此，常棠所处的南宋，澉浦"户口有五千余，主户少而客户多，往来不定，口尤难记"。可见"烟火阜繁，生齿日众"。

如今，沧海成为桑田，澉浦港早已湮灭，澉浦南澉南村村委会正是建在昔日舟帆林立、商贩云集的澉浦码头遗址上。这里人们依然沿用着"码头廊"的旧名，一座大约建于清代道光年间的"娘娘庙"（又称天后宫），唯剩前殿在风雨中飘摇。五开间平屋，外檐上有雀替和雕花，中间三间，四柱落地，梁上亦雕有线条简单的花纹，两侧各有一矮屋，殿上正中供奉三尊神像，分别是海龙王、妈祖、观音。妈祖作为"海洋保护神"，为了海运的安全，祈求海神的保护而建造"天后宫"是顺理成章的事，元明时期兴起，大都毁去，码头廊娘娘庙虽只剩前殿，但于浙北已属罕见。招宝闸、黄道关尚有遗址，亦是一片田野，康熙二十三年（1684）台湾事平后，开十五关口通商贸易，澉浦黄道关即为其一，道光二十四年（1844），黄道关还曾复设水师。

葫芦山早从常棠笔下的"四望绝在海中"而成为陆地上的山丘,长山闸扼守在海与河之间,海塘上的劲风吹得衣衫猎猎作响,似消失的历史一次次轻声呜咽。海之远处,人们常常能看到跨海大桥的身影,于我,却在山和海之间会想着那一个十九岁的青年,如何劈波斩浪,御海而归。

这个人,就是杨枢,在中国古代航海史上,绝对是个开天辟地的人物,当人们津津乐道明郑和七下西洋的故事时,殊不知比郑和早一百多年前,十九岁的杨枢就已经率领一支船队远达印度洋、波斯湾,甚至在回程途中受邀与伊利汗国到元朝的外交船队同行。归国后,杨枢又再度出发,"往来长风巨浪,历五星霜",途经非洲马达加斯加、莫桑比克海峡,到达波斯湾的伊利汗国的忽鲁谟斯(今霍尔木兹),于五年后回到元朝。

杨枢的远航成功,除了其自身的能力与智勇,还与其家族二代航海的背景密不可分。澉浦杨家投身航海第一人是杨枢的祖父杨发。元至元十四年(1277),在泉州、庆元(今宁波)、上海、澉浦四地设市舶司,发展海上贸易。此时世居福建的杨发因熟悉海事被元朝命为福建安抚使、两浙市舶总司事,督理上海、庆元、澉浦的贸易,在当时全国七个市舶司中独占其三,真正是拥有海外贸易的半壁江山。

从此杨家移居澉浦,筑室造船,专事海上贸易。时代的缩影,往往在一些大家族中更为具体和写实,而杨家人也是颇为争气,澉浦港经营得俨然一东方大港。十多个国家四十多个地区的船只频繁往来,就连马可·波罗也不无赞叹:"海洋距此有二十五里,在一名澉浦城之附近。其地有船舶甚众,运载种种商货往来印度及其他国,因是此城愈增价值。有一大川自此行在城流至此海港而入海,由是船舶往来,随意载货,此川流所过之地有城市不少。"这是属于澉浦的高光时刻。

在杨发和杨枢之间,杨枢的父亲杨梓也是举足轻重的人物,除了在祖业海外贸易上大显身手，甚至还以宣慰使官的身份远征爪哇，并起到了重要作用。他的另一巨大贡献是创始了"海盐腔"。被誉为"百戏之祖"的昆曲正是因"昆山腔为魏良辅变弋阳腔、海盐二腔，另创一派"。

"节侠风流，善音律"的杨梓在遇到贯云石这位奇人后，联手创了一套新腔，以婉转温润细腻的特点风靡一时，尤其在士大夫阶层颇受推崇，一直到明代嘉靖、万历年间发展成四大声腔之首，流行于世，连大戏曲家汤显祖也盛赞其"体局静好"而情有独钟，他的"临川四梦"也成为海盐腔的经典曲目。

经商为官附庸风雅如此杰出的人物，自然是生活豪奢，据明董毅《续澉水志》记载，杨梓在澉浦城西门内居建楼十间以贮姬妾，谓之梳妆楼。姬妾们的卸妆水倾入楼旁的水池，池水染了色，被称为"胭脂湖"。直到明正统年间，人去楼空多年，道士朱洞玄有一日登楼，还能见到被弃之帘幕、镜奁、古书、玩物等物件。后来此处被易为延真观。杨梓死后，便葬于六里堰上的吴家山下。大航海时代的澉浦，成为历史的焦点，处在焦点上的杨氏一族也影响着当地的"小民争相摹效"，商品经济眼看有了萌芽，如果不是历史又拐了一个大弯，或许今天的澉浦抑或有不同。明时，澉川八景诗中，诗人赏着桂花，看海天月色，依然不能忘的是"至今人说小杭州"的盛况。

在今澉浦古城西大街，澉浦历史印迹馆的对面一处围墙内，就是胭脂湖的旧址，在人们的记忆里，二十世纪八十年代后期尚有池水，如今却是一片杂乱无章的空地。遥想当年的妆楼再见眼前的晚凉，不禁想起："画楼高压浦云苍，上有峨眉斗晓妆。二百年来无海舶，断垣荒址斗斜阳。"（徐泰然《宣慰妆楼》）

沿着印迹馆向内，过金王池、金王庙，折向右见一三进院落，是清初书法家毕宏述的故居。穿北小街至北大街292号，见一旧式围墙，简朴的石库门紧闭，早有绿叶探出院墙，此处是民国时期程煦元的故居。

继常棠之后，又有明董穀《续澉水志》、清方溶《澉水新志》、民国程煦元《澉志补录》三种澉浦地方志旧志，前后相承，清晰书写澉浦的历史脉络。

明代建朝后，采取了禁海政策，撤销了市舶司，强行关闭澉浦港，杨氏一族也被籍没家产，迁往他处。昔日繁荣的港口，很快成为半军事化的海防基地，经济萧条，人口锐减。要到清康熙年间才取消了禁海制度，澉浦再次迎来开埠，经济得以复苏，但毕竟已不能与宋元同日而语。

虽然前有宋元时代的恢宏，但澉浦一直系市井，而无城郭，要到明代才开始筑城。洪武十九年（1386）九月，海宁卫千户费进，在县城西南三十六里处测量土地，构筑澉浦城，城墙主体为土木结构。按嘉兴府旧志，澉浦城墙周围八里十七步，高二丈四尺五寸。到了明永乐十六年（1418），都指挥谷祥，使用砖石在土木墙体外包砌加筑。正统八年（1443），钦差侍郎焦宏又令重加包葺水门一座。到了嘉靖三十三年（1554），海盐知县郑茂，又在澉浦城四周增建敌台十六座，开设东、南、西、北四座陆路城门，而水路一直通向西北的六里堰。筑城外护城河，全长九里三步，河宽五丈，深一丈一尺。

自明嘉靖三十年（1551）倭寇屡次犯境，澉浦屼冲海上，作为东南之门户，以城垒高厚，守备完好而屡屡危而复安。寇患解除后，疏于修筑，又遭风潮之患，历时经年，城垣日隳。

护城而建的濠河兼有军事防守和农田灌溉之重任。《续澉水志》载："濠水虽阔而浅甚，深处不过三四尺，风信之月，未暑先干。"导致来犯的倭寇过濠"如履平地，无险可持"。而澉浦地形高阜，水道不通泾河，田亩居多只靠城濠之水盘戽灌溉，对于水资源极为稀缺的澉浦而言，城濠的盈涸更加关乎农田水利与田赋所出。

西城门（沈海涛/摄）

为了防止不知利害的村民挖取城身砖石，造成城墙坍卸，嘉庆十七年（1812）五月二十一日海盐知县张宗轼立严禁告示，对此现象从重处罚。

二十世纪七十年代初，城墙保存尚好，后因长山河工程，古城墙被拆，仅有西城门得以保留。如今，西城门原物修复，北城门因长山河澉浦大桥的原因向西移后重建。建于1991年的肃武亭置于西城门外，立柱上的一副楹联"唐建镇明筑城南国坐标吴越界，宋通商元兴曲东方唱彻海盐腔"，俨然就是澉浦史。

天气晴好的早秋傍晚时分，在城楼下驻足，看走乱了的白云堆砌在城头，默默等待着东边城楼的飞檐，有月亮缓缓地爬上来。隔着城门外蜿蜒的河水，数个塔吊扬着长臂，一排排簇新的高楼正在拔地而起。如果有时间，还可以去城西六里村，那里即是当年海上贸易翻船过坝的六里堰。如今六里朱家门数幢建于二十世纪四十年代的民居，保存完好，也受到了诗人、历史学者们的青睐，他们隐居于此，山风与草木的气息化为笔墨间的缱绻，再续一场文化盛

81

事。当然，也可以悠然于乡间，或兴之所至攀上年代久远的粮仓顶，登高一望，青山黛影尽在其中，或可遥想当日六里堰之盛况：面山集小云，带水通人烟。老农捋秋桑，争堰时喧阗。

陶庄：上客同舟过柳溪

打开新一期《国家地理》，我每期必详看的开篇之作，这次附图中有被誉为"中国山水画追求意境之美的典范作品《芦花寒雁图》"，作者是元四家之一的吴镇。而前一日，我恰好站在吴镇的家乡——嘉善陶庄分湖岸堤，放眼望去芦花在冬阳下轻摇，湖面粼粼波光，蓝色天幕闲云几许。

这是一次以分湖书社之名举办的读书雅集。我友子仪是嘉善人，与同是嘉善的禾塘、芦墟的张建林以文会友，在这个孕育了南社诸多文人的乡土上，文人间自觉不自觉的耕耘，总是令人畅怀。

清晨接了范笑我老师，一路闲聊。汽车行驶在高速上，已过了立冬，江南还迟迟不肯冬去，八点多的太阳迎头照在低处，一缕淡淡的薄烟尚来不及散去，飘荡在金澄澄的稻田里，民居四下散开。只听笑我老师叹曰："这大概就是'禾墩秋稼'的景色啦！"

分湖岸边的银湖大酒店，是此番集聚处，我和笑我老师到得早，看阳光里狗狗闲适地打着盹，也不急。一会儿工夫，吴江、苏州、青浦、嘉善等地的书友就纷纷前来，即刻热闹起来。书友们都携带着自己的著作，交换阅读，毫无建树的我只能捧着满满当当的获赠书籍，心下惭愧，得顾艳龙老师从苏州带来的笺纸数张，欣喜把玩。二十四人相聚，分别交换写作读书心得，我见吴江文史老人张舫澜先生八十有二，很健谈，"持螯赏菊"四个字，信手写在湿巾纸的包装纸上，即兴之趣，极雅。

午后的分湖岸边，阳光舒暖，水波粼粼，空气好的透明，视线连着对面的吴江,甚至可以连向更遥远的深处。几朵闲云,从流飘荡之上,是耀眼的蓝。书友们闲庭信步,以文为载体,半日功夫从陌生到侃侃而谈,颇有元代诗人杨维桢的意趣:"翠岩亭下问棠梨,上客同舟过柳溪。"不由得畅想:那时的南社先生们,是不是也是这样,社友间的诗文唱答,友人间的直抒胸臆,一日暖,则念念不忘。

如果说,陶庄是一幅水墨画,那么元代的吴镇和明代的袁了凡则是这幅画里点睛的两笔。跟着陶庄原文化站的沈站长,阡陌穿行,沿溪入巷,袁家埭22号水阁赫然在目,门口竖有石碑,上书"袁黄祖居"。屋舍是真的老了,老的已经失去了原来的模样,除了靠岸的半爿屋檐,可容纳乡邻闲来聊天,再往里,只剩断壁残垣和几畦菜地。破败院子里撑天的巨大香樟倒不如鸡舍旁胡乱堆砌着的石块更有年份。有金黄的果子缀在微风里,书友红色的衣衫令这片荒弃的院子徒然有了一抹生气。

这里应是了凡的祖居地,了凡出生在嘉善魏塘镇,原名袁黄,万历十四年(1586)中进士,万历十六年(1588)至二十年(1592)授宝坻知县,为政五年。万历二十年,倭寇进犯朝鲜,升任兵部职方司主事。朝鲜李元翼著的《生祠碑记》,对了凡无论是在军事,还是民生上,给了"勋劳甚备"的评价。了凡战后归乡里,著书立说,曾担任《嘉善县志》主笔,1606年夏去世,享年七十四岁,在嘉善东南的惠民新润独社浜发现了凡墓,由碑文显示为其"九世孙召龄敬立"。了凡是明代卓越的思想家、文学家,同时又精于历法、术数、经史、水利、农业、军事、医书、佛学等各个方面的学问。《了凡四训》是其传世名作,"积善之方""立命之学""改过之法""谦德之效"是他的处事主张,善学思想也深深扎根在这片土地上。

晚间,在朋友圈里发了一组图片,嘉善的一位好友说:"呀,你去的是我家呀,我家在袁家埭25号。"我忽然想起,她是袁姓。

好友欣喜地说,"你图片里有我妈妈,靠着廊柱的那个。"我仔细端详,竟然真的有和她几分相似的神韵。"最近的那位是村里最高寿的老人,今年应该有九十六岁了。"

在好友的童年回忆里,这里的大屋尚在,一间连着一间,后来因自然坍塌,村里人怕危险拆掉了旧屋,拆下了的橡木都大得惊人,后来渐渐竟不知去向。如此颓败的水阁,似乎依然是村里老人的精神寄托,有阳光的日子里,他们三三两两坐在墙边的长条石上,或依着栏杆,不甚多言。看野鸭戏水,不知他们内心浮起的是家族的传奇还是自己的过往更多一些。蓝天下,那古檀色的横木花纹清晰、流畅,深锁住了偶然间抬头的目光。了凡虽非出生在陶庄,但他的父亲袁仁也是学问渊博之人,尤精医学,在乡人眼里颇有美誉。在光绪《嘉善县志》的"人物志"中,提到的袁氏一族,竟然有不下十人。跟着沈站长在镇上行走,乡人微笑路过,沈站长时不时和我们介绍,这位、那位,是袁家人。袁氏一族,在这里繁衍生息,构成一个庞大的族群,他们的血液里依然流淌的是以善为首的修身之本。

关于了凡归来后的居住地,应在吴江的赵田村,而当年在魏塘所居之东园,即是现在的一中校内。

陶庄,曾有一个更加雅致的古名——柳溪,被誉为"溪中十八镇,柳溪第一镇"。这也好解释了,当我们进入古镇时,见到那些寂静小街上,还依然有着"柳溪"的依稀字样。在镇北新街北端,那条蜿蜒的河水依然叫"柳溪河",而横跨其上的古桥,是为流庆桥。这座单孔圆弧形石拱桥,已成为嘉兴地区现存建造年代最早的古石拱桥,迄今有约八百多年历史。

流庆桥两侧设有长条护栏,而无望柱,桥顶为方形平台。桥两侧拱券旁设有对联石,镌有楹联,西侧尚能辨认字迹。而最为引人注意的是联石顶端,伸出墙面的端部各雕刻的一对螭首,造型古朴,雕刻手法简洁,与嘉禾地区大部分留下的明清时期的风格截然

流庆桥（禾塘/摄）

不同。

　　穿过旧时的柳溪古镇，见《了凡四训》镌刻在了沿街的店铺木门上，"如水的善德"成为这个小镇的宣言，而我们又将去寻一寻那座"积善桥"。这座建于清乾隆六十年（1795）的古桥，之所以有这样的名字来告诫过往的乡人，不知是不是和了凡的善文化有关呢？

　　初冬的暖阳，把我的影子拉长了落在积善桥边。紧贴着桥的北侧是一座新式桥，连着马路，成了交通要道，因而也遮挡观看桥侧面的构造，只能从南侧端详桥身。单孔半圆形的桥身，相比流庆桥净跨似乎要短一些，拱券上的"积善桥"字样阳刻楷体清晰可读，对联石顶端的遮雨石，雕刻着纹饰，与流庆桥的螭首风格迥然，对联石上镌刻的阳文楷书楹联亦清晰可辨。踏上桥顶，正方形平台上依然能见轮回图案，四根望柱上刻着如意和莲花图案，不知是谁家的勤劳主妇把晾晒着寒菜的木板搁在了这里。我站在桥上向南而望，净池漾的河水倒映着两岸连绵的民居，天空的闲云也扑入了水中。

积善桥虽建于清代,但桥边的故事却可追溯得更早,在周斌的《柳溪竹枝词》中,有这样的描述:"积善桥头灯火孤,七爷庙内热香炉。何年护国封王位,父老相传铁勒奴。"

显然,积善桥边的七爷庙香火鼎盛一时,人们愿意把姓金的七爷当成金日磾,这个被称为"铁勒奴"的匈奴人,以功封王,成为昔日人们争相褒颂的传奇。在老百姓朴素的思想和中国几千年文化传统中,英雄可不问出处,行善亦能积德,这样护国封王的人自然是明德于天下。这也似乎表达了这座桥以善为名的朴素理想。

池潭滩33号,是特意拐去的民居。那里住着的主人是周一之先生,他的祖父就是那位作一百五十首《柳溪竹枝词》的南社重要成员——周斌,又号芷畦。

不写诗的一之先生大概得了消息,在屋门口略显局促地等着我们。二十来个人的庞大队伍,呼啦啦塞满了并不大的小院。屋内光线暗淡,本就逼仄这下更显拥挤了。小厅内对门悬挂着一幅落款于一九九八年的隶书书法作品,内容是苏轼的《赤壁怀古》,发黄的纸张和厚重的笔墨,叠显出一缕文人世家的气息。

周斌自光绪二十二年(1896)由魏塘迁至今日之陶庄,至1915年,差不多在此生活了近二十年。作为曾经的浙江光复大业和反袁运动的重要成员,革命之路艰难后避居乡野,遂广搜文献,就问于遗老村妇,撰成《柳溪竹枝词》百首,后又续写五十首,于1916年结集出版。周的竹枝词被誉为"乡邦民史之先声",其所含的丰富民史资料是可想而知的。比如,关于陶庄的由来,在其第二首里就清晰呈现:"苏台望族徙江乡,墓署淳熙保义郎。应是重人重官爵,柳溪名遂改陶庄。"诗下又小注道:"陶庄古名柳溪。自宋保义郎陶文干由姑苏徙此,因号陶庄。"

大量的历史掌故、乡土风俗、人物传记构建了主要的内容,与描摹的水村山郭的地理位置,都是现成的极佳乡土历史和地理教材。这本可以作为柳溪风俗史来读的竹枝词,语言亦是风趣流丽,以文言道俗情，笔洵清新，本身亦有着自然本色的艺术之美。笔者试着读来，竟然有一种摄影之意象扑面而来，那些某湖某区，某寺某桥的片段，跃然纸上，仿佛在眼前打开一幅摄影长卷，与你娓娓道来。

可惜，作为周斌先生的后代，周一之已经不会写诗，倒是陈旧五斗柜的外侧，贴着一张手抄的养生小结，笔墨之间有着几分书生之气，似乎还保留着一点点先祖的文脉。

终于要说说我念念不忘的吴镇了，在来陶庄前半月左右，魏塘博物馆里展出了一幅《古木竹石图》，它的作者正是吴镇。吴镇生活在元代。蒙古族的入主中原和进居江南，带来了社会的急剧变化。大量的文人尤其江南人士被迫或者自愿放弃"学优则仕"的传统道路，把时间、精力和情感都寄托在文学艺术上，山水画发展到了一个新的高峰，被后世誉为元四家之一的吴镇，正是和陶庄有着千丝万缕的关系。

吴镇的存世真迹极少，连嘉善魏塘吴镇纪念馆都不曾拥有一件，甫一得知从天津博物馆迎回《古木竹石图》，第一时间遂驱车前往。在这幅图中，元画主观意兴情趣的渲染主旨，在墨色间淋漓表达。清风拂动竹叶，在古木顽石间探得春来，在这简单的着色里，晕染出一种地老天荒的寂静和闲适。是信手挥洒在笔墨间的怡然，正如他自己所言："墨戏之作，盖士大夫词翰之余，话一时之兴趣。"

吴镇自称梅花道人，十七岁迁至魏塘，约三十七岁外出游历，十年后回魏塘，住梅花庵，六十八岁时客居嘉兴春波坊，四年后复归魏塘梅花庵。吴镇在六十四岁那年作的《嘉禾八景图》，成为嘉禾后世最为值得称颂的山水画卷。如今，八景和大部分的古迹命运一样，只留在文字和历史深处，即使依稀还有迹可寻，到底没有了那份气象。比如，后来我又去探访的八景之一——武水幽澜，它仿佛是一个失忆的木讷老人，沉睡在一处老旧民居的杂乱院子里，而要抵达这处民居,你得绕过那些错综复杂的小弄,稍不留神就会错过。它完全漫不经心地隐在一片潦草之中,若没有六百多年前的那一枝画笔,恐怕世上从未留下幽澜泉。

那日从博物馆出来,就又直奔梅花庵。但见那山门是董其昌所题,庵内南有梅花亭,亭内有明代陈继儒撰写《修梅花道人墓记》石碑,悬挂之"梅花亭"三字匾额为清光绪丁酉年间县令江峰青题写。两侧回廊分别为草书《心经》刻碑和"八竹碑",有千虹阁见证了当年张大千、黄宾虹于此的岁月。蜡梅、松柏置于院内,向北被一丛修竹围绕的圆形墓,正是吴镇长眠之处,墓碑的篆书有些风化:此画隐吴仲圭高士之墓。而另一块梅花道人自选的墓碑"梅花和尚之塔"只剩半块,静静立在遽庐内,与他的山水诗画纳入一室,供有缘之人观瞻。六百多年来,梅花道人的风骨恰如庭前梅花独自幽香袭人,又如扶疏修竹兀自挺拔间亭亭窥落日,自得清风来。

"拙守衡茅橡林"的持恒,使其成为后世难以超越的巅峰。这原本并非他的有意为之,就像只想要说真话的巴金,他晚年的《随想录》无意间成为八十年代思想解放运动中一部重要的著作。哪有那么多无心插柳呢?一切都是因为灵魂深处真正的执着和热爱。

纪念馆的展陈中,有一张图片,显示了吴镇的祖居地是陶家池,于是追问沈站长。沈站长遗憾地告诉我,那里早就没有了片瓦,新的小镇建设,已经改变了旧时的模样和格局。随即,我也在行车中见到一条繁华的公路横在了镇前,老鹰模样的雕塑落在了转盘处。这是怎样的巧合呢,我居然开着车在这一片迷了路,来来回回折腾了不少时间,或许,是为了让我更加深刻地记住这片地貌。沈馆长说,就是这个地方。

沿着池家漾北岸的东市街向东,阳光落在了我的背后,被冬阳拂照的稻田泛着柔和的光芒,连文字都无法排列的历史记忆,到了这里仿佛有一阵朦胧的知晓。跟着沈站长拐入香汇佬,不知道这样的名讳又有着怎样的故事?

丁栅：尚书故里水泛泛

崇祯九年（1636）农历九月十九，时年四十九岁的徐霞客再次踏上西游的路途。从江阴放舟南下，经无锡、苏州、昆山，过青浦，在佘山被好客的陈继儒挽留一晚，于二十五日西行：入庆安桥，十里为章练塘。其他为长洲南境，亦万家之市也，又西十里为蒋家湾，已属嘉善。贪晚行，为听蟹群舟所惊，亟入丁家宅而泊。在嘉善北三十六里，即尚书改亭公之故里。

改亭公是丁宾，隆庆五年（1571）进士，浙江嘉善人。历任句容知县、御史、南京右佥都御史兼提督操江、南京工部尚书，后累加至太子太保（正一品）。清代光绪《嘉善县志》记载："丁家栅，在八北区，治东北三十里，明丁氏居于此。"从《明史》至嘉善历代《县志》记载，一身清正的丁宾是被传述称颂的人物，每当遇到旱涝灾害，就请政府赈济灾民，并经常拿出自己家的财产救济灾民。天启二年（1622），他捐腴田百亩给嘉善学宫，作为膳养造士之费。天启五年（1625），八十多岁的丁宾又捐出粮食三千石赈济贫民，并拿出三千两银子代贫户交纳赋税。丁栅有五座桥梁均为丁家所建：东来桥、南安桥、西成桥、北睦桥、丁宅桥，在市梢东建造了四个防备盗贼的栅栏。

古今第一旅行达人徐霞客放棹丁栅时，丁宾已去世三年。不然，又将是一段相逢的佳话。

夏雨落绵绵的季节，我亦升起了去丁栅的计划。心里想着水乡或许还有"白雨跳珠乱入船"的景致，不然，在悠长、寂寥的雨巷走一走亦是好的。

　　车子停在北大街入口的小停车场，抬头即与一片观音兜相遇，它藏在一片民居里，大概屋子也没有保全，只探出一片残墙，有笔直的水杉相伴。入口的杂货店，三个老人围坐在檐下的小方桌旁发呆，无事的老板娘靠在椅子上神游。"乘风破浪"四个字，醒目地贴在对面小木屋外墙上。向外横着一条河，应是丁栅河。几年前韩寒曾来小镇为电影《乘风破浪》取景，作为一个承载上一辈黄金岁月的回溯之地，像丁栅这样的地方，几乎不用太多的修饰，已然是旧故里。

　　此时，烟雨紧锁着湖面，浇透了石桥，敲击着瓦片，废墟里的葡萄架带着雨的深重，被雨雾墨染了的素色衣衫，未染尘埃，潮湿了的脚步在石板路上轻轻落下。

　　桥堍下，有二三个小店铺开着，分不清是店家还是小镇上的居民，闲闲坐着。我执着伞站在桥上看两岸的风景时，禾塘已经与杂货铺的孙师傅聊上了天。孙师傅出生于二十世纪四十年代，年轻时有在乡村巡回演出的经历，老照片里正是风华正茂的十九岁。热情的孙师傅打算带着我们去几个地方转转，离去时，店铺依然敞开着，附近的邻居皆是笑笑地知意，比邻而居的熟络和信赖，这是旧式小镇才有的风情。

　　过水泥桥，有一个三角梅培育基地，路边有盛开的紫色马鞭草。踏上公路，再往西稍行，就见到河港上横卧着一座单孔石梁桥，桥的一端拦了障碍，半边桥身没入芦苇丛，不远处是耸立的几座高楼。显然桥已经不再供人行走，它成了这个古老水乡的一个念想，是过来人的一点踏实的记忆。它是东来桥，是丁家在丁栅建造的五座桥梁中剩下的唯一一座。东来桥也曾经面临倒塌废弃的局面，近年来得到了修缮，那桥墩应是旧物，石梁应是新铺设，桥墩上有对联石和桥耳，雨雾迷离看不真切。后来在电脑里放大照片时，能见到桥耳上雕刻的线条和对联石上朦朦胧胧的字迹，而石梁侧面"重建东来桥"字迹簇新。

孙师傅带着我们辗转来到沉香村的东上圩，11号的民居紧挨着沉香荡。沉香荡即香湖，丁氏家族自南宋起在香湖之畔定居、繁衍。丁宾进京做官后，丁家在香湖边建造了几十亩的宅院，并在东西南北四个河口设置了防盗木栅，从此，这个江南水乡被称为丁栅，沿用至今。

纷纷的雨坠落沉香湖面，水中央是长满香樟、芦苇和蒿草的一条翠绿的狭长堤坝，近处是居民随意播种的菜园，高处是垂挂的丝瓜和结了小青果的苹果树，往下有长豆、茄子、番茄和辣椒。二层小楼的屋檐下挂着银色簸箕和鲤鱼等吉祥饰物，一个阿姨从门内走了出来，面容温和，与我们微笑示意。

孙师傅又回了自己的杂货铺，不过允诺一会儿带我们去找丁氏墓园。而我们就在雨水浸润的旧巷里好奇张望。夏雨过后的屋顶，自然生长的青苔和野生的多肉，被冲洗干净，卷着水珠，与我们盈盈相对，那墨色瓦片上的苍绿，是一幅写意的山水画卷。打开的旧式小轩窗，应该也有过听风听雨小窗眠的少女时光。里弄并不悠长，但有湿漉漉的凝滞。一个穿红色T恤带渔夫帽的中年男子，从小巷深处朝我走来，他面容沉静，颀长的身影很快消失在转角。后来，我站在河埠上眺望之前行过的那座不知名的水泥桥，又见他疾步走过我的镜头，我也才看清这座水泥桥的桥名是"胜利桥"，而这里应该是丁家建造的"丁宅桥"的旧址。

在南岸的小巷里兜兜转转，竟然在几座两三层的楼房和高大粮仓的夹持间，见到一个完整的落库屋。这是一种造型独特的江南屋舍，屋顶参照庑殿顶做成流线型，据说是为了减小阻力以抗这一带常有的台风，并有利于屋顶雨水顺势流下，所以称之为"落舍"，古代汉语中"库"同"舍"，"落库屋"的名字由此而来。这是我在丁栅这一日所见的第一个落库屋，后来又幸运地再遇五间。一颗巨大的楝树耸立在这座三开间的小屋前，屋顶的脊梁上方两端各一只戗角依然线条流畅，保存完好，四角斜梁上方的戗角皆有残缺。向里缩进的廊下堆满了石块和遮挡屋门的板材，窗台也被水泥墙半围，显然主人已经离开，短时间也并不打算归来。屋檐很低，几乎压到了禾塘的头顶，雨雾迷蒙间，再无其他人影，仿佛遁入一个被遗忘的时空隧道里。

第二座落库屋位于北大街深处，细雨中的黑瓦白墙，更有一种素净之味。这里的地貌更加开阔，几步之遥便是宽阔的湖面。依然是三开间，但无论是保存完好度和房屋的体积、屋檐的高度都有大大提升。门口贴了福字，半开着，三个红色且大小不一的水桶（盆）排开在屋檐下蓄着雨水，向前是一片菜园，紫色的茄子缀在绿叶间。

另一座破败的落库屋正位于其右后方，一座较新的楼房借势其一侧。屋子是真破败，屋脊的戗角只留了一个，其余的都已离散。那些坚挺的木桩依然维持着屋子的形制。墙已倒塌，屋顶也已掀掉大半，绿色的植物蔓延至了头顶，原本的厢房变成了菜地，廊檐下竟然诡异地晾着衣衫。我独自打量着头顶的木质横梁，雨水从破口悉数砸了下来，周遭的颓败夹着雨水的阴柔有着无限的凄绝，遂匆匆离开。

古朴的北大街仿佛遁入一场旧电影里，旧的电影海报、露天小型电影场、照相馆林林总总。屋门紧闭的旧式院落，一进、二进或三进，不知尘封了多少个明媚故事。几乎没有人的小巷，雨淅淅沥沥地下着，空蒙而迷幻，细嗅着，是六月的江南味道。那屋顶垂下的雨帘，仿佛是被一双素手拂弄的琴键，我在雨巷里垫着脚尖，听着那些打在树上、瓦片上的清脆可爱的韵律，想起少年时在老屋下看雨的日子。

子仪来和我们汇合了，孙师傅带着我们前往沉香村的江家港，那里的"清风园"系丁宾父亲丁衮和母亲吕硕人的合葬墓。园外有大片的橘园，"清风园"修缮一新，圆形的墓，周边围绕廉孝的故

清风园内残石(沈海涛/摄)

事,有年代久远的石碑墓志铭,依稀可辨:明故个室吕硕人墓志铭。有墓道原来的一个石马孤零零立在草丛间,与它相伴的是一块雕刻着花鸟的小残石。数百年的时光,于它们来说不过是一场缄默。而新的时代,正在它们的身边悄然到来。

在墓园的东首边,几只船静静地泊在岸边。两岸的村庄,错落有致的农家小院无不是白墙青瓦黄色的窗棂,绿色的香樟穿插其间,夏季的蔬果绕着前屋后院。老人端着食盘笑吟吟喂着河埠上肥硕的家猫,她身后的盆栽里是潋滟的长春花。

孙师傅眼见我们兴趣盎然,便又带我们去看位于金星村路北大东王的李家砖雕门楼。村口相遇的村民无不笑语盈盈,有和孙师傅相熟地打着招呼。有打开的窗户,见屋内一个老人安静地坐在窗下,神情自若地望着窗外,他眼神里的深邃,有着洞悉一切的洒然。

细雨中,李家砖雕门楼,有着一种遗世独立的仪态。"龙门焕彩"的美好愿望,终究没有挽留住这个家族的世代昌盛,如今,唯

金星村路北大东王的李家砖雕门楼(沈海涛/摄)

有一个修旧如旧的仪门,独自耸立着。整个砖雕门楼由五层砖雕组合而成,从下往上四层,雕有各式人物、坐骑、莲花、寿桃、松柏等,第四层均为世外仙人,砖雕的基座雕有山羊和雄鸡。朱红色的木门虚掩着,推开,是一片废弃的杂乱家园。

返回老街的路上,孙师傅指着新栅路边一大片草木茂盛后新建的十一座高楼群,对我们说,这里就是藏兵荡的旧址。这是嘉善人爱津津乐道的伍子胥藏兵的地方,而丁栅古名"六塔",亦是因在藏兵荡附近建有六座小石塔。沧海桑田,数千年的光阴都被篡改,是一个个传说和文字里不灭的痕迹,依然试图挽留着不被完全湮灭的结局。

简单的茶盏铺设在了北大街入口的那个小方桌上,第一泡是明前龙井,看青绿的茶叶在白瓷的茶盏里浮沉,析出清亮茶汤,入口亦是清甜柔香,清新自然之趣尤甚。雨雾菲菲,我准备的第二泡是古树滇红,这款香气浓郁纯正,饮之齿颊留香,于这样的雨天与二三好友,坐于廊下,细语喃喃,茶汤滋味醇厚,久久回甘,就像知己相交，温厚醇醇。而子仪亦带了由中华书局新出版的《陈梦家先生编年事辑》，我和禾塘成为她第一批赠送的朋友，上面钤的印是我前几日拜托陆晓峰老师为其篆刻。子仪亦曾经有过在这个小镇上年轻时工作的经历，听她此刻兴奋地讲解刚刚找到了三十年前的宿舍和办公的地方，分享着意外的收获。

和子仪道别后，我们将要去看一座古桥，它是"耳顺桥"。这座始建于清乾隆五年（1740）的古桥，位于离丁栅小镇西两千米的北港村，是嘉善境内唯一一座桥面石板横铺的三孔石墩式平桥。建造这座桥的许庆远，出自世代结善的北港许家，那一年，正是他的耳顺之年。

雨依然绵绵细细地下着，水田里停着几只硕大的白鹭。在村庄里不太确定地寻觅着，热心的村民问："你们要去哪一座古桥，我们这里有两座。"我和禾塘一听有这样的意外之喜，心下皆是雀跃。

仿佛是要去见一个久别重逢的老友，远远见一座横卧的三孔石桥，便匆匆上前。踩上湿漉漉的桥面，果然有"叮叮咚咚"的声响，中央有清晰的轮回图案，桥栏石上圆下方，据说是在光绪二十八年（1902），桥重修时，许氏后人为了避免人们躺着乘凉而有坠河的风险，进行了特意改动，如此便只能坐不能躺了。桥下有不少人家，皆未闻及人声，丝瓜藤攀上了一侧的桥栏石，恣意地蔓延着，雨雾中黄色的花蕊越发晶亮。石梁的侧面有清晰的阳刻花纹和"重建耳顺桥"字样。站在桥下看整个石桥，扎实的三孔石墩稳稳地托着桥身，真像一个阅尽千帆的老者，护佑着两岸的家人。

另一座简易的石桥，石梁上有"重建永兴桥"字样和镌刻的花纹，相比耳顺桥来说，很不起眼地静卧在一条狭长的小河上。两岸是密集的人家，有老人闲闲地看着我们对桥的好奇，雨似乎小了些，河面上有浅浅的涟漪在荡漾。

江南的水乡，还有另一番景致，那便是莲叶何田田了，这是夏来的讯息。在洪字圩的乡间公路上行驶,遇见一片片荷田,池塘的水饱涨,有性急的小荷已经悄悄探出了脑袋,在这过雨时分,似有荷香撞了个满怀。路边有一个个新建的小亭,路过时欣喜地想着,若有时间还可再听雨品茗。

在洪字圩的村庄里,我们遇见了另三座落库屋。三间老屋一字排开,似三个骨肉相连的兄弟,与周围的新式农家院落格格不入,但又自成一体。三间屋子均呈不可逆的颓败之势,中间屋子的屋顶戗角和屋脊保存得相对完整,流线型的造型尤为赏心悦目,尽管它的屋顶已经残破。西边的屋子中间已经前后贯通,檐下的竹竿上还晾着衣衫,破旧的厅堂内挂着一只手工编织的竹子提篮,屋后是茂盛的玉米田和葱绿的菜园。在中间的屋前,一座新式小楼正在建造中,一郁姓中年男子主动与我们闲聊。原来这三间屋子都属于他们郁家一族,中间的屋舍正是他家。他在这里出生成长,如今已经二十多年未住。在破败的屋舍内,他指给我们看,九根横梁依然牢牢地支撑着这份摇摇欲坠的身躯,哪怕有火焚烧过后的焦黑痕迹,也依然坚固。据郁先生说,将来房屋或许政府会有统一的规划,这样造型独特的建筑,自然是值得修缮保护的。东边房屋的一半屋脊已经丢失,朝南的墙壁上依然能清晰看到用毛笔写下的"送瘟神"的黑色标语,默默叙述着属于它的一段遥远而特殊的历史。在这三座苟延残喘的老屋前张望,我用相机记录着狭长弄堂里的素色光阴。忽见镜头里弄堂的延伸处,闯入一名穿灰色布衣的老妪和一只闲闲的黑狗,一人一狗,于这个尘封的世界里,使我的镜头活了起来。

这一日的行走,最后的目的地是天色渐渐暗沉的俞汇小镇。禾塘的记忆在被修整过的小街上有点凌乱,好在街并不大,那些陈旧而落寞的旧式小楼依稀还在。一条河道,此岸,是老人与他的陈旧小楼;彼岸,是一群孩童在二楼平台的楼梯上叽叽喳喳地玩闹。

站在一座亦有着数十年光阴的水泥桥上,我摁下行程中最后一张照片,是那群衣衫靓丽的活泼孩童。

木渎：楼阁波涛隐人烟

清乾隆二十四年（1759），苏州府画师徐扬完成了长卷《姑苏繁华图》。这幅以苏州自然景观与人文景观为主题的画卷，以乾隆第二次南巡为背景，从卷首的灵岩山开始，沿着木渎镇往东，经过石湖，上方山，入苏州城，经盘、胥、阊三门，穿山塘街，至虎丘山止，计有人物一万二千余人，房屋二千四百多栋，蔚为壮观。而木渎镇的景观，在整个画卷中占据了三分之一（亦有说一半）。康熙二十八年（1689）第二次南巡舟到木渎，乾隆皇帝六次南巡都到木渎镇驻跸，可见此镇在当年的地位。

木渎镇位于苏州城西南三十里，介于灵岩山和香溪之间，迄今有二千五百多年的历史。据民国版《木渎小志》记载，春秋时期，"吴王得越贡神木，将筑姑苏台，积材三年，连沟塞渎"，故称木渎。战国时期木渎已经是重要的河运枢纽，到了清代，随着漕运的疏通，更是苏州最为繁华的商埠之一。在《姑苏繁华图》中，徐扬以木渎镇周围的田野为背景，重点表现了西段斜桥一代商肆林立的沿河风貌，还描绘了一处园林宅邸。这处位于河边的园林，前后五进，分左中右三路，占地广阔，建筑恢宏，极有可能是曾经名噪一时而今已然消失的遂初园。木渎古镇山川明媚，商贸繁华，明清时吸引了大批的商贾、名士及隐退官僚在此处择地建园。据统计，除了遂初园，另有宅邸园林不下二三十处。

苏州自明中后期兴起园林之风，清前期再掀高潮。徐扬所见正是苏州园林鼎盛时期。抗战前夕，童寯遍访江南园林，于1937

年写成的《江南园林志》中记录,遂初园等木渎胜迹或荒或废,仅严氏羡园劫后独存。遂初园是最早进入画卷的园林,它的主人吴铨,康熙末年任安吉知府,归田后筑此园。园落成时,请饱学之士沈德潜作记。吴铨之孙吴泰来于乾隆二十五年(1760)考中进士二甲三十七名,成为清代木渎镇上的第一个进士,而大名鼎鼎的沈德潜从二十二岁参加乡试,总共参加科举考试十七次,屡试不第。五十八岁时,迁居木渎山塘街,筑竹啸轩,即是严氏羡园之前身。而迁居木渎第九年时沈德潜终于乡试中举,并于第二年进京会试连捷进士,钦点庶吉士,后平步青云。

沈德潜的科举之路堪称励志楷模,以高龄授翰林院编修,历任侍读、内阁学士、上书房行走,乾隆十四年(1749)致仕著书作述,并任苏州紫阳书院主讲,以诗文启迪后生,颇得赞誉。乾隆三十年(1765),帝复南巡,加太子太傅,与嘉兴钱陈群并称"东南二老"。

沈氏后人曾将此院落出让给木渎诗人钱端溪,钱氏叠石疏池,筑亭建楼,取"端园"之名。咸丰兵燹,钱氏家道虽中落,但仍有文人雅士慕名而来,并借寓著书。至光绪年间,钱氏子孙无力维持,由木渎首富严国馨(严家淦祖父)购置后重葺,更名"羡园",因主人姓严,当地人又称"严家花园"。

与友人相邀秋日驱车行游木渎,于山塘街入口之牌坊处举头一望,灵岩山近在咫尺,山顶庙宇楼阁也清晰可见,对于许久未见山的我来说顿觉欢愉。

山塘街上人影疏落,店铺不紧不慢地开业,街河并行,入眼即是一座古老的单孔石拱桥——永安桥。层层的蔓藤覆盖着桥身,阳光把河畔的红叶照得发亮,又悉数落到了桥台、石阶,再跌至河水中,犹等着轻舟荡来涟漪。

羡园便是位于这永安桥畔,悬于门上的匾额"严家花园"四个字出自翁同龢,赵朴初所书"羡园"居于其下。花园主体为五进式结构，依次建有门厅、怡宾厅、尚贤厅、明是楼、眺农楼。园林是四季之景，构思巧妙。童寯之《江南园林志》中，收录了羡园的手绘图，八十多年前之布局，与日前所见，大体相似。文中对羡园多有描述："北望田野，登楼凭窗，远瞩天平，近望灵岩，极游目骋怀之致。园内布置，疏密曲折，高下得宜。木渎本多良工，虽处山林，而斯园结构之精，不让城市。"

此刻，羡园被阵阵桂香包裹，未曾畅游，便已痴醉。

园中的厅堂建筑轩敞精致，严正高显，尤以位于第三进的"尚贤堂"为甚。据说有四百年的历史，典雅古朴的柱础，圆润挺拔的楠木直柱，雕刻精美的梁上飞禽花草，无不显示出主人的审美情趣，而楹联所书"江南古镇园林第一，天下名人鸿爪无双"，自是溢美之词。

穿假山，过亭台楼阁，看池中游鱼，闻岸上花香，而于园内危亭敞牖，赏玩灵岩山于咫尺，更是妙不可言，或叩登"见山楼"，苏州南郊胜景亦能尽收眼底。

江南园林，造园掘土，低者成池，高者为山，无不呈自然之势。假山或叠于池上，漏月招云，穿崖引水；或依墙而立，树荫花卉，相得益彰。读书人心中自有丘壑，便赋予这园中山水，四季的花木层层叠叠，与水榭亭台左右逢源，构成一个轮回的巧妙世界。自春迄冬，园中常有不谢之花，四时景色亦不同，自是怡然之极。"闻木樨香"轩前的池中只剩残荷，红色的游鱼在碧波间游弋，坐于池上美人靠，与友人不着边际闲话，风里有送来的阵阵桂香，是浓得化不开的秋意。虽不是"小荷才露尖尖角"的清澈，也非"映日荷花别样红"的绚烂，可这栏外秋池里的点点残荷默语，似远隔城池的相思，更如生命尽头的等待后引领的另一场万紫千红的春来。谁说"凌乱寒塘谁与顾"，这逝去的光阴，无不嵌在这眼前亭台中的一砖一瓦里，无不投射在一池秋水的素白光影里。

唐贾耽《百花谱》，而以海棠为花中神仙，张爱玲以"海棠无香"为平生恨事之一,园中有"海棠书屋"为主人读书处,海棠更以抗涝耐寒之贤名,主人以此嘉勉后学。我去时,园中的树木均已呈秋之萧瑟,细瞧之间,惊见两三个粉色花朵,俏生生开于枝头,这园林深处自是一种翩然而至的寂静风雅。

园林之妙,妙在虚实互映,大小对比,高下相称。这观园也因不同观者的感官各不相同。想那童寯可曾料想,当年颓败之势的园林,如今不仅重新得以修缮复存,更有一种现代游园之法。据说来得巧时,在这夜色斑斓的园林之中,通过3D现代科技,融入苏州地方特色的曲艺、民俗、服饰、语言等,再巧妙吸取昆曲评弹之法,依现代手法演绎出一场沉浸式的家国旧梦,倒也不失为一种新鲜体验。

位于严氏羡园东首边的虹饮山房,相传是乾隆每次下江南必到之处,山房门口东侧有御码头,亭内石碑上镌刻有这位游山玩水的皇帝所赋的题诗。西侧有一石亭,名怡泉亭,亭内有一古井,碑文介绍此亭建于明崇祯年间,老树成荫,于这朴素石亭,却是年轻气象。

"虹饮山房"匾额出自刘墉,主人是叫徐士元的落第秀才。据说此人酒量极大,经常邀朋友在园中饮酒赋诗,得"虹饮"雅称,又因附近有"虹桥","虹饮山房"即此得名。如果说严氏羡园是江南私家园林中的典雅之作,那虹饮山房就颇有点皇家"民间行宫"的派头。

过门厅是宽阔的天井,东侧是名为"翠幄"的双层攒尖式亭阁。二进的花厅名"舞彩堂",据传为乾隆当年接见官员的议事厅,厅内高悬刘墉所书"程子四箴"横匾,意指宋代大儒程颐所撰视、听、言、动四箴。转至背后,有一把千年紫檀精制而成的龙椅,原为康熙皇帝南巡驻跸灵岩山行宫专用,后成山房镇宅之宝。九条金龙呈腾飞之势,显示着坐于其上的主人至高无上的尊主地位。其背后的壁画,是唐代张萱的《虢国夫人游春图》局部,乾隆收藏的钤印赫然在目,从一定程度上来说,这幅画侧面描写了处于权力中心的人物之骄奢、淫逸。这不,皇帝大人用真金白银到江南折腾了六次,自然还要在这江南富饶之地,看戏听曲,好不惬意。

古戏台名"春晖楼",廊柱上刻有两副长对联,将《长生殿》《桃花扇》《单刀会》《击鼓骂曹》这四出有名的京昆戏都镶嵌在其中,颇有创意。明清的江南,戏剧也是雅俗共赏的娱乐,不管是文人士大夫,还是平民百姓,皆有所爱。徐扬的《姑苏繁华图》中也有多处场景表现:灵岩山附近枕水人家的厅堂内,两人正在进行三弦弹唱;热闹的临河戏台布置的五彩缤纷,台上正在倾情演着,台下数百人围观津津有味如痴如醉;还有那遂初园中也是高朋满座,大厅中正紧锣密鼓唱着堂会。台上戏剧人间悲喜,江南人自有江南人的快意恩仇与柔情蜜意。

戏台两侧的碑廊内,陈列着明清两代及民国时期吴地名人或官家书写的对联和匾额。站在清寂的长廊上,犹爱一个人静静琢磨这些斑驳古朴的匾额,它们的内容大都以祝寿、祝贺荣升、祝福婚姻美满为主题,读起来有一种温暖有爱的礼仪之气息,而书法、雕刻及款识之精湛,自有一种美感。

有荣升之喜,自然有为官之道。位于古戏台西侧的科举官内,粗粗罗列了科举制度的发展历程。从隋朝大业元年(605)进士科起的一千多年来,金榜题名几乎是所有读书人的信仰。科举之难自然是不言而喻,而因科举舞弊获罪的人也是前赴后继。科举馆内陈列的一份古人作弊用的丝绸夹带令我真是大开眼界。那丝绸极薄,长不过45厘米,宽不过35厘米,一折为二,展平后两边的字相对写成,令人叹为观止的是居然用了双面书写之法。每个字大约不过2—3毫米,两万八千余字的"四书"细如发丝,工整俊秀,此等耐心、毅力、巧思,说是巧夺天工真是也不为过。想想这位仁兄,能以此等功力写成夹带,恐怕没有几个人能极,还愁不能金榜题名?偏要用这等一不小心脑袋搬家的方式,真是匪夷所思。想来学生游到此处要笑将出来,原来考试作弊古而有之呢。

来的有些不巧,羡鱼池的水全部抽干,只留黑森森的淤泥底朝了天。攀上山房西侧假山石上的亭台,立高处放眼望去,假山嶙峋,曲廊逶迤,羡鱼亭檐角高翘,展翅欲飞。待到春来夏往,池内水流漫漫,清池碧荷,平桥卧波,更是一番旖旎风光。

经过闭门的沈寿故居和人流不息的西施桥向东,便是那"古松园",它是清末木渎富翁蔡少渔所建。古松园,顾名思义,自然有松。那松有五百多年,是明代的罗汉松,高出十数米,苍翠挺直,树旁是一条曲折幽静的二层长廊。廊下挂着风铃,未及长廊,便听见清脆悦耳的铃声。不知是风动,还是铃动,反正置身这廊内,我的心是真的动了。你瞧,近看古松峻拔,再及湖石亭阁,远眺处便是那灵岩山的青绿山色,不经意间有了一种出尘之味,有种想要时针停摆的臆想。

这一日,最后来到的是下塘街的"榜眼府第",这位榜眼便是被李泽厚誉为十九世纪改良派思想中起着承上启下作用的先行者冯桂芬,在十九世纪三四十年代到八十年代思想历史中起着桥梁作用。

冯桂芬生于苏州城西南隅盘门附近的新桥巷,道光十二年(1832),时二十三岁,被任江苏巡抚的林则徐招至衙门读书,亲自培养,并于这一年八月中了举人。道光二十年(1840),冯桂芬高中一甲二名进士即榜眼。林则徐的经世思想,对他有着深远的影响。

冯桂芬高中后,任翰林院编修,仕途亦并不顺遂,坐过冷板凳。

咸丰二年(1852),冯桂芬为父丧回籍守制期满,正准备北上返京,却因太平起义军而改变了行程。由于太平军态势逼人,清廷大为震恐,劝令在籍官员办团练。冯桂芬和其他在苏官绅劝喻富户捐输馈饷,并开始关注均平赋税。

咸丰九年（1859），冯桂芬旧疾复发，隐居在吴中光福邓尉山，自此就再也没有重回京师。咸丰十年（1860）四月，苏州城被太平军攻占，冯桂芬携其家属避难于太湖中的荒岛冲山、洞庭西山。同年冬，再移居上海。自咸丰十年（1860）冬至同治三年（1864）秋，冯桂芬在上海居住了四年，得以进一步了解西方的政治和经济制度，这对于冯桂芬开活眼界、增长见识有着重要作用。也是在上海期间，冯桂芬完成了一生中重要的著作《校邠庐抗议》（初名《校邠庐初稿》）。同时向曾国藩乞师援沪，力主"借师助剿"，极力促成中外会防上海，促进江南减赋成功，并参与了创办上海同文馆。这些功绩，奠定了冯桂芬在中国近代史上的地位。在沪期间，冯入李鸿章幕，担任奏记，凡有大事，李鸿章无不"随时资访"，听取冯桂芬的意见，被引为"道义之交，谊同患难"。

同治三年（1864）初秋，冯桂芬从上海回到苏州，为劫后之家乡重建再献绵薄之力，先后主修了苏州府学，重建苏州试院，还设立盘门女普济堂，光福一仁堂、六烈祠等慈善机构，之后主讲正谊书院。

同治五年（1866），晚年的冯桂芬举家迁居木渎，过上了隐居生活。自名"校邠庐"的寓居，主人也颇费了一番心思："书痴叠石，种竹栽花，建高楼，牙签万轴，充满其中。"在木渎期间，受丁日昌和苏州知府李铭皖延请，冯桂芬总纂《苏州府志》，志稿进入收尾，冯桂芬未竟而殁。志稿由其哲嗣冯芳缉、冯芳植与同人续完，并于光绪八年（1882）刊行。

对于耗尽毕生心血所写成的著作《校邠庐抗议》，冯桂芬却并未立刻将其出版，该书正式面世是在冯去世十多年后。冯的私交好友吴云在《显志堂稿·序》一文中提到，《校邠庐抗议》中的多数篇章，直指社会积弊，倡导改革，然言辞激烈，有可能为冯招来非议。因此，冯生前虽然非常想出版，但最终只让书稿在士大夫阶层传抄，期望士大夫看了这些文章后，对时弊有所改良。最终在光绪九年（1883），天津广仁堂刻印《校邠庐抗议》全书，这也是该书的最早刻本。光绪二十四年(1898)，光绪帝采纳冯桂芬之孙冯世澂所提供的北洋石印官书局印本的《校邠庐抗议》，下令北洋总督将此本印刷分发给朝廷大臣学习。《校邠庐抗议》也因此在晚清思想史上占据重要地位，在一定程度上影响了晚清知识分子改良社会的观点。

如今，在冯桂芬时代后的一百多年，中国早已飞速发展，无论经济、国防、科技均位居世界前列。此刻，我站在冯桂芬晚年寓所，轻嗅着园中馥郁的桂花芬芳，一阵唏嘘。

穿过门厅，"贤志堂"三个字赫然入目，白底黑字，古朴凝重的隶体，厅内有冯桂芬半身像，三分凝重三分忧虑余几分若有所思。楼厅前的砖雕门楼，刻有戏文图案栩栩如生，"通德高风"四个字出自冯桂芬座师潘世恩，人生境界志向高远可见一斑。门楼内的院子里，洒落了一地的阳光。庭院东侧廊内的石刻内容正是徐扬的《姑苏繁华图》，清代繁华江南的缩写，驻足期间，亦是思绪

木渎廊桥（禾塘/供图）

万千。正是木渎这样的古镇，远离喧嚣，亲近山水，文风郁郁才引得冯桂芬深居简出，晚年再不问世事。

离"榜眼府第"不远的小弄内向东行，并行的河道上有两座古桥。其一为南街廊桥，木结构，顶盖坍塌，两边也被栅栏相围，郁郁葱葱的香樟与之紧紧相拥；其二是一座无名小石桥，两边是整块长条石做的护栏，桥的一端亦已被栅栏阻断。水岸悠长，和友人闲坐于古桥上，沐浴秋日阳光，欣然中，思一日之行，不禁念起："犹有白头园叟在，斜阳影里话当年。"

枫泾：半是茸城半魏塘

"应殿试举人臣蔡以台，年叁拾陆岁，系浙江嘉兴府嘉善县人。"这是清乾隆二十二年（1757）蔡以台状元卷弥封处简历部分。以嘉善人自喻的蔡状元，居于枫泾南镇。而清代枫泾诗人沈蓉城的百首《枫溪竹枝词》开篇之作，即说：

天目来源一水长，　玉虚高观峙中央。
界桥两岸分南北，　半是茸城半魏塘。

茸城即松江，而魏塘是嘉善县治所在地。枫泾曾是吴越属地，于明宣德五年（1430）南北分治，以镇中市河为界，南镇属嘉兴府嘉善县，北镇属松江府华亭县，直到1951年3月南镇并入北镇，才统归一镇。1958年11月，松江县划归上海市，枫泾镇属上海市松江县。1966年10月，枫泾镇归入上海市金山县（今金山区）。故而，枫泾镇古时处于古吴越的分界线上，位于江、浙、沪三省（市）之间，长三角的核心位置上。

穿越枫泾古镇的市河，从它诞生之日起，就赋予了划分吴越之界的重任，行政上长期南、北分治，分属江、浙两省。生活在这里的人们，常常一不小心就跨了界。

阳春三月，天气和润，对枫泾文史极有研究的赵炎华老师，带领我们来到古镇入口。只见路旁竖立着一块巨大的画板，画板上一座石拱桥耸立于河岸，一艘喜船喜气洋洋从远处驶来，新郎站在船头翘首遥望着岸边的姑娘。据赵老师介绍，画板所处的位置是在界河的延长线上（界河这一段已经被填埋），界河边原有"商量桥",见证了南北两地人们有商有量的和善生活。在枫泾古镇生活的人们,乡音与嘉善相差无几,赵老师虽然生活、工作都在枫泾,但父亲正是嘉善人,而母亲是枫泾人,他亦出生在嘉善,说着一口纯正的嘉善话。赵老师带领我们在枫泾的古桥、古屋及那些遗迹前为我们讲解尘封往事,从枫泾流经的塘河,在赵老师的指手间,流向嘉善的方向。

进入枫泾,第一个遇见的枫泾名人,应该是陈舜俞,这位自号白牛居士的北宋名士,是欧阳修的得意弟子,与苏东坡、司马光、韩琦、秦观等人都友善,与苏东坡常唱和,李公麟曾为其画《骑牛图》。陈舜俞是枫泾绕不过去的人物,《续修枫泾小志》载:"宋陈舜俞隐居于此,后人仰其清风,故名。"

据说这位峨冠博带的老者,总爱在清晨骑着一头牛,慢悠悠晃荡在白牛村的树林间,或是碧波荡漾的白牛塘边,你若仔细倾听,或许能有诗歌入耳:

我骑牛,君莫笑,人间万事从吾好。
千金市骨骏马来,乘肥大跃须年少。
薄为鞯,草为辔,瀑布山前松径里。
看山听水要行迟,驻策缓驱尘不起。
……
上牛下牛不要扶,合与山中作画图。
……
天真丧尽百忧集,衣食毛发归妻孥。
争如来骑牛,水光山色同悠悠。

这份洒脱与自然,再加上其才学和为官时的清廉,足以令人钦慕。熙宁九年(1076),陈舜俞病逝于枫泾白牛村家里,司马光、欧阳修等纷纷撰文吊唁。三年后,苏东坡还来到白牛村祭奠,称赞陈舜俞是"厚其学术而多其才能,盖以兼百人之器",白牛村自此名扬天下。后来,人们感念陈舜俞一生廉洁刚正,光明磊落,品格犹

界河(赵炎华/摄)

如"清风",就把白牛村改为"清风泾",简称为"风泾",后取谐音改"风泾"为"枫泾",这就是枫泾得名最初的来历。

听着陈舜俞的故事,脚步不时已经来到了市河边,于三月春光漫漫,看河水荡漾,沐和煦暖风,一如千年前的北宋光阴。

一块并不高大的石碑,竖立在市河边,旁侧右下方的护栏中间的石块上,左右各书篆体"越界""吴界"。碑文"吴越界记",书于辛卯年(2011)春,记述了枫泾古镇千余年来的变迁。界碑对面是一座南北向的小石桥,隐约可见"界河桥"字样。1968年,为拓宽界河弄的走道填平了界河,近年古镇开发时重建了这座界河桥,并恢复了一段宽3米、长150米的界河。而清代《重辑枫泾小志》上的《镇河分界图》显示,当时这里还有一座东西向的明代界河桥,可惜在二十世纪七十年代末被拆除,目前桥墩还在,即是"吴越界记"石碑所立的地方。

一脚跨吴越的枫泾人民,沿河两岸建屋搭桥,过着你中有我,我中有你的跨界生活。枫泾和所有的江南古镇一样,水道纵横,遍布石桥,那些叫得出叫不出的古桥,似一个个上了年纪的老人,你总想拽一拽他的衣襟,听一听故事。

元至元十二年(1275),白牛市(枫泾旧称)易为白牛镇,意味着白牛村此时为政府派驻机构,并被元政府纳入防务范围,到至元三十年(1293),白牛镇的规模"有浙右传舍第一之称",政府还在这里设立了白牛务,这是一个税收机构,它的建立,标志着此时的枫泾经济已经相当发达。也是这个时期,一个叫黄道婆的松江府乌泥泾的纺织奇人,结束了在崖州黎族四十年的流落生涯,带着先进的植绵和纺织技术回到了松江府,并大力推广,带动了松江乃至周边地区的植绵和纺织技术。一时之间,枫泾成了棉纺织业重镇,商贾汇集,经济繁荣,一直延续至明清时期。"收不完的魏塘纱,买不尽的松江布",至今仍被人们津津乐道。

一座全长15米的单孔石拱桥,便在元致和年(1328)建于镇中南北市河的中段,至今依然茕茕孑立。作为现存最古老的桥,它是见证过热闹与欢腾的,沈蓉城曾经如此写道:

人事新年日日增,致和桥侧见欢腾。

贫儿偏好牧猪戏,稚子常提走马灯。

显然,这是一座见惯人间烟火的桥,它历经沧桑,见过收购松布的船只林立,往来不绝;也见过人间百姓炊烟袅袅。繁华的背后,始终是以百姓的日常与烟火为布景。眼下,我看见的是一位拄着拐杖步履蹒跚的老妇人,在老伴的细心照料下,一步步迈上桥顶。老伴妥帖安置好老妇人就坐在桥顶的长条石上,后退几步用手机为她拍照。两人慈眉善目,我静静注目着他们的彼此照料,主动上前建议他们一起合影留念。镜头下的这对老人,气质极其柔和,有着移不开目光的美满与安宁。

致和桥不远处的瑞虹桥,是座不起眼的平板石桥,因几乎感觉不到弧度而差点错过,而它处于特殊的位置,市河始以丁字形式延伸,放眼望去,百米之内是一座又一座古桥,似一个又一个有故事的老人,等着你去聆听。

于是,我在秀兴桥堍下就真的遇到一位爱讲故事的老人,他笑眯眯主动和我们说:"这座桥,可是乾隆皇帝下江南时走过的呢,所以又叫隆昌桥。"我狐疑地看着这座石板平桥,桥身并不宽,东西两侧各有七八级台阶,不晓得乾隆皇帝是怎么纡尊降贵路过这座桥的。不过,这里的确曾是枫泾的商贸中心,也是白牛务的旧时所在地,商铺林立,人丁兴旺,"贸易荣昌百货全",沈蓉城留下的文字印证了这里的昔日繁华。乾隆皇帝究竟来不来其实并不打紧,但是有一个乾隆年间的人,我确定他是一定在这座桥上无数次地走过。

这个人就是蔡以台,他的祖居尊德堂就位于秀兴桥边的青枫街34—36号。坐东朝西,砖木结构,三进院落,前后进各为二层楼房,中间为平房,面宽各为三间,进深一间。

尊德堂是其父蔡维熊所建,蔡以台出生于此。乾隆二十六年(1761),蔡维熊七十八岁时仿香山故事,集邑中耆宿九人举办"九老会",会址设于其宅地,故名为"尊德会"。当时宅内开筵赋诗绘画,一时之间成为枫泾盛事。蔡维熊乐善好施,还是枫泾第一个民间慈善组织同善会的创始人。

蔡以台生于清康熙六十一年(1722),曾祖蔡王臣自嘉兴迁居枫泾,母亲陆氏为唐朝内相陆贽后裔。蔡以台自小勤奋好学,天资聪颖,受到名儒沈辰垣的启蒙,诗文书法都打下了坚实的基础。乾隆三年(1738)又在京城与纪晓岚等人师从董邦达。蔡以台于乾隆十五年(1750)考中举人(顺天中式),乾隆二十二年(1757)二月会试第一(会元),同年四月殿试得第一(状元)。2015年,状元卷在位于南京的中国科举博物馆展出。三年后,由上海市金山区枫泾文史研究会主编的《清代状元蔡以台》一书出版。

蔡以台的第十二世孙嘉兴蔡光复作为顾问,提供了很多史料并资助了部分出版经费。后来在他的办公室里,与笔者追忆往昔。长年习武的蔡光复，过花甲之年，身材依旧挺拔轩昂，说起话来尾音压着舌底，夹带着浓郁的乡音，时妙语连珠。蔡氏一族家风严正，状元公发愤读书、淡泊名利、极尽孝道的家学在他的后世得以相承。在这个传统的知识分子家庭，祖先从事的职业均不出教书育人及悬壶救世。到了蔡光复及女儿这一代，依然选择从医。

蔡以台诗文书法俱佳，学识渊博，善辨钟鼎、金石、图书等文物，《续修枫泾小志》称"诗文气骨奇高，清丽绝俗""书法得颜鲁公三昧"。其人生性耿直，居乡不谒当道者。2017年夏，枫泾文史研究会在上海图书馆找到了蔡以台《三友斋诗稿》抄本，载其诗篇300余首，格调高雅，清丽绝俗，于2018年出版面世。

"三友斋"即是蔡以台读书楼，在原三元浜今枫泾镇盛家弄4号，咸丰十年（1860）毁于太平天国后重建。所谓三友即书、琴、松，而三元浜于界河相连，是因纪念状元蔡以台、会元杨尔德、解元李永祺居住于此而取名。在赵老师的带领下，我们一边听着状元公的故事，一边穿过古镇街巷，来到了这个读书楼处。

穿过寂静的圣堂弄，于僻静处，见苏式园林围墙包围内，三开间两层砖木楼沐浴在一片春阳中，屋旁高耸的大株树木绿意沉沉。楼前天井内有两棵古树，一为百年蜡梅（枫泾地区最大），一为金桂，此时绿叶垂芳根，待到花期先后到来之时，这处寂静院落更添情致。梅的众芳摇落独喧妍和一树花开占十分秋色的桂香，都将溢得墙内墙外皆芬芳。

据说，蔡以台曾在院落里叠石为山，在石头上刻有"小栖真"三字，清代诗人程兼善有诗为证："三间诗客小栖真，竹韵松声听几春。一自鸿儒高唱后，西山零落住他人。"诗中"三间诗客"指三友斋，"西山"是蔡以台所叠的"小栖真"石山。此处是蔡以台考状元之前启蒙教育的地方，也是其进京前主要日常起居地。

楼虽几易其主，建筑也非本来面目，但当清风拂来，春光无限，似能为我们拼凑出一丝昔时少年一心只读圣贤书的奋发岁月。

与蔡以台祖居尊德堂东面一路之隔，走出了一对中国漫画界的传奇父子，即被誉为"中国现代漫画先驱"的丁悚及其子丁聪。

丁悚出生于此，自幼父母早逝，幼年去上海老北门昌泰当铺当学徒，因酷爱绘画，业余时在上海油画书院附属的中西图画函授学堂进修，师承中国近代油画艺术先驱周湘。二十一岁时，丁悚就在刘海粟创办的上海图画美术院（上海美专前身）任教务长，并在这一年的《申报》上发表了一幅漫画，成为第一个在《申报》上发表漫画的作者。中国第一个漫画社团——上海漫画会，也是在丁悚和张光宇的主持下建立，招牌也就挂在丁家门口，又创办了会刊《上海漫画》。这是一位中国早期漫画事业的中心人物，其子丁聪，笔名小丁，当是青出于蓝而胜于蓝，擅长用寥寥几笔，映照世画万象、人生百态，给人以心灵的启迪。

丁氏祖居名"虹东草堂"，丁聪的漫画陈列馆也落户枫泾，当我们流连于各个展厅，最让人意味深长的是其对旧社会腐朽现象的辛辣讽刺，那些尘封的民国期刊，斑驳的书页中，清晰揭示了那一个特殊时代。而那些著名人物如沈从文、巴金、冰心、老舍、鲁迅、茅盾等的肖像，则惟妙惟肖地展示了名人更有趣味的另一面，而他为各种名著所作的插图，更是铭刻在我们的记忆里。

丁聪与父亲不同，随着父亲在上海事业的稳定，他出生于上海南市区，十四岁那年父亲带他来枫泾镇寻根问祖，令他对这片土地有了深刻的直观印象，而不再是父亲的回忆和描述。因为有了衷情，才会在晚年时选择把漫画陈列馆回归家乡，去世后归葬枫泾，游子回了家。

家是一个人走得再远都想着要归来的出发地，在枫泾这座浙沪相邻的古镇上，只要你留心，似乎总能遇见这些少小离家重回故乡寻踪的暮年之人。此刻，一群中青年正簇拥着一位白发苍苍的老者迎面走来，老人家指点着连绵的老屋，情动万分。从小镇出发，从朴素的岁月出发，他们历经沧桑，也尝遍世间万般滋味，但念念不忘的始终是家乡的味道。

岸边的古戏台上唱着熟悉的沪剧,熟稔的曲调不知又勾起了谁的相思;拐进一个个幽静里弄,走着走着,或许你会与围棋大师顾水如的故居相遇;界河弄内,你若细心留意,那比邻而居的老屋里曾经走出了三位民国时期的名人(民国时的上海市副市长、代理市长吴绍澍,厦门市市长李海霞,国民党元老吴开先);你甚至还可能在定光塘附近遇见明代狂人徐文长的后人。至于那些或开或关的石库门里,依然有着关不住的春色,盛放在三月的春风里。

这是一个依然生动活着并且按照自己的节奏,吸纳着新的元素,从容前行的古镇。"像植物一般的在一个地方生下根,这些生了根在一个小地方的人,才能在悠长的时间中,从容地去摸熟每个人的生活,像母亲对于她的儿女一般。"早在二十世纪四十年代,社会学家费孝通先生在他的经典著作《乡土中国》里这样描述中国人的一个社会本色。在枫泾,我似乎又感受到这样的气息。千年来人们以这片土地为源,江南水乡为貌,获得从心所欲而又不逾规矩的自由。无论是状元之家或是漫画世家抑或那些平凡人家,他们都有执着的信念,无论离家多远、无论走散多久,这片土地,始终像母亲的手一样,给予熟悉的温暖。

南浔：浔溪河畔遍桑麻

一个满怀深情的作家，用了六十六个"水晶晶"来形容自己热爱的家乡，这个作家即是报告文学家徐迟，他眷恋的故乡是那位于太湖南岸，与苏南吴江紧邻的隶属于湖州的古镇南浔。

南浔镇的历史，最远可以追溯到东晋时期。在南宋的绍兴年间有"浔溪"之称，至嘉定年间，浔溪改名为"南林"，已是"商旅所聚，水陆要冲之地"。南浔建镇于南宋淳祐十一年（1251），当时的南浔镇可谓"市井繁阜、商贾辐辏"，显然，已颇为繁盛。到了明清时期更加趋于兴盛，近代以来成为中国重要的蚕丝产销地，涌现了中国近代史上最大的丝商群体，对江南乃至全国的社会经济产生了巨大的影响。

2023年春节的第一次出游，与朋友结伴赴南浔，景区入口处的一组象、牛雕塑群引起同伴的诧异，毕竟在江南，牛是常物，象可谓稀罕。我微微一笑：南浔在近代历史中，繁盛于丝市，全镇涌现出被当地人戏称的"四象八牛七十二金狗"的富豪商贾。

"南浔四象"即是指刘镛、张颂贤、庞云鏳、顾福昌。这些构筑南浔最辉煌时代的富豪群体，在史册和南浔土著们的口口相传中，依然有着鲜活的形象，体现在游人和过客眼中的，便是那些气势恢宏、别具一格的园林宅院。南浔人会骄傲而又颇有底气的拿临近的乌镇调侃：乌镇抵不上我们南浔一只金狗的实力。究竟谁也没有认真去比较过，然而，当我们在这些保存完好的大宅院内兜兜转转，赞叹不已时，亦深以为然。

二十世纪三十年代抗战前夕，童寯遍寻江南名园后，在其著作《江南园林志》中不无赞叹道："吴兴园林，今实萃于南浔，以一镇之地，而拥有五园，且皆为巨构，实为江南所仅见。"位于古镇东首边的宜园曾为南浔五园之首，余为刘园（即嘉业堂藏书楼和小莲庄）、适园（张石铭构筑）、东园（张静江宅，在宜园西临）和觉园（童寯时即已毁）。宜园是庞云鏳的次子庞莱臣于1918年所建，总面积近二十亩。此园坐北朝南，前临东大街，后达洗粉兜，毁于日寇战火，如今的宜园为重新修造。在《江南园林志》中有童寯手绘之宜园平面图及几幅珍贵照片，想必重修时也作了参考。

或许正有这样的底蕴和气韵，宜园的修复可谓巧妙精致，楼阁与假山互依，长廊曲折，廊壁间镶嵌许多石刻碑帖，因有过一段临帖赵孟𫖯的岁月，忽见赵孟𫖯书的《湖州妙严寺记》碑帖，禁不住一声惊叹。最后的视线是停留在园林后部那长方形荷池，四周假山奇石围绕，湖面空阔，那湖中小岛与岸边以九曲桥相连，桥头置有小亭，岛上另有亭轩，湖水清澈，倒映成趣，是水天一色之间的清幽。

当心神还沉浸在宜园的精妙之中，人已经踏入一墙之隔的民国时"国民党四大元老"之一张静江的尊德堂内。到底是大家，厅房高大。匾额"尊德堂"三字出自通州张謇之手，两侧对联是孙中山题写的"满堂花醉三千客，一剑霜寒四十州"。抱柱联为清同治、光绪二帝师翁同龢题："世上几百年旧家无非积德，天下第一件好事还是读书。"本有东园，亦已毁去。

此宅是张静江父亲张宝善于清光绪二十四年（1898）兴建，共三进五间。高耸的风火墙，造型独具韵味。厅内陈列着张静江遗物及生平事迹，那些耳熟能详的名人孙中山、宋庆龄、何香凝、于右任、冯玉祥以及蒋介石、陈布雷等人的照片、手札纷纷可见。民国历史的重要时刻也能透过这些旧物得以窥见。然而，最令我感兴趣的，却是最早于张静江家以仆为生的卢芹斋，这位颇受争议的古董商人，最初是在1902年，张静江任清廷驻法国商务参赞时携往巴黎并协助其开设"运通"公司，卢低价收购中国文物，售卖中国的瓷器、字画等，但又将收入支援辛亥革命。日后，当1944年学者陈梦家赴美留学撰著《美国所藏中国铜器集录》，陈称其收集散落的中国铜器的工作起始于卢的公司。四年之中，卢芹斋为其多方周旋打通关节，并在陈的要求之下，于陈归国后，卢芹斋向清华大学文物陈列室捐赠了河南洛阳出土的战国青铜器"嗣子壶"。当我之前在研读陈梦家史料感叹其与卢之交集时，常常会想究竟是怎样的家族，连仆佣都能耳濡目染熟谙文物知识，如今置身于高大轩敞的尊德堂内，穿梭于厅堂间复习民国往事，似乎能悟到一些原因。

冬日清晨的光影里，沿着蜿蜒的市河，穿梭在古老的石板路上，穿镇而过的河岸上拱桥高耸。一道道耸起的山墙，一重重圆拱的过街券门，一排排沿河的排柱廊檐，一座座整齐的河埠石阶，是那风情万种的百间楼，如数百年前一样，灰的屋顶，白的粉墙，雕栏与门窗倒映在水晶晶的碧波之中。

河道蜿蜒，一条条支流细细分出，民居临水而筑，世代繁衍。马家港河西的旧弄里，长长的石板路上鲜有人经过，宁静的仿佛是一幅凝固的粉画。高耸的洪济桥和通津桥依然吸引了过往人们的视线，当第一艘游船在桥下轻轻荡过，长发的姑娘在长条石上舞动双臂，舞姿蹁跹，一旁小街斑驳的墙角随意摊开着竹篮木盆栏板小而陈旧的桌椅，主人却不知去向。如此，都是古镇的日常。

广惠桥边紫气东来，一对玲珑的石狮镇守岸边，身后是广惠宫。据说，这对石狮是一位当地著名的匠人打造，终其一生成就两对半，不知余下一对半沉浸在江南的哪一片风烟之中。

南西街过了兴福桥，岸边素白的连绵高墙宅院即是"四象"之一张颂贤的另一个孙子张石铭的旧宅，前门临南西街和南市河，坐西朝东，各式楼房二百余间，是保存最为完整的宅院。

五进的霸气占地，在外表上却朴素简洁，正门也只是在白墙上开了一扇并不雍容的石库门,然而,你很快会为这典型的江南传统建筑与法国文艺复兴时期的欧式建筑相融合之精美绝伦的构思与建筑技艺所折服。

入正门,两侧粉墙上最先见到的清晰红色刷体是毛主席语录。内厅天井两侧墙面,镶嵌石雕四块,是福禄寿三星和八仙过海中的人物。门额"世德作求"为吴昌硕所题。

二进院大厅,面阔三间,高悬的匾额"懿德堂"三字依然出自通州张謇之手,抱柱联为郑孝胥题"罗浮括苍神仙所宅,图书金石作述之林"。

大厅后为堂楼,亦称女厅,收小的天井,有楼呈三间两厢式样,窗户上镶嵌法国进口的菱形刻花蓝晶玻璃,花式是手绘四时花卉和果品,晶莹雅致,是当时极为罕见的奢侈品,正是女眷居住之所。雕刻精致的门楼上门额"竹苞松茂"依然清晰,为名人吴淦楷书。

三进的两侧廊庑窗棂嵌石刻芭蕉叶,故称"芭蕉厅",庭前高一米许的石峰,酷似一只苍鹰展翅奋飞,即是那著名的"鹰石"。

还未消化完这些挂落、檐口、梁枋的精巧装饰和众多精美的木雕、石雕、砖雕,来不及感慨张家的经济实力和文化素养,又被第四、五进的西洋样式所折服、惊叹。

红砖雕饰的门头,据说完全是法国图卢兹式的古典传统花纹,大厅装修铺地的材料主人均从法国购置,地上镶嵌彩色瓷画瓷板,两侧有大壁炉,墙面屋顶均作洋式红砖瓦砌筑,连账房内也铺就具有西洋风情的地砖。据说这里曾是一个舞厅,如今摆放着各式留声机和无数黑胶唱片,想要留住那一份旧式的典雅,令人仿佛置身于一个时光隧道里。后来,当我们在刘氏梯号北部壮观的欧式建筑立面及小莲庄内欧式东升阁,见其红砖白墙,石膏吊顶及铁栏阳台的欧风,亦是频频叹服。难怪人们会说:一个南浔镇,半部民国史,此中建筑可凭一足观。

出懿德堂折向西，顺着河流，很快见到窄河南岸的小莲庄标志性砖红色西式牌坊，与荷池对角线的东升阁遥相呼应。小莲庄不似其他名园藏于高墙深院之内，就这样落落大方于众人之前。

小莲庄是刘氏家族刘镛、刘锦藻的私家花园，建于1885—1924年间，占地有二十七亩之广。元时赵孟頫曾在湖州建莲花庄，刘镛追慕赵氏的文采，将园名题为"小莲庄"。

入院门后，最先寻的是建在家庙门前通道的两座石雕牌坊，高耸肃穆，均为五楼四柱，为清光绪帝御赐。东牌坊刻有"乐善好施"，是表彰刘家曾出巨资赈济清光绪年间的灾荒；西牌坊刻有"钦旌节孝"，是为旌表刘安澜的夫人邱氏恪守妇道、守节不嫁而赐建。

东升阁前长廊转角建有扇亭，可谓借势造亭的神来之笔，作为家庙、义庄和园林分界处，扇面呈弧形连接两个方向，填充房屋拐角。扇亭墙面镶有园主刘锦藻所书义庄、家庙建造记事，是进家庙的序曲。

沿着河池南岸闲步流连，曲廊相围，廊道随势转折，一面为开阔池水，一面为花木扶疏，廊中的"退修小榭"，呈"凹"字形，独具匠心。是"残荷听雨"的潇潇，抑或是"接天莲叶无穷碧"的盛况，没有比在这池边小榭中设席品茗更加绝妙之处了。而与这河池东临的一条长廊逶迤南伸，墙壁上嵌有数十方碑刻，"满纸龙蛇，行霏烟雾"。待到盛夏打开窗扉，清风拂面，荷香溢远，思古之情浮翩。

这正如著名古建筑园林艺术家陈从周评说："大园绕水，汪洋数顷，荷叶万柄，或无外墙、环水障之，别具一格。小莲庄为今存之佳例。"

豪横的刘家人，是奢侈的，也是风雅的，当其驾一叶扁舟，容于鹧鸪溪中，回望楼阁飞动，水木清华，好不自在。小莲庄落成后不久，1924年，刘锦藻的儿子刘承干花费十二万金在鹧鸪溪边建起一座中西合璧的两层建筑,谓之"嘉业堂藏书楼",与小莲庄隔河相望。

辛亥革命后,大批前朝官宦世家破败,古籍纷纷流入市场,嗜书拥钱的刘承干,收购了大批古籍,历时二十年,费银三十万,得书六十万卷。做事认真的刘承干不但搜集古籍,且将他收集到的好书出资雕版印刷。因印刷精良,且为人豁达,刻了书,就四处送人,连日本学者来索书的也很多。

我去时,嘉业堂瓦檐磨砖贴面门楼及四方天井一部分沐浴在阳光中。正厅内悬有溥仪题的"钦若嘉业"九龙金匾,书楼也由此得名。围有回廊的两层楼房,据说上下共有库房五十二间。一楼西座为"诗萃室",存有刘安澜、刘承干编辑的《国朝诗萃》。另一侧屋陈列数排古籍书橱,供游人观瞻,见有"史部南齐、梁、陈、北齐、后周等书目"。书籍现今大都存于浙江图书馆。

出书楼正门即是开阔的花园,园内荷池幽清,沿池布置有太湖石,看似腾飞的龙、奔跑的马、高啼的鸡、攀缘的猴、昂首的虎,而最为醒目的是池中名为"明瑟"亭旁,背立一石,二米多高,颇有朴素之感。石上有一孔,宛转深远,据说口吹可发出蝶螺之奇响,故而叫它"啸石"。石上清晰可见清著名学者阮元所题"啸石"二字,下方也有竖写四行字迹,风化严重,但见落款有些熟悉,回来后翻吴藕汀之《药窗诗话》时,见其明明白白写着,下有吾乡金石家张廷济跋语。一下豁然开朗。

吴藕汀是吾乡之名士,嘉业藏书楼的命运也改写了其人生轨迹。1951年,刘承干将书楼与藏书捐给国家,这年夏天,三十八岁的吴藕汀从嘉兴来到嘉业堂,负责整理嘉业堂藏书,原本说好的四个月,最终却流落异乡五十载。这世上,除了刘承干,熟悉嘉业堂及古籍的怕是只有这位异乡人了。

除了埋头古籍,吴藕汀时常坐于园中"啸石"的根上,听禽语,看蝶舞;或在薇花开放的时候,在书楼上静候折木来巢的伯

《瓦山野老意》（藕翁九十岁时自画像/范笑我提供）

劳；朋友偶有来访，相迎再话别。

　　漂泊异乡，远没有我们想象中那么诗意和风花雪月，尽管如今我们从嘉兴至南浔驱车不过个把小时，在五十年代直至七八十年代，依然是一场持久的跋涉，与故乡更是音讯隔断十多年，生活的窘迫与困顿，直叫人悲戚。

　　这位曾经的"吴大成"烧酒的倜傥少爷，藏身于古镇南栅宋代江州参军华文胜始建的通利桥东南几十步的两间朝南的小平屋里，如今，是为南东街178号。

　　吴藕汀于2000年回到嘉兴，五年后驾鹤西去，如今这里的主人是当年与其十年为邻的南浔人朱人豪。

　　朱先生在横有"吴藕汀故居"匾额的弄堂口迎接我们，并不起眼的寻常弄堂内，天井狭长，墙边摆放了朱先生悉心侍弄的盆景和兰花。一束光斜照在题有"藕园"两字的粉墙上，墙边有藕老当年种植的一株南天竹，藕老曾在这里遍植药草、花卉。

121

《自画南浔旧居》（吴藕汀画于九十岁/范笑我提供）

小平屋是真的小，阴冷逼仄，藕老的卧榻宽不过一米，紧紧挨着隔墙，隔墙内是他画画写字的小书房。靠墙的简陋书架上有他出版的书籍、自印本、用过的杯具、泥壶、铁球、地球仪、蝈蝈笼、捣药的小臼甚至煤油炉等等家什，墙上悬挂的三幅字，分别是藕老自题"画牛书舍"，王蘧常"画牛客"，徐聚一"乐翁寓居"。一张简陋的书桌横在并不宽敞的斗室内，这里便是他创作了大部分著作与词画的地方，简陋窄小得令人唏嘘。

"我的一生十八个字：读史、填词、看戏、学画、玩印、吃酒、打牌、养猫、猜谜。前四项是主要生活，后五项是多头。我是专力则精，杂学则粗。"置身在拥有先生大半生光阴的斗室内，我又想起藕老的自况之说。眼前浮现出他伏案的情景，那些字就那样随意写在香烟壳子、传单、包装纸、废纸的背面，或者学生练习本上，写完就放在抽屉里，这一写便是数百万字。

平屋对面，朱先生辟出了一间书画展览室，有藕翁的几幅真迹，也有朋友的惠赠。兼学者、词人、画家、版本目录家一身的藕老似一座巨大宝藏，拎出哪一项来都是独树一帜，皆是自成一家。范笑我老师曾和我说："宋人把景写成词，藕老把词还原成了景。"回到嘉兴，我用一天的时间翻阅藕老的《药窗诗话》。看那简单勾勒又有着汉俑般古意的人物穿梭、点缀在遒劲苍辣、圆润丰满的线条所烘托的宋人意趣之中，是超然世外的胸中丘壑，是出于词意又远远胜于文字的表达。正如柯文辉诗意地赞美那样："藕老的画像雪地上的长虹、深秋的雁啼、梅花的微笑，抚慰人心，给人净化的力量，战胜困难和自我，在艰苦中自塑塑人。"

这大概也是离我最近的文人画。

藕老一生不出江南，笔墨描尽江南，正所谓"真名士自风流"。才华令人折服，然更让人敬佩的是藕翁之品格与风骨。贫寒局促的现实生活，并不是没有机会改变。在朱人豪先生的画室内，他和我们讲起了一段往事。

一九四九年的春天，上海的金仁霖受方去疾之托，借了藕老藏印中吴昌硕刻四方印章用于为方介堪钤拓《苦铁印选》，之后就彼此断了音讯三十四载。藕老隐居南浔后音隔断，直到二十世纪七十年代四处行走唱评弹的胡天如于南浔得以重逢。在藕老以为早就化为乌有时，金仁霖联系上藕老后，遂将幸免于难的四枚印章完璧归赵，成艺林一段佳话。此时吴昌硕的作品已经非常受重视，日本印界有人得知后想以十万人民币的价格收入，藕老不为所动，断然拒绝。2000年，阔别家乡半个世纪的藕老抱着这四枚印章及书稿回到嘉兴，并于当月就将印章捐赠给了嘉兴博物馆。

曾经一身"江湖气"的朱先生因藕老的十年为邻，潜移默化成眼前的斯文之气，更是成为资深"藕粉"，自费为藕老打造了眼前的纪念之地，古镇的出口处也往外移出去数米，故居被纳入景区之中。临走前，朱先生赠予了我一幅他自己书写的字。

藕老的故事很长，岂是半日能全。1967年，藕老于南浔写成的《烟雨楼史话》，收录于中华书局2010年出版的"吴藕汀作品集"之《鸳湖烟雨》，开篇写道："我生长在南湖滩上，多谢南湖的水喝大了我。六岁那年看到了'烟雨楼'的重建。十一岁起到城里去读书，早晨冲着朝烟，晚上笼着暮雨，来往经过盐仓桥，烟雨楼每天在眼望里面，好像和它结了不解之缘。看那碧绿的树木，安排着绯红的围墙，淼淼清波，点点渔船，无疑是一幅天然图画。我的爱好'涂脂抹粉'，可能是受了它的深远影响。"

水晶晶的南浔滋养了徐迟，也造就了恢宏富庶的商贾豪门，无论去到何处，这里始终让他们魂牵梦绕，没有一处的山水胜过贫也好富也罢的故乡。正如烟雨楼的淼淼清波抚慰着"身经涂炭"的藕老，颠沛一生的藕老依然对生活充满着美好的渴望。我们大多数人生活在了别处，也终究会用漫长的一生去明白，此心安处是吾乡。

阳光渐渐西移，古镇的人群依然摩肩接踵，热情地涌向那些恢宏的宅院、园林，涌动在古桥、长廊、河岸之上，带着表演性质的喜船在喧天的锣鼓声中由远而来。

若是藕老安在，不知会以怎样的词文与画意来表达此刻的江南。

甪直：江南佛像世无双

此刻，我就站在檐下，仰头看着春雨降落，滴在庭院里宋代的经幢、清初的铁钟、民国的屋檐和挺拔的青松上。我听着欣快的雨声汇成一片，雨中还递来一声声鸟鸣，一个男子铿锵有力的激情语言和孩童们一惊一乍的回应。那群孩子裹着五颜六色的雨衣站在雨中，围着老师正听得津津有味，老师的声音太过激动，即使不甚留意，也能听到顾颉刚、蔡元培、于右任等名字传了过来。

我身后的古物馆内，正是老师为孩子们解说的保圣寺九尊泥塑罗汉，也是我来甪直的原因。

时光倒回到一千五百余年前，南朝的萧梁隆重登上历史舞台，梁天监年间（502—519），江南大地上竖起了一座座寺庙，这些寺庙与这一个时代，被唐代诗人杜牧吟诵为"南朝四百八十寺"，牢牢占据江南春景而被传唱。保圣寺也是这四百八十分之一了。

甪直，属苏州市吴中区，北靠吴淞江，南临澄湖，东邻昆山，西离苏州城十八公里，东与上海相距六十公里，有"五湖之厅"（澄湖、万千湖、金鸡湖、独墅湖、阳澄湖）"六泽之冲"（吴淞江、清水江、南塘江、界浦江、东塘江、大直江）之称，是典型的河湖环抱之中的江南古镇。汉代时，这里已经有了集镇雏形，之后的形成市镇与南朝保圣寺的兴建，不无关系，那时称为"甫里"，清代初期才有了甪直的镇名。"甪"这个字虽不常见，与我却是亲切，因为我在一条叫"甪里"的街旁住了十年。

保圣寺最初叫保圣教寺，杜牧生活的最后十年正逢唐武宗会昌（841—846）灭佛，保圣寺也没有幸免，到了北宋大中祥符六年（1013）时重建，以后寺院不断扩大，最盛时据称殿宇有五千多间，僧侣有千余人，面积占半个甪直镇。

到保圣寺自然是奔着那古代泥塑第一人唐杨惠之的罗汉群而来的，我一直很疑惑，保圣寺的那十八尊罗汉是怎么躲过这一千多年来的各种摧毁与兴衰的。会昌灭佛似乎对它们并没有影响，元代时赵孟𫖯还曾为该寺题联：

梵宫敕建梁朝，推甪里禅林第一；
罗汉溯源惠之，为江南佛像无双。

这无双的江南佛像很长时间不是被遗忘就是在渐渐颓败，直到1918年一个人的到来，这个人就是顾颉刚。而顾的到来是源于好友王伯祥和叶圣陶的邀请，这个时候，两人正在紧邻保圣寺的吴县县立第五高等小学校内任教，顾颉刚第一眼见到这些残壁上的塑像时，就以其深厚的学养感到了不同寻常，尽管此时大殿已部分坍塌，而十八尊罗汉尚存。他初步断定"这罗汉像是唐朝杨惠之塑的"，忍不住赞叹："幸而在僻地的保圣寺还存得几尊真迹，是何等可贵的事。"然而，文化人欣喜的发现，并没有被重视，当顾颉刚四年之后再次见到这些罗汉时，已经是"顶上已无屋面，风吹雨打，受了不少折磨"。年久失修的大雄宝殿屋梁断裂，屋顶塌落致使殿内西壁的泥塑罗汉像遭到毁坏，如此惨状，令顾颉刚心痛之余，于1923年发表了《记杨惠之塑罗汉像——为一千年前的美术品呼救》一文，一场近十多年的文物保护往事就此被甪直人熟知。

有了顾颉刚的振臂一呼，蔡元培甚至以新婚纪念捐出了一百银圆，在蔡的支持下叶恭绰发起成立了唐塑保存会，教育部也拨款一万银圆，加上江苏政府的三千银圆，虽然不够，但终于能够动工了，后期叶恭绰等人再募集一万余银圆，工程终于得以顺利进行。恢复寺院显然是不可能的，于是就建起了如今我们看到的保圣寺古物馆，来安放幸存的九尊罗汉。

从甪直镇的甪端广场沿着河道行走，很快就能见到一座小巧的石拱桥——香花桥，站在桥上朝小巷望去，正对街弄的青砖檐黄粉墙山门即是保圣寺了。

山门前有一小巧井亭，亭内有古井。跨入山门，庭院内正对的是一株百年枸杞，早春，枝芽未出正以苍藤抱石，以穿云裂石之势垂持于湖石峰顶，另有三株亦不下百年的枸杞分置于庭院中，似入定的老僧，韵致横生又独具笃定气场。其实，相对一旁的幡杆夹石来说，它们真的太年轻了，那夹石顶部有复莲纹，中间夹着幡杆，此时幡已收，仁者的心却已动了，因为，天王殿已在咫尺。

天王殿位于庭院正面，坐北朝南，面阔三间，单檐歇山屋顶，立脚飞檐戗角起翘。明黄的墙身在雨水与乌沉的天际下显得尤为醒目，气势轩昂。此殿原来重建于明成化二十三年（1487），又于崇祯三年（1630）重修。走进拱形月洞门，殿内没有照明，光线暗沉，大殿内方砖铺地，柱础宏大，勉强看清覆盆式"神童牡丹"图案，应是典型的北宋式样。而柱身显得狭细，并不相配，说明它们来自不同时代，斗拱保留"四铺作插昂"的宋代营造法式遗风。

天王殿后本是大雄宝殿，自然早就无踪，庭院里种了各种桂花，花期还远，想来十月金秋，自是花香满院沁人心神。中轴线的月洞门上是谭延闿题的"保圣寺古物馆"，三两个游人站在檐下，若有所思。跨过门，庭院内左右分置铁钟和经幢，古朴辽远的气息披拂着雨雾迎面而来。

我一身湿漉漉进入门内，屋内依然没有照明，越发昏暗，依稀见到两则有高大的大理石屏风面墙靠着，亦是旧物，红色的柱子上悬挂着的对联内容正是当年赵孟頫所题。厅堂高大、朴素，少有雕饰，另置有蔡元培书"甪直保圣寺古物馆记"石碑拓文。余下，便是占据整墙的塑壁罗汉，他们姿态各异，端坐于呈海水状涌出的嶙峋怪石间，如云如潮般翻滚席卷，并未惊动罗汉们半分心性，他们彼此间有呼应，于云涌间谈笑，那爽朗的笑语似乎还在山林间久久回荡。当然,沉静如达摩则于中间位置结跏趺坐,闭目顿首作禅定状,昏沉的光线里,依然能见其若隐若现的红色僧衣。

杨惠之是吴郡(今苏州)人,曾与吴道子同学画,均师法南朝年间张僧繇的笔迹,后专攻雕塑,其独创了将人物安排在山石背景中的样式——壁塑(亦称"影塑"),尤其擅塑罗汉像,因有着张氏笔法,故被人视为有南朝旧意,甚为推崇。到了民国年间,真迹已基本灭迹,难怪顾颉刚等人发现后,竭力保护。消息传到日本后,也在学界引起关注,东京美术学校教授大村西崖于1926年来到甪直进行考察和摄影。他的这番调查留存了大殿半壁墙坍圮前的原貌,并对壁塑的价值做了肯定。还出版了图文并茂的《吴郡奇迹:壁塑残影》,扩大了保圣寺罗汉像的影响。

大村西崖所见到的壁塑罗汉墙壁是"门"字形的整体,围绕大殿的三面壁上山岳起伏,浮云环绕,各尊罗汉参差坐立于山崖洞壑,不像一般寺庙中依次排列,也不像千佛洞式一律端坐。劫后余生的九尊罗汉经当时著名的雕塑家江小鹣、滑田友重新修缮,将坍剩的半壁连同尚存的罗汉,基本上按原样安置、补填。对于原来破损严重的背景,他们没有粉饰一新,而是尽量维持唐宋以来的历史原貌。所以,我面前的是残破的原物,短臂缺手的有之,面目不全的有之,色彩剥落更是随处可见。我于昏暗处端详,更觉他们是度过漫长的岁月,以真实而沧桑的面目示人,远远好过那些自作聪明的矫饰。

一段珍贵时间里,屋内只有我一人,因无灯光,又不允许拍照,有人来了也是匆匆就走,于是我有很长时间用来端详达摩尊者,想象他是不是也以这样的姿态与梁武帝的那段公案。

雨一直在下,江南春雨独有的绵密,索性收了伞,去看古物馆围墙两侧长廊展出的柱础。这些均是原保圣寺大殿原物,以宋代多见,纹饰以宋代覆盆式柱础上通行的"铺地莲花""宝装莲花""牡丹花""写生花""连荷花"为主,浑厚古拙,另有一唐代"八角形柱础",无一丝纹饰,时代的递进也带来了人们对审美的要求和技艺的提升,柱础形制、材料和纹饰的演变,也是一次次小小的艺术革命。

同样是雨,一个叫陆龟蒙的唐代诗人写下了《奉酬袭美先辈吴中苦雨一百韵》,这位以奇峭与平淡为主要风格的诗人,在自己撰写的《甫里先生传》里说:"先生之居,有地数亩,有屋三十楹,有田畸十万步,有牛不减四十蹄,有耕夫百余指,而田污下,暑雨一昼夜,则与江通,无别己田他田也。先生由是苦饥困,仓无斗升蓄积。"

甫里的清风明月成就了其"村边紫豆花垂次,岸上红梨叶战初。莫怪烟中重回首,酒家青纻一行书"的田园生活,连陆放翁隔了数百年之后也忍不住说:"松陵甫里旧家风,晚节何妨号放翁。"陆龟蒙给甫里留下的除了诗篇与传说,还有就是保圣寺旁的墓园。

一株一千五百多年的银杏从它挺立在这里开始,就从未缺席过保圣寺的暮鼓晨钟和敬仰甫里先生的人们的远道而来。斗转星移,长长的岁月似乎也就是它一千五百多次的绚烂和凋零,哦,它还有两个同伴——另有两株一雌一雄古银杏立于旁侧。

雌树下是一片葱绿的菜园子,一个稻草人正呆呆地杵在雨里,竹篱笆上靠着"生生农场"的牌子,篱笆外蜡梅馨香扑鼻,茶花已经俏生生缀在枝头。

"生生农场",那即是叶圣陶在甪里尝试的教育改革,取先生与学生之意,鼓励学校与社会沟通,学生重视课外劳动与实践,师生们在大自然中愉快的劳动和丰收时的喜悦,是课堂之外珍贵的体验。

先生长眠于此,保圣寺旁设有纪念馆,仍保留了当年"五高"的博览室、宿舍、女子楼等,1917年春至1921年夏的五年时光里,叶老与学生们在一起,对于这段难忘的经历,叶老后来说:"我真正的教育生涯是从甪直开始的。"他称甪直是自己的"第二故乡",文学创作里也有许多甪直的身影。以甪直万盛米行为素材背景的小说《多收了三五斗》曾经入选中学教材:

万盛米行的河埠头,横七竖八停泊着乡村里出来的敝口船。船里装载的是新米,把船身压得很低……河埠上去是仅容两三个人并排走的街道。万盛米行就在街道的那一边。早晨的太阳光从破了的明瓦天棚斜射下来,光柱子落在柜台外面晃动着的几顶旧毡帽上。

离开保圣寺,沿着蜿蜒的河道走在并行的街市上,宽不过五米的街市上人影稀落,一座座玲珑的小桥,时不时出现在眼前。甪直因水道通向六处像"甪"字而得名,鼎盛时曾有宋、元、明、清七十二座半桥架于其纵横的水系上,目前仍存有四十一座古桥,分布在不到一平方公里的三条主河上。古镇内T形的水巷,还留下了五座别具一格的双桥,所谓三步两爿桥。

过正源桥,见一古朴的石拱桥,是为明成化年间(1465—1487)的兴隆桥,乾隆三十年(1765)修葺,一株梅影横斜在桥头,于鼻尖暗香浮动,桥旁正是那"万盛米行"。叶老小说里的米行原型是镇上最大的万盛恒米行,原址并不在此,此处是1988年古镇开发时把原有的殷家祠堂改建而成。过街棚、河埠头在雨雾中透出幽古之趣,然而河道毕竟太窄,难以想象横七竖八的米船怎样摆开阵式,倒是着甪直传统服饰的当地船娘们撑着游船行过,成了一道独特风景。

游人越发少了,我依然沿着河道向前,很快就遇见双桥即"南昌桥"与"永福桥",两桥均建于清乾隆前,南昌桥一侧的桥联石上还存留着联文。暗哑的老屋沉静在雨雾里,固守在桥侧,听凭早春的江水从窗下缓缓流过。

再往前,途经寿康桥和依仁桥,依仁桥一侧的桥身已经被砌入开阔的水泥路,也没有人为它们立碑,好在桥梁上的文字还依稀可辨。河道已经渐渐开阔起来,站在寿康桥上远眺,一座石拱桥优雅横卧在水面上，即又兴冲冲前去。石拱桥两侧的横系石上均有相同风格纹饰，桥联似乎仍有可辨的字样，桥额上清晰可见"重建寿昌桥"的字样，桥的一侧是叫"厂滩头"的新式农家，对侧是一明黄的小型庙宇，不知又有怎样的故事。河水似已经不愿停留，在越发宽阔的河道内奔向前。

南市的咖啡店里年轻的人影渐渐多了起来，透过巨大的落地玻璃窗，坐在屋内抬头即见进利桥和顺着河道走势而建的涉水二层楼屋。小船时不时打这里经过，娴熟地转换着方向，荡然远去，留下阵阵涟漪。中市的土著们懒懒的洒扫着自家庭院，并不急于开市，即使开了市，也是自顾自在柜台上埋头画着一页水墨江南。

三元桥与万安桥折成双桥，年轻的夫妻带着稚嫩的小女儿在桥上驻足，他们的眼底满是温柔。好安静，真好！

众安桥古朴的石梁上桥名清晰的仿佛还在昨日，不知从何处觅来的各种石碑砌于河埠，文字依然可读，无数人的模糊往日被浓缩在这里，静默无声。随便拐进的长弄，有可能是那个演员萧芳芳祖

三元桥／万安桥（沈海涛/摄）

宅的备弄,而隔河相望的三进宅院里,讲的是一个被誉为"新闻之父"——书生王韬的往事。

再往前到了中市北端,那座横卧的石拱桥即是建于宋代的和丰桥,赭红色的武康石显于桥面与桥墩,桥顶上的石块、栏板带有宋元时期的拱形弯式,桥栏杆置于仰天石上,每块桥面石上均雕有浮雕,古朴典雅,也是我第一次见到的形制,这应该是甪直现存最早的古桥了。而南侧的石梁式平板桥即环玉桥,与它组成了一组颇具特色的双桥。环玉桥建于明崇祯初年(1628),桥顶圆形图案是一组双龙戏珠,雕刻得栩栩如生,也在古桥的探寻中第一次得见。这些历经漫长时光的古桥,仿佛是用自己的桥身,为过往的行人展开一幅古朴的画卷,在历史的长河里留下不曾磨灭的痕迹。与建筑一样古老的,往往就是一个地方的语言,带着明显的地方特色,两个着典型甪直水乡服饰的阿姨正坐在对侧桥畔的长廊下闲聊,吴语隔江传来,酥软至极。

河水向东,古桥再现,广宁桥上已是车水马龙,走过三孔梁式的太平桥,东市的下塘街上人烟减少,老屋贴着封条,深巷萧条落寞,虚掩的庭院破败寥落,青石板的长街还是那样悠长、洁净,仿佛是一种集体的遗忘。

偶有老者经过,上去询问:"东美桥在哪儿?"路人皆茫然。直到我们见到那座石拱弧形极为饱满的拱桥。桥没有石阶,以碎石铺路,桥栏直达桥埭,望柱上雕刻有倒三角形的纹饰,彼岸的小商店早就弃之,屋檐下空留有两只旧椅,中间挨着木桌,仿佛留恋着过去的主人。对岸则是另一番景象,与石拱桥呈折角的小型石板桥是交会桥,下桥后的下北港,又是繁华人间,几个小青年好奇地看着我们在河埠上张望,却又回答不了我们的问题。一个老人闲坐在桥埭旁,用极浓郁的乡音回复我们:"我们叫它鸡鹅桥。"我复述着这三个字,有点不确定,海涛用单反竭力拉近,终于见到了三个需要努力辨认的字:东美桥。三字排得极开,很是随意,大概也是成化年间所刻，一侧的桥联石上无字可寻，另一侧桥联则早就被砌入房舍，失去了踪影。在长长的时光隧道里，即使桥石未塌桥身未移，但随着人们临水而居的需要，多多少少发生了些改变，这也是在所难免的无奈。很快，我们的感慨还未落下，就见凤阳桥望柱上一对古朴的小石狮，尴尬地委身于两侧房屋的墙檐下，没有留下一丝空隙，那对石狮只能憋屈地昂着头，令见者心有不忍。

离开那对无奈的石狮，视线终于越来越明朗起来，那座叫"正阳桥"的石拱桥，正以饱满流畅的姿态迎接着我们，而从它桥下经过的河水，终于浩浩荡荡向更开阔的东面奔去。正阳桥可能是甪直最大的古石拱桥了，两侧桥埭有不完整的石刻字样，可见壬戌年份。走上高高的桥顶，有长方形制的石雕，中间为圆形轮回图案。站在桥顶，举目望去，一则是新建的高楼和忙碌的车辆行驶在宽阔的新式长桥上，一则是寂静的老屋和萧条的旧厂房，挺拔的香樟和楝树一个青翠一个金黄，傍着一江春水向东流去。

在长风浩荡的江面，我想，如何在古老与现代之间找到一个完美的契合点，打通古镇的任督二脉，不落于俗，是我们始终要面对的问题。

新埭：东市吃茶西市酒

被岁月褪成灰黑色的硬山顶屋脊后，白云争先恐后攀爬了上来，铺天盖地涌到了跟前。巨大的香樟也不甘示弱，轻松跃上楼顶，欲入苍穹，低一些的香泡树缀满了沉甸甸的金色果实，树下是一人一狗。那老屋显得颓废却又不甘心，如一头老马坐卧在路边，更像一场酣睡不醒的梦，被经年的雨渍、四季的风霜、离人的笑泪卷入，但又分明不曾停息了它的呼吸。

这是位于平湖新埭古镇陈家埭的24号，一座建于民国年间的砖木结构江南民居。新埭古属华亭乡，历史可追溯到春秋战国时期。三国时代，东吴名将陆逊居于华亭，被封为华亭侯。明隆庆年间（1567—1572），举人陆光宅在旧埭（旧称陆家埭，新埭因而旧称新陆家埭）建陆家私塾"天心书院"，开创平湖书院之先河。到了康熙十六年（1677），一代大儒陆陇其亦在他的出生之地新埭泖口办起"尔安书院"。乾隆年间，平湖知县王恒在北栅桥西设立"新溪书院"。"十里之乡，不废诵读之声"，是新埭人耕读相兼的传统形象。

据镇志记载，明嘉靖三十二年（1553），倭寇烧毁了陆家埭。之后，东移一公里，在三里塘东段重建陆家埭，即新埭集镇。西起陈家埭，东至混堂浜的西市以陆氏建筑为中心；东市东起东太平桥，西至弯塘口，两市渐渐向中间包家桥扩展，并以此为中心，形成繁忙集市，商铺、宅院鳞次栉比，街巷、河埠像集镇的肌理，而包家桥因此也别称源会桥。

眼前的陈家埭依然集聚了几座清代民国的民居，它们紧紧挨着，一式的硬山顶砖木二层小楼，内有天井，个中翘楚便是24号民居。那凌空飞翘的马头墙，苍凉中又不失妩媚，突出在空阔的天际里。

看似沉寂的老屋，其实都有人住着，不过大都不是主人。从四川乐山来的卞师傅和他的老乡在这座民居里已租住二十多年，而从杭州随父母下乡的卢老先生，则在老屋的东头居住了六十五年。卢老先生为我们打开了这座大屋东侧的边门，天井内是与他相伴的三只狗和一窝灰兔，正中的橘树披着一身金灿灿的果实，在阳光里引人注目。穿过天井，打开通往主楼的边门，但见那二楼的铁艺栏杆为缠枝莲花，典型的民国风格，只是年久失修，一半已经卸在一旁，栏杆下的木质横梁上是简单的花纹，裸露的砖石上，有洪溪字样和一些不知何意的铭文。屋内堆满了卢老先生数十年来收藏的《都市快报》，少年时被迫离开的故土终究是一生难以割舍。屋顶两侧的木刻花纹被石灰涂没，在主屋后天井内的一口六角古井边，我们与住西侧屋的卞师傅相遇。

当我们在古镇西边的旧式民居内感慨别人的光阴时，位于古镇东边中大街8号的费师傅，如往常一样，打开自家老屋二层楼的那间临河小屋，去看一看从祖父手里传下来的旧式雕花床和一应老式家具。在他的心里，这个老式的梦一做便是一生。

陈家埭东侧一座东西向单跨石梁平桥，便是由明隆庆年间沈懋孝捐资重建的寿带桥，清乾隆四十四年（1779）又得以改建。寿带桥以东便是砖桥弄，民间故又称其为砖桥。这里曾是新埭最初集中的一带，而为了方便与原陆家埭（旧埭）的往来，从寿带桥铺设了一条石板路通向旧埭。石梁上依然可见"重建寿带桥"字样，两侧刻有花纹，冒梁石上亦刻有莲花图案，桥面由五块天岗石平铺而成，正中刻有圆形图案，两侧设有条石栏杆，两两相对的四个方形望柱丢失其一。南联"左跨龙池张凤翼，右提虬笔占鳌头"清晰可及，北联侧被埋于路基之下。开了花的栾树耸立在河岸，秋阳温润，洒在了桥上闲坐的青年和他那只不停欢腾的黑狗身上，不燥的秋风，缓缓拂过。

沿着西大街向东，小巷内时不时会有寂寞的庭院，它们无不缄默，唯有屋旁的老树，不离不弃。位于西大街131-145号的二层民居是黄家和陆家合建。主人是黄念劼和陆昌楣（黄的姐夫）。屋门紧闭，无法得见其貌，这处宅基据说是明代旧埭陆氏遗留下来，建筑经多次改造，建于不同时期。中华人民共和国成立后曾被作为粮仓使用，目前沿街的房屋为1935年始建，历时四年完工。再往东，是一处正在大肆修建的古屋，东侧紧挨着的是新式的虹桥。虹桥桥堍向东望去，枕岸的小屋边凸出了一个已被废弃的桥台，冒梁石上的花纹依然可见，这大概就是曾经横跨在这三里塘上，接通南北两岸的启元桥了。仅剩下的北岸石阶一侧紧靠着岸边的民居，且已基本毁型，四块天岗石随意搭在那里。与启元桥建于同一时期（清乾隆二年）的万福桥与它命运亦是雷同，只剩下北岸的石阶，位于启元桥的东侧。不过，万福桥的石阶保存相对完好，甚至还能看到半副东侧的桥联："东去渡头分沏秀。"一个老人，站在这废弃的石桥上，凝望着低处的水面，不知在想些什么。

西大街依然是蓬勃的。老妪们端然定坐在屋前的竹椅上剥毛豆，家猫跃上一侧的窗台安静地与你对视，屋内有说话声，仔细一瞧是年轻人在做网络直播。阳光落在小女孩们白玉的面容上，笑眼儿勾勒得越发澄澈，衣衫亦添几分靓丽。五颜六色的内衣外衫晾了二三层，白云闲闲地荡在两侧屋顶夹持下的狭长青天，临街的小厨房内溢出饭菜香气。而那些年代久远的老屋，淡然沉寂在市井之中，一些零零散散的回忆，在阳光里，稍稍拉长。

在启元桥和万福桥之间，就有几座年代久远的院落，值得一看究竟。分别是位于西大街67号的俞创硕故居、33号的清代民居和25号的徐家宅院。俞宅又名"香山堂"，建于清光绪二十三年

（1897）。宣统三年（1911）9月，俞创硕出生在这里，1932年毕业于上海美术专科学校，担任上海《良友》画报、重庆中央社战地摄影记者。抗战期间，在华北、西北、中原前线，曾报道朱德、左权、刘伯承、邓小平等领导的人民军队抗击日本侵略者的事迹，是上海新闻界最早用摄影艺术报道平型关大捷的摄影记者。先后担任《申报》《解放日报》摄影记者，他的摄影作品也多次入选国内外摄影展览并获奖，用镜头记录了这个时代。故居正在翻修中，俞创硕的半身像已立于天井中，正对的仪门上书——源远流长。他和他镜头里的世界，家乡人民始终念念不忘，将在这个江南庭院里为人们娓娓道来。徐宅的户主是徐振铭，属于前后三进封闭式砖木结构的晚清建筑。一百多年来，宅院经过几轮沉浮，五十年代后曾一度作为新埭印刷厂的厂址，九十年代后转为私营企业。如今，那石库门边依然悬挂的新埭镇印刷塑料厂的旧式招牌和门楣上所书的"敬直义方"，是时代变迁的见证。

前新街与后新街两街并行，东侧止于庙街，西侧为混堂浜弄。

一株正值花期的金桂探出于前新街的小院内，香气浓郁，径直弥漫在空气中。街道有些空荡，更多的人喜欢集聚在后新街，那里依然有着更远一些的故事，在坊间流传。

清代徐世贤筑3500平方米宅院于后新街5号至15号，分前后三埭，前埭为六间街面楼房，颇有气势。五十年代后，这里曾先后入驻新埭镇公所、文化站、镇政府、派出所、法庭办公楼等。院门紧锁着，看临街的木门和二楼半开的窗棂，均做了新的油漆，墙体也做了粉刷。想来不久的将来，老屋将会重新打开大门。同样，建于民国中期的55号周宅也大门紧闭，上面悬挂着"乡贤会馆"招牌。这座宅院五十年代始曾作为新埭乡公所之用，七十年代中期拆除了后埭，改建了新埭公社办公楼，此后部分房屋亦为老年活动室。好在前埭、中埭均基本保持完好，且中埭为五开间堂楼厅，进深有十五米之长，只可惜院门紧闭无缘得见。

"满园春色"四个字题于周宅西侧69号斑驳的门楣上,二十世纪五十年代至八十年代,这里是新埭镇的幼儿园。如今,当年的稚子都已步入老年或中年,而旧屋尚在,尽管显得苍老破旧,但总有一个角落能勾起纯真年代里那些零星而珍贵的记忆。而建于1950年的新埭区粮库和1955年的新埭粮管所,位于25号屋内。白底黑字和黑底白字的两个旧招牌依然挂在石库门边,一把链条锁住了我们向内探望,石库门上方的外墙已纷纷脱落,砖墙裸露,呈颓败之势。

逛完西市,便是那东西横跨于落北港的源会桥(包家桥)。这座初建于清乾隆五十五年(1790),又分别于道光庚子年(1840)及1935年改建的古桥,如今已为水泥平板桥,且是在旧址上向南移了6米,旧桥台的痕迹依然清晰可见。桥的西头是一家超市,东侧便是中大街。这里是连接东西市的主道,亦是自古以来最热闹的地方。如今,菜市依然围着桥的东堍向北延伸,这里似乎还能见到清代新埭文人俞金鼎笔下的情形:"鱼虾蔬果竞肩挑,尽日喧阗源会桥。"站在源会桥向北望去,但见一座石拱桥卧于不远处的河道上,它与两岸林立的民居及天空的闲云一起映入水中——天蓝着,云白着,瓦灰着,古桥安静着,不觉怦然心动。那便是北太平桥,是古镇上至今保存完好的清代单孔石拱桥。

据《新埭镇志》记载,太平桥建成于乾隆三十五年(1770),俗称北栅桥。桥南侧已是宽阔马路,人车川流不息,猛一望去显得突兀,倒也便于查看。桥额上刻有"太平桥",两侧刻有简单纹饰。拱肩处设有花纹图案的横系石一对,两侧各有两对盛开荷花式样的遮联石,遮联石下镌有阳文楷书楹联,站在马路上极方便辨认南侧联,西为"连东西为一脉",下联没入路基;东为"衍南北之长流",下联也丢失在了路基。俞金鼎曾有诗云:

细流落北港分支,北太平桥浅水湄;
闻说纤痕在磐石,巨船行过是何时。

如今,河水寂静无波,这河道少有船只经过,唯有那桥墩处依稀可辨的拉纤走道，仿佛才是最忠实的记录者，铭记这里的河流曾经是怎样的湍急。

与太平桥建于同一时期的青云桥，俗称南栅桥，故与太平桥又合称为新埭姐妹桥。位于源会桥南侧，东西向横跨于落北港南端的南栅港上。只是桥在维修，东西两岸被建筑物围得严严实实，难见真容。正遗憾间，小街对面的小屋内，一个穿米色夹克的大叔，笑吟吟搬出一个简易自制竹梯供我们攀爬。俯瞰桥面，石阶均有深浅不一的开裂，甚至有的已彻底碎裂。据说这并非自然风化，而是太平天国时期，为阻止太平军进镇，石阶上用火烧而形成。这座历经沧桑的三孔石拱桥，虽不能窥得全貌，但换一种角度时，似乎也有不一样的启示。当我站在高高的竹梯上，眯着眼睛在耀眼的阳光里用手机拍下满目疮痍的石桥时，费师傅正走出中大街的老宅，去往老街上逛一逛。

谢过热心的大叔，跨过源会桥，走向中大街及东大街方向。午后的人们开始在沿街的小店铺里打着麻将，或喝上一杯清茶，和街

在源会桥上远眺太平桥(沈海涛/摄)

坊聊着天，抑或不急不躁守着小摊。我拿着攻略，沿街踟蹰张望，海涛挂着相机，两人看起来便显得突兀。一处沿街的三层旧式民居引得我们驻足，楼下开着美甲店，门牌显示：东大街沈氏民居。在153号的门牌前我有些茫然，这里曾经是俞氏建于民国时期的四埭宅院，五十年代改为新埭医院，并建有医院职工宿舍，如今，大门紧锁，连医院和宿舍都已经搬迁而去，仿佛一切都不曾发生般清寂、漠然。

每日都要巡街的费师傅，就是在这个时候遇见了我们，他走上前来问："你在看什么？"

"看看老街、老房子。"我如是说。

他热情地报出一串名字，我连连点头。

于是，他又问我："有看过我家的老房子吗？"

我茫然："你家是哪一个？"

"费宅。"

"没有哎！"

"你有兴趣的话，我可以带你们去看看。"费师傅热情相邀，我和海涛便欣然前往。

原来，费师傅家的宅院门就开在那三层楼的沈氏民居附近的弄堂内，而临街的二层小楼毫不起眼，临河的三层老屋别有洞天。跨入朝东的侧门，就见一处天井和堂屋，抬头便见到抱头梁及穿插枋上的浮雕花纹，稍有烟熏的痕迹。费师傅的妻子笑笑说："我们常在这里做饭做糕点，所以有点熏黑了。"费师傅向我们介绍，祖父先建造了临街的二层楼，后来开店挣了钱，就在后面造了这个三层楼，那是1936年的事情了。跟着费师傅攀上木质楼梯，他为我们打开了一扇镶着彩色琉璃的木门，展示他精心珍藏的老家居。最先夺人眼球的是那保存完好的老式雕花架子床，镂空的木雕几近完好。费师傅介绍说这是祖父的婚床，而梳妆台、藤编提篮、斗柜、书桌、三联橱均是老旧式样。他打开雕花三联橱，中间镶嵌镜子，背后居然贴着一张不知什么岁月的红纸，纸上密密麻麻写满了家族里出生孩子的生辰八字。纸张与木板早就黏合成一体，至少有七行用毛笔书写的字依然不曾褪色，且字迹潇洒、俊秀，颇有风骨。起头是"甲寅年"，第八行之后似乎不再用墨，字迹漫漶不清了，似有"1962年"的模糊痕迹。从前常听老人说，旧时代里人们都会把孩子的生辰八字写于橱门后，而真正看到却是第一次。这张年代久远的纸，仿佛是一个年迈的长者，无论孩子离开多久，走出多远，记忆却从来不曾丢失，坚如磐石，再难相忘。

　　费师傅夫妻俩与我们再次聊起镇上的老宅，听闻有些宅子我们不得其入，便又主动提议让费师傅带我们去碰碰运气。于是，我们重新回到后新街，得以进入周宅和徐宅。两处其实都修缮一新，徐宅尚未开放，费师傅特地介绍那砖雕仪门是最有看头的老物件，而我还踮起脚尖，仰望屋脊上那四个造型一致，尾端翘起的动物，猜测是不是鳌鱼？而周宅朝西的侧门开着，门口挂了居家养老中心和新时代文明实践站的牌子。天井开阔，二层楼高大轩敞，两侧厢房外侧墙开着一溜排的民国时期风格的木质窗户，有半圆形水泥窗罩，颇有趣味。费师傅对这里的一砖一瓦、一步一景，皆熟络于胸，颇有耐心地与我们相谈。旧屋前，年代久远的砖石上，在秋风送来的一阵阵桂花香里，我有了一种置身于陌生岁月里却又似曾相识的感觉。或许，那是某种出发时刻，是镌刻在像我这样喜欢溯回于时光之中的人的骨髓之中。

　　我们与费师傅道别，目送他背着手昂首阔步走向古镇的深处。

洲泉：一篙江水到洲泉

"洲团千市集，水绕一清泉"，说的是桐乡西南，与德清、余杭接壤的洲泉。过去，人们爱用"走到天边、难到洲泉"来形容洲泉距离县城的遥远。低洼的地势成就了洲泉水流交错成网、湖荡星罗棋布的典型江南水乡风貌。

七千年太远，我对洲泉的兴趣是从南朝梁天监二年（503），一座叫人善寺的古寺庙的建立和宋室南渡后桐乡历史上第一位状元郎赵汝愚开始的。

九月的天气，热浪作了收敛，再加上几场台风尾巴的过境，正是出行的佳夕。从衣柜里翻出一条几年前的旗袍，暗哑的咖色缀着水墨的花鸟图案，如一幅绢本宋画，比起年轻的王希孟画下富丽堂皇的青绿江山，我还是偏爱含蓄沉着的表达，喜好大概与年龄有关。

从转角的"车站商店"拐入镇上的南市街，新街的气息渐渐淡去，一种素朴而凝练的旧日情愫逐渐浓郁。小街的尽头便是东西流向的市河，翠绿的香樟栽满河岸，河埠连着岸上人家。如今河水静流，再无舟楫和桨声欸乃，过去的烟火归于沉静，好在还有那些小楼。

眼前杨介角路，永安桥畔就有一座二层木屋。老屋临水，屋前廊房、美人靠、条石帮岸仍在，依稀旧日枕水人家。屋前挂有"杨介角吴宅"文保牌，墙基上刻有字，竖为"堂吴界"，横字不清。据说，这里旧时是杨姓聚居之地，故又称杨家角。至于吴姓，则是洲泉镇近千年历史上绕不过去的一个大族。

　　洲泉吴氏，人称"洲泉千年吴"，是一个延续了两千多年的耕读世家，自西汉文帝时期迁居洲泉，至今仍有余脉可寻。吴氏一族中最有影响力、成就最大者当数明清易代时期的吴之振。吴之振出生在洲泉，大约在顺治六年（1649）其九岁时，因父病故，母范氏为安全计，即"携孤播迁"，自洲泉迁往崇德县城。吴之振死后葬在了洲泉祖宅官房埭西侧学字圩。吴之振是清初时期的藏书家、诗人，诗学宋人，且不拘一家，《清史列传》有云："康熙初年，山林诗，之振最有名。"曾与吕留良、侄吴自牧合编《宋诗钞》，收录宋诗八十四家，共一百零六卷。自然亦有描述家乡的佳作，反映桐乡一代田园生活的《课蚕词》《种菜诗》被世人推崇。吴之振也是个乐善好施的人，康熙十年的江南大旱，灾民流离，他施粥施药，育婴恤孤，架桥修路，赢得乡间美名。与激进的吕留良相比，他显然是个温和派，改朝换代下的普通百姓，各有各的选择，退后几百年再看，也仍是各有千秋。

　　在并不长的杨介角路上来来回回地徜徉，巨大的榆树枝繁叶茂，几乎撑满了楼前的河道，两岸均不见人影，仿佛是一场静默的无声电影，唯有阳光在树隙间跳跃。

　　八十多岁的吴老伯是我们随后在河东路88号弄遇见的，他话语很少，内向而温和，打开自家从祖父时期就留下来的百年老屋，随我们参观。天井进深浅，一株他亲自栽种的橘树，青绿的果实满满登登。屋子很大，堆满了木条，似一个木工房，旧式木匠的家什一应俱全，墙上挂着十来把大小不一的锯子，左右两张木工长凳上，刨子随意摆放着，刨花还没来得及抹去。吴老伯微笑解释："我喜欢弄这些。"儿女早已有了不同的生活，老人守着一辈子不曾离开的家园，物件有时候是比人类更长情的陪伴。老屋对于一个八十多岁的老人来说，显得大而凌乱。二进的院子里，一大缸雨水倒映着青绿树荫，似乎暗合着与旧屋老木头的肝胆相照。

穿过屋内的长廊，出了侧门，吴老伯领我们去看东侧更大的一座宅院——金隆门。老屋大门紧锁，檐下横梁、木撑、额枋及木门无不雕刻精美，显示着主人的审美与经济实力。只是如今已经人去楼空，亦不知里面是如何光景。据说从前茂林修竹，石峰茅亭可与黄叶村庄（吴之振所建）相媲美。

绕过金隆门气势不凡的院身，是一长长的杨家弄，洁净的巷子空空荡荡，两边是延绵的老屋，略经修缮。有节奏的铁器打击声从巷子那头由远及近，随之就见一个戴草帽的身影挑着担迎面走来，那声音正是从他手里传出。男子走近，憨憨地笑了，露出洁白的牙齿，从容地说："卖麦芽糖哦！"我们用镜头对着他，他依然不慌不忙，气定神闲交身而过，那清脆的打击声，很长时间都在我们身后回响，像一场不肯散去的告别。

杨家弄列的河东路卜，排着几个新修的店面，"吴公和油坊货栈"，小小的招牌，背后却是洲泉镇上一段恢宏了一百三十多年的榨油业史。

杨介角（张嫣/摄）

明清时期，江南小镇的榨油业十分发达，一个叫吴石琴的徽州人，于道光六年（1826），在洲泉买下一个濒临破产的小油坊后另取了商号——公和油坊。自此公平买卖、和气生财，到了光绪年间已俨然成为洲泉首富。吴氏一族亦是人丁兴旺，连聚居地也被称为公和里，穿行而过的小浜也被称为公和浜。民国时期，中国的民族工商业迅猛发展，吴氏油坊也达到了鼎盛时期，除了洲泉，石门、崇德都开设了油坊，成为杭嘉湖地区首屈一指的榨油企业。然而，巅峰时的荣耀依然逃不过没落的悲壮命运，1947年2月11日的《新洲泉报》在头版的显要位置，公布了一条油坊宣告停业的新闻。吴家子弟亦四下散去，末代东家吴菊生有了一个富贵如云的开端，逃不过穷困潦倒的结局。小小的招牌，孤零零对着曾经泊满了各路船只的市河，偶有镇上的老人经过，才会对它若有所思，年轻人心中早已惊不起一丝涟漪。

不知道是不是风水的缘故，"千年吴"吴尔埙一支在明末清初及从安徽迁徙来的吴石琴的后代，皆不约而同选中了位于河西岸南首，那里也有一座"永安桥"，三孔石板，以至于我们把两座永安桥差一点混淆。桥面铺了一层水泥，两侧有铁制的栏杆，桥头的一丛木槿花开得热烈。桥下的湖面不再有往日繁忙的小舟，唯有马鞍石埠保存一丝昔日的荣光，至于岸上的一排旧屋，部分山墙已呈颓败之势，或索性倒塌了事。但从老式的窗口依然能见到不肯离去的老人，他们缓缓地翻弄着一条丝绵衣，一株比她们更老的香樟树寂守在河岸。这里在十九世纪初，即有画师埭的名称，如今门牌写着蔡曲画，又名蔡家桥。

现在，我们要在河西寻找那个叫"生贤里"的地方。这贤便是赵汝愚，宋太宗赵光义八世孙。赵汝愚的父亲赵善应随其祖父赵不求建炎期间自汴京避至洲泉，赵汝愚即出生在洲泉。虽为皇亲国戚，但到了赵汝愚这一代已经和平民百姓差不多了，一样要走科举之路。赵汝愚少有大志，常说："大丈夫留得汗青一幅纸，始不负此生！"后来，他用实际行动践行了自己的人生格言。

"生贤里"现在被写成"圣贤里"，空寂幽静，仿佛是被整体遗忘，属于南宋的气象显然早就荡然无存。据说在明代嘉靖年间，赵汝愚的故居还坐落于此。

被称为"丛林巨擘"的祇园寺旧址也应不远，从在路边见到"祇园路"名时就开始搜寻那座唯一留下的半截石桥。

祇园寺在建成的南梁天监二年（503），是为大善寺，是桐乡境内最早的寺庙，直到宋大中祥符元年（1008），始称祇园寺。和所有的寺庙如出一辙的命运，几千年来兴盛与衰败往复，或被载入史册，或在坊间流传。而与我，只想看一看那半截依然不肯退场的桥身，触摸一丝丝真相。

我们在河西的老式弄堂与新屋间寻觅，小桥暂时不知去向，旧屋墙上的字迹依然清晰可辨，旁侧的新式小楼里有溢出摇滚的音律，自在飞扬。

一位老人家在我面前停下了脚步，她热情地询问我可需要帮忙。老人一口方言，我有点拿不准"祇"的洲泉发音，好在老人极有耐心，很快恍然大悟，指了路，又不放心，自告奋勇带我们前往。老人家皮肤呈古铜色，有一种常年劳动的健康体态。当她眉目慈祥，笑容温和地一边走一边和我淡然叙述自己三次成为童养媳定居洲泉的简单过往，我被她依然饱含的乐观与知足所感染。每一个渐渐老去的身躯里都蕴藏着一段悲欣交集的过往，就像每一座被时光抛掷的小镇，都值得被惦念。

在一块竖起的塑钢板的后面，终于见到了这座祇园桥。桥的一边紧贴着楼房的外墙，另一侧已是马路，只露出桥拱的一点弧度。一对古朴的桥耳石，桥石上有一些字，但很难辨认。桥其实很小，极简，在任何江南水乡你都能见到这样的桥，但此刻显然意义不同。那座纵横一千五百多年的寺庙，尽管已经烟消云散，但因为有了这座桥，似乎与现在依然发生着连接。在时有时无的阳光里，在孩子路过的懵懂与老人的热情叙述里,我们迟迟不肯离场。

水乡洲泉,过去人们出入唯舟是行,自然桥梁也多,虽已今非昔比,但也仍值得一看。于是,抱着随缘的心态,出了小镇,驶向村庄,沿途循着河流,欲见古桥。白鹭随着路边一大片鱼塘的出现成群结队地飞翔,它们白色的身影在水面掠过,停驻在堤岸或树林里,天色一片瓦蓝。车里流淌的是《天鹅湖》的音乐,车外除了水塘与白鹭,就是绿色的田野和寂静的乡村小路,两边的行道树笔直修长,心情极是松快活泼。

"看!有桥!"路过一条横跨的宽阔河流,我侧头看到不远处的水面上,静卧着一座单孔石拱桥,蓝色的苍穹下,两岸绿树掩映,有着古朴而又优雅的气度,是惊鸿一瞥的喜悦。

倒回到东边的村庄,车子停在鱼塘边,我们向简易房里的主人询问,可否有路到达不远处的石桥。那人看了看我的旗袍,稍显犹豫:"路不好走。"我望了望鱼塘尽处的那一片墨绿树林,满不在乎:"能到就行。"

于是,我们穿过这片鱼塘,很快进入高处的密林,其实并没有路,荆棘灌木之间有一丝人走过的迹象,在艰难行进中,湖水盈盈的光亮在低处。好在,路并不长,很快就出了密林。东侧桥基完全被杂草覆盖,野草漫上了石阶。桥的西侧有一简易小屋,紧锁着门,似为一座小庙,因为屋外摆放着铁质的香烛架,石阶上还有几支不曾燃尽的红烛,桥下有石碑——万年桥。这座明万历年间就有记载的石桥,距今三百年前又重建过。过往的数百年里河宽水深,百舸争流,人们逐水而居。如今,村庄却已经越退越远了,以至于,我们来见它都找不到一条清晰的路来。桥旁树木枝丫纵横,遮挡了观桥视线,但也为我们在浓烈的阳光里辟出一丝清凉。端坐于树荫下的横石上,极静。风从四下拂来,轻柔拢住了身,阳光在岑静宽阔的湖面闪着耀眼的光斑,没有舟船行过的湖水,静待着水鸟带波斜飞归来。

返回的路途虽然做了些调整,降低了难度,但依然没有路可循,直到终于踩上平整的泥土脱离荆棘时,才有脚踏实地的轻松。当我松了一口气,抬头仰望一群白鹭从密林中腾飞而出时,同伴也随后站稳了脚,上下打量了我一眼,嘿嘿一乐:"刚才,我想到一句昆曲里的唱词。"我抚了抚旗袍的褶皱,笑问:"是啥?"

"荼蘼抓住裙衩线……"

车子驶向更多的村庄与河流,东西向横跨山塘的三环洞桥是下一个目的地。然而,到了才发现,桥头尘土飞扬,乱石横卧,工人们在脚手架上劳作,桥显然正在维修。桥堍的庵内正在进行着一场热热闹闹的佛事。虽是如此,但其三孔石拱造型仍在,望去依然雄伟、壮观。长61米,中孔净跨径14.6米,两边孔净跨径各有8米的气势,果然可与王江泾的长虹桥相媲美。拍摄到古桥修缮的一面,仿佛自己也参与了这一次改变,忽然也有一种别样的寻桥滋味。

离三环洞桥不远处是晒头浜,去看长宁桥。这座保存完好的单孔石拱桥,建于咸丰年间,过去人们叫它"环桥",朴素而形象。桥的一头有一排民居,密集的狗吠声叫得我心头直颤;另一头紧密的屋舍似已废弃,颓废而幽深。几棵香樟树密密匝匝的枝丫覆盖住桥与河道,只有一片光影不知道是透过哪一处的缝隙投在了斑驳的旧岸上,落叶稀稀疏疏。过去,这里也曾人舟往复。如今桥下的水似乎已经断流,水中也再无舟,看不到一个字的桥联,显得越发寥落。桥似一个安时处顺的女子,静悄悄隐于宁静的乡间,在桥上久久凝神的我,不知不觉有了一种惺惺相惜。

这一日的寻访,最后来到众安村的淳安桥。在桐乡的古桥群里,它是地理位置最特别的,是唯一一座地跨杭、嘉、湖三地的旧石桥,成为三地分界的标志。

到淳安桥时,夕阳的余晖正落在桥头的那一棵枣树上,这是桥南首的余杭界;桥北正对一座颇新的仿旧小平屋,桥堍有小型香烛架,这里是桐乡界;再往西约四百米则是湖州德清县了。这座四百年历史的古桥，见证了世代以来三地村民风雨同舟、和睦相处的生活。我们有了闲情逸致在南岸桥边的凉亭内打开茶盏，注入热水，青绿的龙井在白瓷盏里舒展开，一股清香拂至鼻尖。

当余杭的奶奶牵着三岁的幼童，与我们在凉亭中闲聊时，北岸洲泉的村民正走在回家的路上。

我们饶有兴致地沐浴在夕阳里，看四下的田野、湖水、房舍与古桥渐渐融入暮色，等夜晚的星星闪烁，然后在静得只听得到风声的乡野散步，晚归。

后来，过了几周，是国庆长假，又去了一次洲泉，这一次想要去看的是野菱滩，位于洲泉镇域的西端，与它一水之隔的是余杭。

"野菱滩"只看字面，便觉有一股《诗经》的气质扑面而来。果然，在突然风起，还偶尔飘着细雨的早秋去见它，更觉得"野"了。大小不等的漾面被时宽时窄的堤岸分隔，在你不确定延伸的小径最终会指向哪里时，忽而又遇见一宽阔的湖面，或者密林，或者一处小岛屿，也或一处村舍，笤花隐隐开了起来。树荫婆娑，湖水重重，总觉得要迷路，遂又见一处开阔。极少的人，即使人多也不怕，进入野菱滩，就被树林水漾分流开，总有属于你的一片草木。

城市的循规蹈矩和精致周密在野菱滩的天然与静谧中黯然失色，原野与草木，才是我们的出发地，也是我们的温柔乡。我和同伴相约，再来洲泉，看四时的野菱滩。

乌镇：江南几度梅花发

水乡乌镇，历史上是浙江、江苏两省，嘉兴、湖州、苏州三市和桐乡、崇德、秀水、乌程、归安、吴江、震泽七县的错壤之地。宋元丰年间（1078—1085）编修的《九域志》中记载，乌程县有乌墩镇，崇德县有青墩镇，乌镇、青镇仅隔一水，名虽分二，实则一体，故有乌青镇之称。至民国年间仍分乌、青两镇。直到1950年4月，两镇合 ，定名为乌镇。

乌镇是典型的江南水乡，从西南来的水穿镇而过，流向东北，水路四通八达，是历来的水利枢纽。

已经记不清去过乌镇多少次了，这一次是因为蝶庵说："有机会去北栅，那里有一座旧屋你会喜欢。"

镇有东、南、西、北四栅，西栅与东栅自是那闻名遐迩的皇冠，北栅像是蒙了尘的珍珠，寂寂无闻。

壬寅（2022）年初五，立春第二天，阳光初显，温度有些低，与友人约了去北栅，想去寻寻蝶庵说的老屋。卖鱼桥下，沿着岸边围墙漫无目的地寻游。旧屋破败而荒凉，但院内的香泡树却不管不顾旺盛生长着，举着累累硕果从矮墙内探出。小路狭长，走着走着便开阔起来，见到河水也拐了进来，这是一个叫"转船湾"的地方。

河埠设置紧密，顺着河岸的走势，是两排夹成直角的大屋，观音兜、雨廊保存完整，只是屋门紧闭，状似无人居住。有热心的阿姨上来与我们闲聊，这片老屋的主人应是一百多年前沈姓的水果大王。老屋的外形完整，石库门依然是旧式模样，砖石垒砌的三四级石阶已被一百多年的岁月打磨润泽，适合悠然独坐。转船湾的时光是舒缓的，连见了生人习惯喊叫的狗狗们也是温柔的，遇见我们有一种意外的羞涩。

绕至屋后，打算进入渐渐密集的居民楼，沿着小弄向前，一阵似有若无的暗香此时渐渐逼真起来。只见路边的小院内，年代久远的观音兜院墙，似一块灰色幕布，布景上盛放着一株高大的梅树，那满树密密匝匝的花蕊，开在旧式高耸墙院下，犹觉妩媚可人。走至树下，见落梅砌下，零落尘土，沁人心脾的香气更是拂了一身。在这个盈满花香的路边空阔小院内，无主的蜡梅寂寞开着，与我们却是一场动人心魄的邀约。"爆竹一声除旧，桃符万户更新"，别人所见的场面是热闹的、喧嚣的，也是繁暖的。可梅的清冷独绝，是春光盛景的卓尔姿色到来之前的预兆，它短暂的灿烂，意味着岁月需要更久长的等待，才见其夺目芳华。梅花独妍，那梨白桃红的春日便也将不远矣。

走至卖鱼桥的对岸，有老的电影院，赭红色的外墙上是文学巨匠、乌镇名人茅盾1981年题的字。这座已经被闲置的影院又不知道留有多少小镇青年的青春记忆，而那些曾经意气风发的青年，如今或许就是那些迎面走来的落拓中年。席行弄的老屋，大都敞开着木门，似乎在等待我们的不期而遇。老式自行车随意安放在院子的窗台前，石板上青苔绿深了门户，偶有一缸寂寞雨水，照进屋檐下的简易木雕。无人的二楼天台，晾着床单，爬山虎爬满了屋墙，此刻应该还在沉睡。

十点半的光景，八十九岁的陈师傅已经坐在他的屋子里，一个人对着一桌子菜，咪起了小酒。隔壁是一幢二百多年的大屋，如今开着一家粮油店，伙计们还在忙忙碌碌，门口的小黑板上用白色粉笔书写的粮油信息，字体潇洒利落。想起从前乡村学校里老师的漂亮板书，以及一小段简素时光。当光阴挑拣、浓缩成某一种印记或者表达时,似乎又品味出另一种新的味道,一如我现在面对那无人看顾的院墙上恣意生长的劲草,有充盈的生命力。陈师傅早年是码头的装卸工人,如今听力减退,与我们闲聊的是随后进门的他妻子。一九四九年之前,夫妻俩就以每月一升米的租金租住在这里,竟然一住就六七十年。

辞别依然在咪着小酒一脸惬意的老人,去往对岸询问蝶庵描述的旧屋。小街前有热心的青年,但不知图片所示"河西122-7"的位置。蝶庵又在微信里补充道:"我之前看到门口有'乌镇文化站'的字样,你再问问。"于是,关于"乌镇文化站"的出处,我们又尝试与当地青年或者看起来更年长些的人询问,答案都是茫然。后来,有人随手一指,我们索性不管不顾向前走去。

楝树果沉甸甸的桥头,我们又到了河的南岸,渐渐离热闹的街市近了,误打误撞了一座单孔半圆形石拱桥。便是那明宣德年间由镇人浮澜先生出资独建,故名浮澜桥。桥北塊见有浮澜桥弄,只是桥在正德年间重建后改为福昌桥。据1996年版《桐乡县志》记载,现桥为清乾隆四十五年(1780)重修。眼下桥额上的阳文"福昌桥"字样依然清晰可辨。桥面两侧设长条石护栏,间隔望柱十二根,上有形态生动的石狮,默然伫立了数百年小镇光阴。桥两侧的桥耳与遮雨石上刻有简单的花纹,两副阳文楹联字迹依然可读上一读,东联为"烟色霏微诗情画意",而西联则是"百业舟航气吞万里",是江南水乡人民生活立业的完美姿态。而如今,古镇已经有了新的功能,连桥也有了新的使命。年轻的姑娘穿上盛装,妆容精致坐在桥台,对着镜头巧笑倩兮。而年长的居民,穿着居家服饰,胸前的围兜尚未取下,昂首阔步跨下桥头,或许炉灶上还小火焖着一锅红灿灿的羊肉。

老屋还未问到,羊肉也未曾入口,倒是坐在薄阳下的岸边,喝上了一碗鲫鱼豆腐汤。蝶庵在微信那头继续帮我们指点方向和位置。

饭后穿过人群渐渐拥挤的街道，看过一些似古非古的石桥，如艾略特在《情歌》中"街连着街，像一场冗长的辩论"那样，我们穿行而过，渐渐回归到寂静处。经过一片拆迁平整中的土地，有摇摇欲坠的半爿土墙在早春的风里顾影自怜，我略带同情地打量，终究回不到过去。路又窄了起来，一条老街在视线里渐渐明朗，那起头的墙壁上，赫然写着"北栅非景区　游客慎入"。

北栅老街就这样，如一个个繁体字般，带着属于自己的江南古意和独有的结构，向我们呈现一个原汁原味的古镇气象。

此刻，它是安静的，即使有行人也是匆匆。行过一幢幢紧挨的旧屋，那老式理发店的门半开着，门前的煤炉正缓缓等待一壶水的

北大街122号（张嫣/摄）

沸腾，斜对角的小小杂货铺里，阳光落在木质的廊柱上，凌空的圆形夹子夹着长长短短的鞋带，主人却不知去向。路过北栅粮仓的旧址，在廊下埭遇见活泼的孩童，他们风一般的欢乐是古街萌发的另一种温情。

导航似乎显示我们要找的老屋就在附近，但却没有了路的指向，扑朔迷离之间，有个老人指了指我眼前的老屋，抬头见到门框上有"北大街122号"门牌。向里望去，很是开阔的厅堂和天井，将信将疑走了进去。果然，正是蝶庵推荐的老屋，庭院深处，有民国风格拱形建筑，如他描述那般完整而又寂寞，那些繁复精美的木刻与色泽如新的民国红砖结构，静默在自己的秘密里。显然，曾经的北栅也有过人间繁华，而今似到了暮年，但时间依然咀嚼着那些不曾完全丢弃的过往，在这些旧式建筑里一切似乎又可寻觅。在北边墙上也揭开了我的一个谜团，只见墙上另有一块门牌写着"河西122-7"，显然如今已经不再使用，叫我如何去寻它？

沿着寂静的老街，随性走着，偶尔遇到一个举着相机的年轻人。总有些人会把目光投向热闹背面，在生活的本真里，依然能荡起涟漪。

在204号的石库门前驻足而观，只因那紧闭的院墙内，再现了一株盛放的梅树。那一树的盛开高高越过院墙，在浅浅的阳光里，上演着一场如火如荼的花事。穿过曲折的小弄，出外已是一片田野，另一株梅树从背面的院墙内探出。一个老人守着另一座孤零零的旧屋，神情有些木然。我们想要打听一些旧屋的消息，老人喃喃自语，苍老的年月中，似乎正在掩去另一段记忆，正如眼前破败颓废的高墙，只剩下凌寒独自开的梅树，似是他们的青春往事。

又回到204号的院墙外，我们无法知晓这庭内落花谁是主，没有主人的照拂，那梅树开得热烈，仿如一场寂寞的狂欢。清浅的光阴里，还有一株茶树的芬芳，以及那低处苔痕上的阶绿，而这时候，刚刚够冲泡一盏古树滇红。这款已经绝迹的滇红，来自老友几年前的馈赠，因为稀少，每一次浅饮我都觉得是一场没有归期的别离。白色的茶盏铺开在石板上，琥珀色的茶汤入口醇厚香气绵长，一时间茶香、梅香萦绕，不觉是为了故人来。

后来，我们又再次来到那座老屋，这一次终于遇见归来的主人——魏医生。她热情地与我们这样陌生的过客交谈，经历了时光的沉淀，在带着往昔的故事片段里，庭院变得越发深沉。魏医生在这里已经住了几十年，老屋是夫家的产业，她为我们解释："红色拱形建筑正中雕饰为'河仙'，被损坏的砖雕花纹是'龙凤呈祥'。"

魏医生带着我们进入后院，一个小屋内供奉着佛、道的小像，香炉内香灰满溢，显然是经常光顾。慈眉善目的魏医生精神饱满，七十四岁了还在做着牙医的营生，带着我们走出边门，指着一片大火烧弃后的瓦砾惋惜："这里原来是个当铺，被一把火烧了，幸好防火墙坚厚，不然这幢老屋也要遭殃。"

瓦砾后是一片茂密的竹林，幽深而寂寞，与清寂的老屋有着相同气质。魏医生带着我们又复回到过堂，指着二层厢房一排排紧闭的木窗，向我们介绍："过去的雨天，丫鬟们就在这厢房里绣花，有馄饨担经过的时候，她们会放下篮子，买上一碗馄饨。"我仰头看着紧闭的窗门，仿佛那里依然有着明媚的少女们，叽叽喳喳挤在窗口，喜气的脸颊上还带了点婴儿肥。

关于"乌镇文化站"的谜团，也终于被解开。原来在古镇大肆修建之时，老屋的木门就被征用，取而代之的便是这不知从哪里移过来的毫无美感的玻璃门，被带过来的"乌镇文化站"的字就成了一个似是而非的指引，叫人摸不着头脑。

与人们渴望新生与改变一样，也总有人与时光静守，于缓缓打发的日子里结了疤，留了印，与身边的老物旧事相亲。

浅浅的日光，把影子拉长投射在北栅这座空寂的石板路上，在风开始转凉前，起身归程。

瓜村：诗人浅尝愁滋味

春到江南时多雨，谷雨前夜，一场春雨于时梦时醒中潺潺了一宿。

早晨六点多，子仪就在微信群里纠结："雨下得大，余杭计划还继续吗？"我推开窗，站在十四楼的阳台眼目所及均被烟雨笼罩。湿漉漉的空气里，低处岸边柳的一抹抹新绿迷离间仿佛跃进了湖面。雨密密麻麻叩击着窗台，叮叮咚咚响成一片。

打开手机，显示雨似乎能在十点左右有百分之五十的可能停歇，遂打算去碰碰运气。

"去吧！"我说。

4月19日，这是陈梦家出生的日子，2020年正好一百零九年。很巧，这一天也是枫的生日，如今他一个人在遥远的德国继续学业。因为这场突如其来的新冠肺炎疫情，他不得不一个人守在屋子里，有一年不曾见他。去岁和子仪等三五好友去了苏州大学（景海女子师范和东吴大学旧址）及双塔，读陈梦家的诗。这一次，我们计划前往余杭寻找一个叫"瓜村"的地方。

中华书局出版的《梦甲室存文》一书中，《你披了文黛的衣裳还能同彼得飞》是陈梦家在1930年5—8月间与方玮德、方令孺之间的来往信件，在陈回复的第三函里，他这样写道：

我从杭州一个荒山里正好要回上海。住得太闷，要死，五日五夜只是向天发愁，那里太荒凉，没有声音。早上，一点新的气象流来，上帝，我笑了。先是一种预感，在晚上我顶害怕，帐子掉下来几回。正好一辆汽车停在这蜿蜒的山道上，我哥和姊夫来了，我们赶紧收拾起东西，催促年老气喘的父亲回上海。可是他，太酷爱这荒村，不满十家人，他自己偏要受苦，这是命。病得太凶，我一个人守着他，整天整天的怕，没法。

信是在7月13日的杭州城站候车时所写，第二天到了上海的天通庵，他又继续写道：

怎样回家的，昨天从杭站有信给你九姑，写得潦草，心太乱。父亲病的太凶，只喘气，一个儿子的心纵有多大难受，放在暗里不说，对于年轻人因病所生的幻想是多近多可怕。幸而一切都好，回到家叹一口气，放下心，我只能喊天。乡下五天五夜的惊惶中无限的空漠，火热的天，原野不见一根草的摇动。蓝的天，黄昏时候苍白的火云，夜里那永唱不息的一种鸟，月亮更显得凄凉。一个庞大的空屋子里，有鬼，时时提神着。两个跳的心，父亲呻吟，我害怕。天一亮，又太寂寞了。

跳动着一颗敏感而寂寞心的青年诗人，显然并没有爱上这个荒凉的村庄，连名字都不曾落下。后来在他的弟弟——中国水文地质事业开创者之一的陈梦熊院士《我水文地质之路》一书里，终于有了一点蛛丝马迹：

我的父亲因为身体不好，经常去莫干山或者杭州附近有个叫瓜村的地方避暑疗养。他去的时候总会带上家里的一两个孩子。我的几个哥哥都曾经陪他去养病。我二哥陈梦士图画画得很好，回来以后他就画瓜村的水彩画；我的三哥陈梦家文笔很好，也曾经写过陪父亲疗养的旅游见闻。

无缘得见陈梦士画的瓜村，子仪也曾询问过陈梦熊老先生的儿子陈泽行，有关瓜村是否有多一点信息？我们仅仅知道大概是在良渚西侧的地方。在地图上搜寻，果然有个地名叫"瓜村"，隶属于余杭，位于良渚西。

一路上，我和子仪交流着陈梦家，不知不觉窗外的平原移换成了丘陵。两小时后,我们按照导航停在一个叫"石濑村"的村委会附近。此时,我们居然拥有了那一半的好运,雨堪堪停歇了。

这是一个紧挨着104国道线的集镇,农贸市场与村委会比邻,热闹非凡。有些茫然,要如何去寻觅那荒凉和古旧?两个外乡来的父子清冷孤寂的五天五夜连传说都不会提见,更不要说是历经九十年的光阴。

村委会的宣传栏里有一张网络支部分布图,赫然有"瓜村"二字。打算去碰碰运气。

从村委会向东行不过数十米,就见沿路的门牌上有"瓜村"。一个着工装的中年男子正在门口,即信步上前。

师傅姓盛,祖辈生于斯,我们向他打听从前瓜村的情形。盛师傅说从前这里人家少,村也不大,几百米就走完了。后来三个村合并在一起,有了如今的规模。他以为我说的从前大概是二三十年前。我说:"是九十年前。"盛师傅有些茫然,但很快有了回应:"九十年前我是不清楚了,不过,我们这里有个家庙,倒是有一百多年了。"我和子仪立马就两眼放光,催促盛师傅带我们去看看。穿过三五排挂着"瓜村#号"的农家院子,朝北拐入一个里弄,再行数十步,就见两幢农家小楼间有一处低矮的四开间平房,屋后有一片郁郁葱葱的竹林。屋门紧闭,透过窗户,能依稀见到屋子内有暗红色立柱和木质建筑。盛师傅很是自豪:"这些木头可是好东西,很老了。"我和子仪都有些小兴奋,虽不能入户一窥究竟,但均一致认为,此瓜村即是彼瓜村,且当年让陈梦家寂寞而惊惶的某个大屋,就应该在这几百米的范围内。这里海拔并不高,却又有山遮挡了风的吹拂,原野的草停了摆动,七月的盛夏的确有火一样的热,守着气喘的老父亲,定是闷的叫诗人发愁。

家庙斜东,一颗巨大的香樟,黝黑苍劲的枝干擎着油亮亮的一大片绿叶覆在了农家小院的屋顶,天空依然有着浓墨的雨季云。"这棵香樟树有一百多年了呢。"顺着我们的目光,盛师傅又主动介绍起来。子仪浮想联翩：这么大一棵树，陈梦士的画里说不定就有呢。画是无缘得见了，我们挥别热情的盛师傅，朝着香樟兴冲冲而去。

这树扎根在老国道的路基边，树牌明明确确地告诉了我们它在这里的岁月：175年（2018年立）。竟然有这样的古老啊！足够遇见那颗律动的诗心了。此刻树下的杜鹃花正开得热烈，红艳艳一片。我想，那五天五夜里寂寞的诗人，或许也曾在这棵树下逗留过吧，为他遮一遮这火热的骄阳，陪他看一看黄昏的火云和树隙间的月光。

香樟树再往东，几幢小楼错落有致排列在山脚下。山坡并不高，有大片大片竹林，修长峻拔，正是"竹怜新雨后"的翠竹青青时。依稀望去有林间小路，遂抬腿上坡。置身这雨后修竹间，泥土散发着潮湿的清香，青色的竹节有透明的雨滴不曾落尽，竹梢挺拔直指苍穹。我正陶醉期间，忽听子仪惊呼："看，这是啥？"

只见离脚边不过二三步有一竖立低矮灰白石柱，上有字："良渚古城遗址　谷口高坝区。"呀！我们连连惊呼，竟然有这样的巧遇。

二十岁的新月诗人不会想到，三年后他会渐渐进入古文字的世界，而五年后，他会为自己作"七年写诗的结账"，从此全身心投入古文字、铜器的研究，进入一个更广袤古老的世界，横溢的才华向世人系统展示这几千年前尘封的记忆。他曾经无意间驻足过的这片土地，也是在这一年开始闯入人们的视线。一个有着五千多年历史的古城，将被唤醒，成为考古史上一个里程碑式的发现。如今的良渚地界，更是受人瞩目。

1930年的初夏，玄武湖畔的金色黄昏里，年轻的诗人陈梦家经方玮德与方令孺初次相遇，诗人鲜活的生命力，给九姑（方令孺）空漠的生活里，投入了涟漪。对生命的热爱和对文学的情有独钟，他们有了愉快的交往。5月17日的雨夜，变化无常的江南天气，诗人没有一点点兴趣写诗，觉得时间被荒废。困顿而不安的诗人一个人出了门，那些熟悉但此刻又显得寂寞的景致，不知不觉又令他顿入回忆的泥沼：

现在我是一个人了，我记得清楚去年的五月，这五月的园子里，我是曾经触破我的手摘过一朵花给一个人的，她是走了。看到花比去年长得更好，露水又新鲜的，虽然有点子凄凉，但不曾落泪。想到隔几天刮一阵风下大点子的雨我会快乐起来，地上一定掉满玫瑰的瓣子，而憔悴了。想到时光会使人老，使人死，真真使我畅快。一个年轻人所骄傲的是他的年纪。但年纪总是不久长的，这一点不错。

一年前的某一个小女人，在陈梦家的青春岁月里有意无意留下惊鸿一瞥，这段并不长的过往，一年后依然在诗人的文字里咀嚼。诗人总是多情而又敏感的，二十岁即已料到时光老去竟然是一种畅快，是何等的让人惊心。身边是羸弱的老父亲，远离城市的荒村，荒寂在夜晚被无限放大，七月的闷，更是无处安放诗人奔突的灵魂。回到上海后不久，他给方令孺的信中，再次提及：

"露水的早春"是一个春晨，露水挂满小园的冬青树上，我一个人走在那儿，看见白绣球树下坐着一个女人——那人我记起，曾经在深夜我一个人徘徊在这寂寞的小园中时，听见过她的情话，她的笑，我好伤心。

向年长的人倾诉出内心沉淀了一年的心伤，没有结果的爱恋，仿佛是伤疤，索性流出了脓也就慢慢痊愈了。

与陈梦家荒芜的内心不同，父亲陈金镛显然对这个人烟稀少、隐于山间的小村有着不一样的情愫。陈金镛先生1919年离开南京圣道神学院，赴上海工作。1922年担任上海广学会的编辑，在广学会文字出版事业上，走向本色化的道路。由于长期以来过度的操劳，再加上身体平时也很虚弱，与疾病的抗争对于这位坚强的老人来说，无疑是一种严峻的考验。之所以几次选择这个偏远的村庄静

上柏镇上的古桥(张嫣/摄)

修,我想和他年轻时在这一带传道有着密切的联系。十九岁的上虞年轻人陈金镛从杭州育英义塾毕业后,曾前往德清新市镇支堂(陈梦家妻子赵萝蕤正是新市人)工作。不久后打算回宁波,路过武康沙滩头镇,在一个曹姓信徒家中开设小学,招收了十多名学生,进行教学和布道,经历了三年时光。离沙镇不远处的德清上柏镇,有一蔡礼英牧师,他很赏识这个清贫而又富有才华的外乡人,把二女儿蔡灵恩许配给了陈金镛。

上柏镇离瓜村不过十公里,我们即刻又兴致勃勃踏上了寻踪之旅。

"上柏基督教堂"六个红色字体镶嵌在上柏镇大街的一幢二层小楼的二层栏杆上,玻璃窗户上贴了"神爱世人",楼顶尖竖着红色十字架。显然这是一幢新建的楼房,虽然挑了周日,但大门依然紧闭。应该是新冠肺炎疫情特殊时期的缘故。我和子仪不放弃,在门口询问,不多时一个中年男子从边房内走了出来,听起来是河南口音。男子和善,为我们打开了门,只能在小院子里观望,坚持不肯打开教堂大门。透过玻璃窗,屋内陈设简陋,摆放了十几张四仙桌,墙上有帖彩色宣传海报,依稀辨认出一张双人旧式照和几帧旧屋模样的黑白照片。外乡人对教堂历史一无所知,亦不知照片中人,在我们不断地探寻下,他拨了一个电话,给当地的一位村民。十来分钟后,当地的一位年长信徒为我们打开了门,并和我们讲解了一些简单的史实。很遗憾对蔡牧师也是一无所知,照片是四五十年代在上柏传扬福音的吴蒙恩和俞振华夫妇。据说与他们的后代尚有联系,我们又跟随这位热心的当地人,穿过整个小镇,去往他位于郊外的家中获取信息。

蜿蜒的河水穿镇而过,临水而建的各式小楼清洁雅致。远山有连绵黛影,田间视野开阔,江水澄澈,有石板古桥横卧,好一个灵秀江南小镇。

骤雨初歇的天空,此时光亮又增添了几分,我们在遗落乡野的一座古桥边顿足(据说有二百年左右)。岸边的小雏菊星星点点的白色花蕊在春风里欣快地轻摇,青苔覆在了石墩和桥侧外延的石板上,簇簇新绿总是如约而至。这宁静而美丽的春日,忽然也想和诗人一样感慨"美丽的日子静得像一只铜牛"。

郭店：四百年来藏书事

在中国的版图上，叫"郭店"的地方很多，最有名的当数湖北荆门郭店，因出土的楚墓竹简文书而享誉史学界。我要去的郭店位于江南，隶属于海宁，旧称郭溪。

想去郭店，是有一日读了吴晗就学于清华大学时编撰的《江浙藏书家史略》中提到了清代世居郭溪（郭店）的藏书家葛继常，遂有了兴趣。那日和书友丽霞聊天，她是郭店人，似乎记得老街上有一葛氏古屋，但不知是不是我所要找的葛氏。

而丽霞的父亲早年走南闯北，如今就在郭店镇解放北路上开着一家棋牌室，偶尔修修钟表，也收集一些当地风土人情，便起了心思去拜访。

那是个盛夏的日子，周老伯的麻将室，正对着大街，门口煤炉上的水壶正滋滋冒着热气。三五个老人已经散坐着，看见我们一行三人，都笑眯眯："侬囡女今朝回来啦！"丽霞一一打着招呼，周老伯穿着白色衬衫，神采奕奕，招呼我们落座。

室内一侧墙上整整齐齐竖挂着五颜六色的纸张，上面写满了工工整整的毛笔字，另一侧墙上悬挂着三个二胡。临街有个修理手表的档口，一个走路稍显迟缓的老人家堪堪握着一只手表过来修理。

也不知有没有修好手表，老人离去后，周伯看我们兴趣盎然，即从墙上取下写满毛笔字的纸张，铺满了一桌，为我们一一讲解。原来这是他自己书写的"郭溪八景"，分别是"西厢望月""井泉闻钟""雪弄残雪""河南渔声""韩弄乘凉""聚秀聚书""煤山夕照""隔池观戏",每一景下都注有一首七言小诗。周老伯眯着眼睛乐呵呵解说着这些遗落在时光里的盛景,一脸自豪。

除了周老伯的"郭溪八景"之外,在景泰十才子中占有两个名额的苏正和苏平兄弟俩均出自郭店,且才名远播。而苏平所作的海昌八景组诗里,有一首《郭溪春水》,亦是描述了郭店的风光,更是佐证了郭店曾经的辉煌:

溶溶漾漾复粼粼,碧涨前溪过雨新。

兰蕊带烟湘浦晚,桃花迎浪武陵春。

仿佛是一场文化盛宴的开启,自此,郭店走出了诸多文人才子。别说是苏氏、葛氏家族了,就连明末清初在诗词及书画上独树一帜的才女李因,也曾在郭店生活了四十年。她是明代光禄卿葛征奇的妾室,葛亦是郭溪人,葛征奇去世后,李因寡居郭店。便是范西屏、施襄夏这样的中国围棋之巅峰人物,即可让世人记住郭店。

明嘉靖《海宁县志》载,郭店为海宁四镇之一,其余三镇为硖石、长安、袁花。时郭店"日出万布",纺织业的兴旺发达,带动了各行各业的发展,繁荣至极。周老伯与我们谈起"煤山夕照",便是这繁荣景象。所谓煤山,是油坊烧煤,经年累月的煤渣堆积成的煤墩,当夕阳斜照之时,仿佛烁烁发光的乌金,成了郭店人心里的煤(梅)山。如今自然是早就荡然无存,周伯大概指点了位置。

听周伯讲着郭店的故事,走进来一位精神饱满的老伯,丽霞说他是葛家的关坤伯伯,不知道与我想要找的藏书家有没有关联。葛伯记忆清晰,亦极健谈,只是记忆到了爷爷这一代就变成了空白。在郭店,葛氏本是庞大的家族,追踪溯源是一件困难的事情。

古街上依然耸立的二层葛氏小楼,究竟是谁,大概依然是个谜。

盛夏的光阴,在几位老人的谈笑风生里,被拉长。我指着那咕咕冒着热气的水壶,不由得建议:"大家平时可以喝喝早茶呢。"几位老人笑了起来:"我们早上四五点就在这里喝早茶,到了七八点就会练练民乐,十一点开始打麻将。"我方恍然大悟,原来墙上的二胡并非摆设。这市井之中，还留着一片才气。这小镇生活，真像一饼老茶，活到深处，从容饱满之际，味儿十足，又似少年般洒然。

从周伯的棋牌室出来，顶着烈日向西而行，路的尽头，横卧着一条宽阔的塘河，路牌上书：郭溪街。北端是带转角的二层仙婆酒家，据说这里曾有仙婆桥，光阴荏苒，想来都唤仙婆，却早已物是人非了。南端，便是那二层古屋——葛氏民宅。没有任何资料显示，它究竟是哪个葛家？暑气颇盛，木屋紧闭，仿佛一个拒人于千里之外的闺秀，寡淡、沉静，全然不顾周遭世界。

葛继常，字奕祺，号梓楠，诸生，生年不详，大概卒于1849年。精堪舆、工篆刻、善山水、嗜金石、好藏书，并致力于乡邦文学，藏书楼为"石菖山房"，与管庭芬、杨文荪等藏书家来往密切。遇有前贤著述未刊者，必手录之，钱泰吉编纂《海昌备志》时实助其役。著有《石菖山房杂钞》。有致二郊手札，藏于浙江省博物馆。葛继常子葛渠，擅画虫草，设色艳丽，花鸟师法恽寿平。

郭溪街上的葛氏民居(沈海涛/摄)

165

时间再倒回去两百多年，郭溪葛征奇，号介龛，崇祯元年(1628)进士，善画山水。清军入关时忠愤所激以义死，留下其妾室李因，以未亡人称之，踽踽独行四十年，气节为人所称。

李因字今生，号是庵，本是钱塘人。流落风尘，天性警敏，喜读书。葛征奇在《竹笑轩吟草·序》中云："余偶得其梅诗，有'一枝留待晚春开'之句，遂异而纳之。"这性情清扬婉妩、又如晨露初桐的女子，很是庆幸遇见识她懂她的男子。两人时于花之晨、月之夕，或岚色晴好，或雨声滴沥，有舒心顺畅的日子，山河故在，有身边人，有热爱之事，自是人间殊胜。他们也曾"溯太湖，渡金焦，涉黄河，泛济水，达幽燕，从游者十五载"。本就多才性真勤勉的女子，又有着这样游历世界的经历，向外探视山川风物，山河着色更胜过闺思春怨，她的诗情颇具王孟山水诗情疏闲适的味道，而深得葛征奇怜重。并为她所作的诗歌选刻成集，名《竹笑轩吟草》，并亲自写序。此本后来又有海宁同邑葛征奇弟子吴本泰作序，黄裳先生更是置于箧中，并于二十世纪六十年代为其作跋。

"十里湖堤面面山，却连西子镜台闲。幽行欲接茅庵住，不在林间在水间。"这是李因早年题为《湖上镜阁同家禄勋咏》的诗句，吴本泰称其为"虽云彤管丽娟，特饶林下风气"。而李因的后半生，几乎是应验了这首诗。葛征奇归后，她故园冷落，但却守志不变，或自纺绩谋生，或以画资度日，到了晚年更是清心佛悦，长夜青灯。郭店繁盛时，僧庐庵堂，香火鼎盛，据说有四庙、七寺、八庵之多。不知道晚年的李因寄予何处草庵，抚慰着她苍凉孤寂的心魂。

江南女子婉约，有才情者更如微风疏雨，自成逸品。但生逢乱世，山河堪忧时，也不乏拥有气节胸襟的凛然女子，她们"扼腕时事、义愤激烈，为须眉所不逮"，如崇福徐自华、新塍郑静兰，以及今日探寻的李因。

李因生当明末，对国事尤为关注和忧虑，她的诸多诗句都足见其忠愤爱国之志，比如"徒怀报国惭彤管，洒血征袍羡木兰""龙钟老病又惊秋，白发常怀壮实忧。报国有心无剑术，空将时事锁眉头"。读起来有男子的凛然忧愤，回思辗转的是家国忧患，是"此生独恨非男子"的悲壮和遗憾。在郭店这个小镇上，在她饱受煎熬又矢志不渝的人生逆境之中，她流离孤寂的半生，可获得一丝安宁。

都说诗文书画，得一可霸。李因这样心系故国的女子，诗文书画皆出类拔萃，难怪，连梨洲老人黄宗羲也要为她立传。李因的画受欢迎程度，可见黄宗羲云："遂为海昌土宜馈遗中所不可缺之物，是庵亦资之以度朝夕。而假其画着，同邑遂有四十余人。"在她的时代，她的画成了走亲访友必备之物，当时居然有四十多人假冒其名，想想都觉得不可思议。难怪，黄裳先生又为其撰写跋，并誉其与徐灿（著有《拙政园诗余》，嫁盐官陈之遴为继室）为清初女史双璧。

可惜，三百多年后，她的画迹真本极少见，连她的故事也已经很少流传。

我总想着，这葛宅与她定有丝丝联系，在烈阳下，望得发怔。宅子的南边是那条叫"韩弄"的小巷，相比李因，小镇上的人们，更愿意津津乐道这位南宋抗金名将的故事。周老伯的八景里，就有小诗云："港南一片桃李红，夏日乘凉去韩弄。小孩尽拆萤火虫，老者说根韩世忠。"我在韩弄里沿着葛氏古屋的墙身向东而行，不知脚下的步履可有重逢这些故人？弄的尽头是一口古朴的双眼井，晴好的天气下，古井无波。靠着葛宅的后墙，是一个挂面晾晒场，长长的挂面，整齐挂塞在一排排杆子上，在阳光里散发出一股米面的天然芬芳。

周伯指点的"煤山夕照"的位置，如今已是一片沿河绿道，树木葱茏。新修的天通大桥上，桥面开阔，长风浩荡，暑气不经消散。

郭店向北，十来公里的位置，有一个叫"周家门前"的地方，亦是计划中的路线。

还是从吴晗的《江浙藏书家史略》中获知，周明辅，字孟醇，明季诸生。潜心经术，藏书万卷。性嗜奇好古，集遗采逸，目不暇接。自先秦以降迄于皇明，提纲挈要之书，大略完备。经营校雠，讨论阐绎，四十年如一日。

周氏为嘉兴明清望族，自宋室南渡后，先居绍兴后隐于海宁洛塘（今属海宁斜桥）。自第五十八代周明辅起，至第六十五世周金振止，传承七八代，藏书家十五六人，其中不乏名显于世者。如移居海宁盐官的第六十代孙周春，为乾隆十九年（1754）进士，从学沈德潜，与弟周莲著书斋，插架环列，卧其中三十年，博学有名于时。周春所藏宏福、著述等身，同时也是第一个研究《红楼梦》的学者，为后人记录了《红楼梦》刚问世就有《红楼梦》和《石头记》两种不同名称的抄本行世，并成为"红学索隐派"之始祖。世居周家门前的第六十三代周广业筑"种松书塾"庋藏典籍，曾参与四库全书馆分校工作，谙熟目录学，十年时间成《目治偶抄》，为时人所重。其子孙均能承守世学，而其子勋常则系为"拜经楼"主人吴骞长兄吴霖的爱婿。

周氏一族与海盐崔京录、苕溪朱长春、乌镇夏灿、嘉兴盛氏、海宁路仲陆氏等名门望族都有着姻亲关系，庞大的家族和延绵的姻亲网，使得这个家族的文脉源远流长。如今周氏一族散居全国，有《洛塘周氏家乘》传世。

周明辅的书楼，名"香梦楼"，正是位于这周家门前。丽霞姓周，据说是周氏旁支，之前亦有一次寻访经历。

午阳焦躁，蝉鸣坠地，导航把我们带至一大片荷花田后，便开始乱无头绪。好在丽霞之前有朦胧记忆，四下望去，终究找到村路边的几处农家小楼。寻到第二幢时，见门牌上写的正是"周家门前"。门口的水泥场地上,堆着数十个腌菜用的大缸,向外,覆满庄稼和野草,再外有一池塘,并不大。

周家的当家人,八十多岁的周汉臣爷爷,闻讯下得楼来。老爷子身体康健,岁月的痕迹全都藏在沟沟壑壑的面容上。

老爷子的女儿抱着刚刚睡醒的小重孙,女婿陪在一旁。我搬了个小杌子,坐在厅堂门口,有风吹了过来,听周爷爷讲起了家族故事。

周爷爷不识字,好在方言辨别起来并不困难。在周爷爷的记忆里,并不知有藏书家,但知道家中出了大官。从前官船来往,再换小船摇渡,经过九曲湾,才能抵达。周氏一族最早定居伊桥洛塘周家桥里,大约五百多年前迁至庆云周家门前,建周氏祠堂、北星(音)庙、土地庙,繁衍生息。周氏后族渐渐迁居桐乡、四川、松江等地,但均认周家门前为本家。周爷爷的父亲兄弟六人,有两个哥哥,一个姐姐,他是老幺,父亲五十几岁时有了他,算是老来子。十六个月大时,父亲就已经去世,对父亲几乎没有印象。据周爷爷说,周家在杭州皋亭山有祖墓,父辈时每年都会去进行扫墓,1937年是最后一次,之后再未去过。周家门前的牌坊大概于1957年左右拆除,石块被征用造了机站。

据周爷爷回忆,比自己大六岁的姐姐,小时有见过家中的楠木厅,后来被吸鸦片的堂哥拆掉变卖。周爷爷时已经家道中落,父亲唯一留下了一张老式床,我们提议去看看。那张老式雕花床被随意搁置在楼房后面披屋内,床内堆满了蚕匾。只能看得到床的正面,为红木色。床面大部分是镂空花板,雕刻着花草走兽、戏剧人物、祥云等图案,表面附有金箔,只是人物造型都被人为抠了下来,只留下一个印子,想来那原物也早就不知去向。构思巧妙,雕刻精细,但都抵不过岁月的流逝,如今被闲置在这个逼仄的小屋内,年轻人大概不会有兴趣,偶尔能勾起老人家的一丝念想。

老人的一生以腌菜卖菜为生,年轻时最远去到海盐沈荡。长年的劳作,背驼得厉害,肤色酱红,头发稀松全白,但精神头很足。时代久远,许多的故事都是来自家人早年的叙述。

在寻找藏书楼及藏书家痕迹的经历中,常常感叹于明清两代在嘉兴这样的富庶之地、便利的水路交通以及文脉的绵长,诞生了无数的藏书家、文人、名臣、大儒。在吴晗的《江浙藏书家史略》中,仅海宁这样一个县城,就拥有了三十八名藏书家。这个庞大的数字,更像是一张文脉地图,勾勒出江南文人的生活轨迹。而那些藏书家的后人,有的秉承家业,延绵数代,并传承至今,成为重要的史料来源,如海宁蒋氏"衍芬草堂";有的传承数代后,渐渐凋敝,但其藏书之丰,时不时出现在人们的视野里,是藏书家和文人趋之若鹜之所在,比如拥有"拜经楼"的吴骞;也有的藏书家后人,不再关注藏书,甚至完全不知前尘往事,被时间的洪流抛掷,过上了与先祖完全不同的生活,就像我们的周爷爷,他的女儿、孙辈与读书藏书早已甚远。

告别热情的老人,走在骄阳炙烤中,我向丽霞建议,去海宁图书馆看看《洛塘周氏家乘》,或许,那里有她关于家族的答案。

干窑：半是寥落半是忙

仿佛是一颗种子，大概是很多年前就已经种下。那时见到《中国国家地理》的专题报道，图片中窑工的坚守、码放得如艺术品般的京砖、从古窑天井的窄口射下的微弱光线，一一被吸引。

朋友禾塘居嘉善，知悉我的打算，特意帮我约了沈家窑的第六代传人沈刚。不过，他说："先带你去干窑古镇看看。"

海涛一个漂亮的侧方停车，我们已到了干窑镇的叶新路。禾塘摇着纸扇阔步向前，我紧随其后，到底，就是一条南北走向的市河。河岸开阔，香樟的树荫遮住了两岸半数光阴，对岸河埠边有人在水泥板上洗刷着床单，身后是一排二层小楼，二十世纪供销社、信用社的模样。顺着河东街向北，是颇具特色的廊棚。从家门口，延伸了几步的木质廊下至河岸，是遮蔽风雨、阻挡日晒的小镇体贴风情。小镇记忆里的童年无忧嬉戏和老年的坐看闲云，都有这样的特殊记忆吧。好像只有几步之遥，从新街到古街，就有了分明的变化，那是一种静默在时光里的闲散，但又不失烟火气的、流动着的宽厚。仿佛是逆向走在时光里，瞬间就喜欢上了这一刻的光阴。

早晨寂静的老街，一定是像我现在这样所见般被唤醒的。廊棚内半开的店门，中年阿姨睡眼惺忪地走了出来，身后是两张巨大的台球桌，令人想起每个小镇都有的不羁青年；两三个阿姨或坐或站着，中气十足用方言聊着家常，或许因为空旷，那声音远远就能听到，走近时，坐着的阿姨正十指翻飞清理着一只肥硕的鸭子；阿姨们身后的水面上，横卧着一座古老的石板桥，古桥无声，仿若禅定的老僧；桥堍下的小商店，早早开了起来，躺椅上的男子和小店铺内外的居民，闲扯着，好不惬意。

一见那桥，迫不及待上前看个究竟。

这是在干窑见到的第一座桥，以及后来所遇见的桥，和我从前在寻找古桥中所见过似乎都不太一样。这些并没有被特别关注的古桥，有经过修缮的明显痕迹。那些不知从何处运来的石块，堆砌成了桥栏、桥墩、桥台、拱券等，以至于各种各样刻字突兀地呈现在那里，成了一个个难以解开的谜。

这座被当地居民称为"永兴桥"的三孔石板桥，至少存在这里有二百五十多年，重修于二十世纪五十年代。无桥额，石梁上有粗简的花纹雕刻，护栏石为后期修建，早期应是木质护栏。在西侧桥墩上，隐约看到"永兴"字样，东侧桥墩可见"万家"等刻字。桥面有轮回图案，北侧石阶有连续几阶刻有鱼、狗等动物简单造型，年份太久，线条有些融合而模糊了清晰轮廓。桥畔生活的人，大概鲜少有见到如我们这般认真好奇，皆指着桥，为我们解释一二。桥实在是老了，从他们出生便已存在，不知不觉，人与桥皆已老去，鬓发如霜里，相守不离。

顺着永兴桥西侧姚浜路向北，香樟郁郁葱葱地掩映之下，远远眺望到另一座桥静卧在河岸上。近处两个阿姨隔着市河，不紧不慢聊着天，河岸上回荡着她们的清脆俚语。尽管，日头已经老高，小镇依然清幽，六月的晨风，酥酥麻麻吹拂在身上，天空是蓝而寂静的，像饱睡后初醒的少年。

走在长长的河岸，偶有端着洗衣盆的老妪走过，弄堂深幽，合用的厅堂，几个人守着电视机。平凡的日子，重复而一成不变，可有的时候，重复本身也是一种力量。

桥的北端显得荒凉了，荒的地、断了的半爿老屋，天空有飘荡的闲云。河水到了这里，收了身，石板桥已为单孔。依然没有桥额，有明显修缮的痕迹，两侧桥墩上有刻字，但方向别扭，竖刻横放,显然又是重修时不知从何处的古桥上拆了下来,恍然间又是数十年光阴。(后来从《干窑镇志》所见,该桥重修于1948年5月,由当地各界人士筹集白米200石)

　　东岸的农家小院内有一和善男子,握着镰刀似要出门,见我们兴趣正浓,便与我们在桥边闲聊起来。男子说这桥被当地人称为"踏扁桥"。我反复咀嚼了几遍方言,有种忍俊不禁的随意和接地气,这桥,不就是用来被过往的人踏行吗?男子说:"从前这里是从乡下到市镇的必经之路,繁华了三百年之久。过去这边到处都是窑墩,后来都拆除了。干窑,就是指当年有近千只窑,千被误看成干。"

　　正如这个男子说言,历史上干窑和千窑的确纠缠不清。干窑窑业历史悠久,《嘉善县志》记载:"宋前造窑,南出张汇,北出千窑。"干窑地名的由来,《嘉兴市志》载:"经考证,海盐干宝之后裔,于元时来此以烧窑为业,名应以干家窑为是。"在《续修干氏宗谱》曾记有干宝家族"至三十一世"在海盐半路(逻)的一支,曾迁到干窑一带生活。干宝的后裔来此定居下来后,从事烧窑制陶,干家的窑成为当地有影响的产业,从而肇始干窑一地窑业,聚居成镇。干窑窑业在晚清和民国时期达到了顶峰。《申报》1890年3月3日报道:"浙江嘉善县境砖瓦等窑有一千余处,每当三四月旺销之际,自浙境入松江府属之黄浦,或往浦东,或往上海,每日总有五六十船,其借此以谋生者,不下十数万人。"现在人们津津乐道的上海豫园的"京砖之王"、清末"金记京砖"均来自干窑。连杭州知味观、楼外楼,苏州、无锡园林,镇江金山寺,松江方塔,山东孔庙重修都有干窑砖瓦的身影,也曾一度销往缅甸。自1932年起,因世界经济不景气,国内乡镇凋敝,砖瓦需求量骤然缩减。至抗日战争起,窑墩多数停烧。抗战胜利后各方急需砖瓦,窑业又一度兴起。五十年代起,公私合营,私营窑业缩减以致消失,国营窑业兴起,土窑渐渐没落。2010年后,只剩下五座土窑墩成为

"活遗址",还在日夜燃烧。

从前河岸窑墩林立、舟船不歇的景象,如今早已不复。文字里的繁华往昔,先辈们口口相传的故事,大概只有桥下的河水知晓到底有多么悠长、跌宕。见禾塘独自站在河岸,凝望着古桥,不知他的嘉善记忆里,又落在了哪一个章节?此刻,那天色透亮、澄澈,照在他白色衣衫上,亦是表里俱静。

又回到了永兴桥下的小商店,似乎比刚才还热闹了几分。小商店后面见"薛家店"的文保碑,野草遮了大半,立柱上拉了铁丝,挂满了衣服,二层残存木质小楼,荒凉了经年。

每一个老去的街镇都有这样的小商店,过往的都是相熟的人,每日过来坐坐,闲聊也是一种习惯。躺椅上的男子,依然闲适,几个老人为我们拼凑着薛家店往日的繁荣故事。至于永兴桥,似乎是来自二姐妹的一段佳话,年代久远,无从考证。小镇上的居民又热心地为我们遥指了西南方向:"那里,有一个沈家老宅,可以去看看哦。"

位于河西街5号的沈家宅,隐匿在一排清末民初的民居间。我们甫一踏进屋门,犬吠声旋即响起,出来一对老年夫妇,面容和蔼。老人安抚了闹腾的两只狗,并为我们打开房门,随我们参观。天井阴凉,有"河西街沈家宅"的文保碑,旁栽一棵枇杷树,有不少的年份。屋虽老久,但被收拾得很干净,女主人带领我们去二楼参观。攀木质狭窄楼梯,二楼亦收拾妥帖,有旧式家具和床具,最值得看的是头顶横梁的雕刻,花卉、莲花、凤凰、仙鹤、芭蕉、如意等图案栩栩如生。只可惜,被老人家的亲戚用绿色的油漆涂刷得有点不伦不类。站在仅存的北侧二楼走马堂上,看窗外瓦片,与女主人闲聊。见青砖的侧方有字显现,似"潘乾泰"依稀字样,问女主人,亦茫然无知。沈家宅目前有三进,后面有一披屋,过弄的瓦片稀松,撑了木柱加固,有光线顺着缝隙泄了进来。雨天,或许也有雨水渗透,老屋听雨,想起余光中的散文:"雨打在树上和瓦上,韵律都清脆可听。尤其是铿铿敲在屋瓦上,那古老的音乐,属于中国。"

告别沈家宅热情的主人,阳光已显焦灼。禾塘神秘地说:"带你们去看一口老井。"在错综复杂的小弄里转得失了方向,终于见一座建于二十世纪七十年代的影剧院。不知何故,那井就凿在影院门口。电影院早已歇业,井的外缘砌成六角形加了盖,打开后,见井水差不多到了井口。

再往北走,见一古朴的石板小桥,石阶两端与民居紧贴,一侧护栏上挂晒着两床被单,上有"红卫桥"白色小瓷石镶贴的字样。巨大的香樟横过了桥头,我们坐在桥下的河埠上隔岸眺望,那半爿倒塌的屋墙,斑驳的光影浮漾其上,树杈上有衣衫在风里轻轻摇荡。刹那间,听得禾塘叹了一句:"断井颓垣。"大概是树荫、微风、晴空、古桥、河水以及寂静无声的蛊惑,我竟然在那一瞬间觉得他轻哼的字里,有他作为昆曲资深曲友的一种意象。原来姹紫嫣红开遍,似这般都付与断井颓垣。其实,美从来不是无暇,残缺更像是生活的真相。此时,扛着单反的海涛从桥上经过,桥下的我们与她隔空相望,互为风景入眼。

返回的路上,见对岸的一处民居拆了大半,只剩下一片高墙,工人们正热火朝天忙碌中,不知是拆还是重建。禾塘隔岸就忍不住喊了过去:"你们是在拆还是修?""是修!"工人们笑呵呵回复,问者仿佛松了口气。

终于是要去看一看古窑了。走在善江公路近北环桥处,就能隔河清晰见到对岸的古窑,只见那形状正如当地人所言"干窑大包子"。"大包子"似有三座,顶上均有黑色烟囱,天空是纯净的蓝,绵白的云任意飘荡着。

下了公路,沿着河岸往里走去,农家小院寂静无声。田野路边,有各色波斯菊在夏风里轻轻摇曳。见一座单孔石拱桥,东西向,有石碑显示:北关桥。桥堍,瓦砾残土和粉色的波斯菊一个死寂，一个娇艳，任君自览。

北关桥建于明万历年间，二十世纪五十年代重建。好在，这一次，阳文楷书的楹联除了东面上联已毁，其余几处均能清晰辨认。只见西面楹联上下联为"南北方舟通万里，东西任辇乐千秋"。桥顶栏板石外侧刻有"北关桥"字样，阳光耀眼，辨认起来稍显吃力。桥面有八卦浮雕，有八个望柱，刻有简单线条。桥顶，可供人闲坐的石凳与护栏石相连。骄阳下，我们也颇有兴致坐上一坐，望一望河道，遥想窑业鼎盛时期，舟楫繁忙，两岸川流不息的人群。

在干窑，有河流有桥，定会有窑吧，我这样想。好在，这一次，那窑还在，去见它毫无阻碍。

那窑，有自己的姓氏，是为"戴家湾窑"。1920年由实业家戴补斋兴办，当时名为泰山砖瓦公司（泰山砖瓦厂），原有占地二十六亩之广。我们进入第一个窑的入口，无人。有自然的光线从头顶瓦片的缝隙和挑空处射了进来，圆形的门洞往里，洞口似填塞，恰有余温未散，顺着头顶的光线，有白烟缓缓蒸腾。那时，我们还未知，这里正有烧制完成的窑，进入浇水期，等待冷却出窑。只觉青砖、古窑、明亮光线和白烟袅袅，组合成一张传统的墨色中国画，颇觉合意。

在我们不停追逐那些白烟流动时，禾塘很无语地从隔壁跑来召唤我们。进入第二个窑口时，就见那窑火正热烈地燃烧着，操作添柴的是一名略显年长的女子，姓浦。浦姐是本地人，一名老窑工了，有着明媚笑容。听她介绍，今日是烧制窑的第四天，窑温随着时间慢慢递增，从目前的二三百度，会达到八九百度甚至上千度。整个烧制时间她会参与十天，窑火二十四小时不能熄灭，有三个人各守一班，进行轮换。停火五至六天，需要浇水降温后才能出窑。

在我们的身后是一架长长的砖梯伸入另一个门洞，洞里逼仄昏暗，那是与我们前面所见窑相邻，因合用一个窑屋而取"和合窑"之名。所谓"和合"之意，即希望子孙后代永远和睦相处又能共用窑屋。建筑时省地省材料，烧窑时，一窑的余温可以被另一个窑所利用，从而省去预热的燃料，经济而和美，真是智慧之作。

浦姐不停观察着火势，手脚麻利不断向窑中添置小木块和木屑等燃料。嘉善本土的木材业极为发达，木材厂的边角料和木屑成了最好的燃料，取之不竭。铁锹在火焰中翻搅，像行为艺术家般，浦姐为我们展示了火星四溅的场景。那迸溅的火星，在空中交织飞舞，又瞬间湮灭。

在我们的啧啧赞叹中，一个工人正淡定地在我们身后搬着泥坯整齐码放。他大概有五六十岁的样子，看似轻松的动作一气呵成，其实，那泥坯应该至少有三十多斤重。从取土到制坯，到烧制，再到出窑、打磨及泡油，才能完成一块京砖的制作。过去，以上的工序需要经过数十名工人辛辛苦苦的工作一年多才能完成，且一个窑的产量也就在七千块左右，其中还有一定比例的残次品。故而在明代，民间有"一两黄金一块砖"的说法，京砖也亦成了"金砖"。经过不断的改良和人们环保理念的重视，如今的女窑工，也不再是《竹枝词》所描述的"货船泊岸夕阳斜，女伴搬砖笑语哗。一脸窑煤粘汗黑，阿侬貌本艳于花"。但，那份辛劳，依然如斯。

杏花烟雨的诗情画意，一川烟草满城风絮的惆怅，与眼前的炙热火烤和不分昼夜地辛劳，皆是江南。从滋润的泥土到黛青色京砖的铸造，是层层递进的蜕变，创造者的艰辛，旁观者无法感同身受。

另一个窑工在窑口外的一处简单棚户内独自打磨、切割着烧制完成的青砖。后来，我们又攀上窑墩外窄小的台阶，至窑顶。过去，挑水工走这样的台阶，担水而上；如今，顶上有一风机正在运作，边上置有水管。想来，如今窑工们已经不再需要人工担水来降温了。

从戴家窑出来，在乡间拐了几段，遇见一"龙珍小店"，据店主龙珍阿姨介绍，这小屋有一百多年历史，而她在这里守店亦有五十多年。小店门口的连廊,有长条石、木质护栏和长凳供人就座,一个老人在门口的长条凳上颔首静坐。禾塘操着他的嘉善方言与当地的阿姨聊着天,海涛专注摄影,我靠着木质护栏,任凭田野的风吹过脸颊,看对岸的波斯菊在阳光下艳丽摇动着,时间似乎慢了下来。

午后,禾塘带着我们拐上了黎明村河边的栈道,去那里看仅存的几座废弃的窑墩。午阳灼热,我们的兴致也依然不减。那些窑墩散落在河的两岸,与附近的民居紧密相贴。昔日繁忙的窑墩,如今都成了一个个失了记忆的混沌老人。它们残破的身躯,或被野草覆盖,或被老树支离,或在仓促间被瓦砾、庄稼填塞;青红相间的砖瓦裸露在蓝天之下,无声无息。收起的繁华往昔,都被风吹散在田野里,只剩下这荒凉的骨骼,静静倒映在水面,与之相伴的,是年复一年的翠柳。

有狭长的绿荫走廊,遮挡了全部暑气,顿生清凉。凉亭内小憩,禾塘指着不远处的一顶朴素石板小桥介绍说:"那座是石人桥,几十年前从里泽拆建过来,不知道为何出现在这里。"桥是真的简陋,但有"重建石人桥"的清晰字样,两边也有简单雕饰。桥的对面就是一个寂静的农家二层小院,院门紧闭。明晃晃的骄阳下,我有些异想天开,它们也曾有月桥花院,两两相望的静美时分吧!

后来,我们走过大片田野,来到急水港上的澜翠桥。人世间,总有些美,是经得起岁月蹉跎和时光抛掷的。它们有静笃的气场,即使山河纵横,它依然可以静默持恒,等候海棠的每一次初醒。眼前的澜翠桥便是。

这座始建于康熙二十八年(1689)的单孔半圆石拱桥,历经嘉庆九年(1804)和光绪二年(1876)的重建,如今,人们依然常来常往。农舍几乎贴到了桥墩,东西桥堍均设有五级石阶下坡与乡间道路相连。桥两侧拱券旁对联石上阳文楷书楹联依然能辨认,遮雨石、桥耳、八根望柱均雕刻纹饰，图案风格相近。桥顶圆形轮回图案。最让人惊奇的是桥东侧平台底部，见一碑刻的局部，顶端有"双龙戏珠"纹饰，纹饰下风化严重，露出的一小截凹型上的碑文极难辨认。据说，这块碑原有高0.8米，宽0.6米，可能刻有"大清康熙二十八年十二月吉日告成鼎建"字样。几百年的光阴，被土地一再吞噬，如今，漫漶不清。有些过往只能想象，就像当年占地二十六亩的戴氏泰山砖瓦公司（泰山砖瓦厂），厂部据说就在澜翠桥西北角小浜。百年已过，却难再拼凑过往。当我从戴家窑出发来到这里时，只觉沧海桑田，大抵如此。

在干窑的旷野和乡间行走，与阳光和田野的热风随行的，可能是散落村口的破败老屋，蓬勃的构树一次次探出脑袋，它们随势而上，萌绿和灰黑，野蛮生长与颓败成鲜明对比。也有可能是田野里孤立的碉堡，它们一个个隔着土地互相守望，坚硬而笨拙的身躯，一再提醒江南有过的伤痛。

来到治本村沈家窑时，如双子星座般的"和合窑"一个窑火刚刚点燃，地上堆满了松枝、长条木材及木屑，这些大有讲究的燃料将按照需求被一一推入窑口燃烧。而另一个窑口打开，里面灰暗不清地堆满了正准备出窑的烧制完毕的京砖。头顶的天窗，有白色光亮，正是那年《中国国家地理》上所见。

七十四岁的沈步云，至今想起二十多年前，他时常独自站在已有三百多年历史的沈家窑窑墩前，那些翻来覆去的沉思，依然历历在目。作为沈家窑第五代传人，在有记忆时，就离不开窑，十七岁后，他便从事京砖烧制业。曾经辉煌的乌桥沈家窑业，出产过大小京砖、小瓦、瓦筒、瓦当和平瓦等。经历过特殊历史时期，一度改变了所有权，传统工艺流失，除了平瓦，再无其他。世纪之交时，经过沈步云的深思熟虑，他终于在众人的不可思议中，筹集资金四十八万元，买回了沈家窑的所有权。彼时，他并未知道，窑业的未来在他和他儿子沈刚的手里得到了空前的发展，不仅让祖传的窑

沈家窑(沈海涛/摄)

火不曾熄灭,甚至因为古窑文化而让世界了解干窑。

在沈家窑主人沈刚的办公室内,听他讲起家族故事。沈家窑的所有权归还沈步云之后,古老的窑场渐渐苏醒。凭着过硬的祖传手艺和坚韧毅力,度过刚开始的困难时期,逢古建筑修复业的渐渐兴起,像古董一样的干窑京砖逐渐成为抢手货,沈家窑也获得新生。沈家窑被全国各地的摄影师青睐,凭着窑墩独特的光影和造型,获奖无数,沈家窑也声名鹊起。烧窑的核心技术,如今依然是沈步云掌握,他话语不多,说起干窑镇河西街5号的沈家宅,原来也是同宗。在老沈的记忆里,干窑镇上曾经窑墩林立,沈家占有量最大。五十二岁的沈刚,接触烧窑也已经有十五年,说起技术核心,他坦言自己依然需要依靠父亲。2005年4月,沈家窑被列为第五批省级文物保护单位,是干窑窑文化的标志和浙江省手工业作坊的历史性代表。2009年,京砖烧制技艺成功列入浙江省非遗普查十大新发现,列入省级非物质文化遗产名录。

如今,沈家窑每月出窑二次,每次出产京砖一万块左右。说起窑业，沈刚依然是一个"苦"字。关于祖业的传承，对于尚在读初二的儿子，亦完全是个未知数。作为手工业作坊的继承一直都是艰难，窑工的年龄也偏大，数量也在锐减，时代在变革，未来总是要来。

在沈刚精心布置的非遗体验厅内，有沈家父子精心收藏的年代久远的古董级砖块瓦当，亦有沈家窑出产的精美京砖，引人注目的是特别烧制的"建党百年砖"。墙上挂满了以沈家窑为创作题材的国内外获奖摄影作品，见证了沈家窑的成长和蜕变。作为传统手工艺的一场艰难跋涉，沈家父子走出了载入史册的步伐。

告别沈家父子，五点的光线开始变得柔和，适合去看古桥，无比执着地想去。那座桥叫晋贤桥，当地人叫亭子桥，只是去寻它颇费周折。

也许日新月异的村镇生活，河岸上陈旧的古桥作为功能已经不再被人们所需要，以至于我们问了许多的老人家，指向皆扑朔迷离。最后，我们的位置在康明路的一片管桩水泥厂区，迷失方向。兜兜转转，再次询问到一名传达室的老人家，他的表达略显迟滞，我勉强听懂是往前到一条大马路下右拐，但需弃车，那边在拆迁。

车子再次向前，穿过一个十字路口，又是一片厂区；再往前果然有大片土地在做拆迁后的平整，工程车扎满路边；再往前果然有条横卧的宽阔马路，车子遂停了下来，前路有不知深浅的水坑和开阔野地。弃车后试着朝西走去，并没有见到河流的迹象，眼前是望不到头的正在修整的土堆。有些不确定，我试图向更远的地方望了望，"看，那里，真的有座桥。"斜对角的田野深处，一座石拱桥孤零零耸立在夏之夕阳里，我禁不住狂喜。

目测到的远距离和路途的未知，迫使我们放弃直接从这里徒步的方法，重新计划沿着河流的方向，迂回前往。车子折回再次探寻二次无果后，最终停在直线距离最近的一个垃圾处理站门口，对面似有通往前的小路，但路口被两扇铁门上了锁。

不放弃的禾塘，往里望了望，果断地说："可以进。"居然从门外侧的田边闪身进入，原来这是一道虚设的门。

欣喜若狂地疾步走在这条意外获至的水泥路上，势要去追赶那即将坠落的夕阳余晖。水泥路的尽头是一片田野和庄稼，桥，已经越发的近了。提心吊胆跨过一个颇深的沟渠，横过荒地野草，终于见到了古桥的真容，在刚刚好的夕阳里。

不知是因为寻找不易，还是因为一日步履匆匆后终于缓了下来，或者是这旷野里茕茕独立的古桥本身的寂静之美，只觉心生欢喜。

此刻，在夕阳的柔波里，桥被镀了一层金子般的光泽，时光也温柔了下来。从它在这里时，亦是有过小桥流水的春日迟迟和人间烟火的车马喧嚣，此刻，离人索居，彻底被遗忘在旷野里。没有一条清晰的路指向它，大概也没有人如我们这般坚定地奔向它，甚至没有人为它立下桥名，悄然无声地独立于天地间。像一个不肯老去的迟暮美人，执着而颓唐地坚守在故里。

桥身已呈破败之势，野草穿透了高低不平的石阶缝隙，不管不顾地生长。对联石上的文字已被抹去，没有桥名，连同忘记的似乎是它的前世。我蹲在桥堍下的荒地里，执着地瞪大眼睛想要寻到一丝痕迹，那桥券上，依稀雕刻了莲心、水纹等纹饰，有上下两层。古桥的身影跌入清澈的水中，仿如美人揽镜自照。

此刻，我已深知这并不是我们要找的亭子桥，它是无意闯入我们的视线，却成全了此刻奔波后的舒缓。有些欢喜，是在时间之外的。丽日晴天后的收纳，更像是一场岁月沉淀后的优雅老去，朝飞暮卷，百般经历后析出坚挺力量。一座桥的山河岁月，有时超过了它的本来意义。

我和海涛在桥下痴看着，着白色衣衫的禾塘缓缓登上桥顶，在我们的镜头里，被夕阳晕染了一身的素静，似醉人的旧光阴。

在西去的夏日暮色里，吹着寂寥而悠长的清风，这一日的寻寻觅觅，定了格。

后来，禾塘查了志书的记载，关皇桥，位于干窑镇东约一公里，南北向跨越在小窑港东端。此桥始建应在明代，清康熙年间重建。

"干窑，我还会再来。"我对禾塘说。

崇福：烟月不知人事改

光绪三年（1877），石门知县余丽元，请帑修建的司马高桥落成不过一年，正踌躇满志呈请重修倒塌的西城门城垣，却万万没有料到，因两个压解进京的人路过司马高桥，彻底颠覆了他的命运。这是被后人称为清代四大冤案之一的杨乃武与小白菜案，我们小时候戏文里经常会听到的故事。这桩案件发生在余杭，经余杭、杭州府屡次审理屡次翻案，扑朔迷离。杨乃武的姐姐上京控告，十八名浙籍京官联名上奏，最后慈禧降了懿旨命浙江巡抚杨昌濬提集全案人证入京，交给刑部审讯。杨乃武与小白菜一路坐船经运河北上，当时的过境知县大都虚应一下放行，余丽元亦不例外。谁知道后来奇案得雪，浙江承审的官员均受到了处理，余丽元自然不能幸免，被削去官职。此时，距离其重建这运河上的高桥也不过一年光景，谁能想到，命运如此离奇，好在被殃及池鱼的知县是个豁达之人。倒是这见证悲喜的古桥，每日枕着滔滔的运河水，兀自风流。

我是在一个阳光极盛的早秋上午，来探寻这古桥的。

"司马是个人名吗？"同伴胡晨好奇道。"非也。"站在古桥河岸近距离端详桥联的我，摆手道："有一个说法，司马是一个官衔，中国古代司马为夏官，掌军政和军赋，后为兵部的名称。这座桥原来叫南高桥，重建时，知县得到兵部库银的支持，故取名为司马高桥。"

后来，我在翻阅沈惠金老师专门撰写的关于司马高桥得名究竟是不是余知县得兵部所支持的一文中，经过沈老师抽丝剥茧般的史料佐证，司马高桥的建造和命名时间，应在万历三十八年（1610）以后的三十多年期间，比余知县早了两个多世纪，自然因兵部出资建造而得名的说辞是以讹传讹了。眼下，这扑朔迷离的名讳虽尚无结论，但也正是因为这份神秘，为古桥更添了一份看头。

司马高桥的位置大概位于崇福镇城南，隶属桐乡，南北向跨京杭大运河古道。崇福历史悠久，我小时候常听老人称之为崇德。春秋时崇福为吴越边界之地，称御儿、语儿，五代十国时的后晋三年（938），置崇德县。康熙元年（1662）避皇太极讳，故改为石门县。民国初又复称崇德县，镇一直为县治，直至1958年撤销崇德县，并入桐乡县。"文革"期间曾一度改为红卫镇。在成为司马高桥之前，古桥在明洪武年间即已成，清乾隆十四年（1749）重建，同治三年（1864）兵毁，才有了光绪二年（1876）余知县的重建。

《宋史·地理志》有记载，崇德"地有布帛、粳稻之产"，正是它作为稻、麦、桑主要产区的精准注解。尤其在宋室南渡之后，崇德为大运河流经之地，离京都临安又近，官吏和世家迁居崇德附近者不少。桑林稼陇，四望皆沃土的崇德，手工业者和商贾也随之汇集，遂日渐繁荣，成为江南有名的市镇。前些年，和父亲聊天时，才得知当年奶奶离开从小生活的苏州，义无反顾跟随爷爷来到海宁乡间，居然有十年时间与亲人互不往来。直到后来奶奶的弟弟从苏州登船后沿着运河一路寻来，在崇德上了岸，才最终打听到奶奶的讯息，被割离的亲情才再度续延。于是，崇德与我有一种特殊的情缘。更不要说，二十岁那年同窗四载的闺蜜正是分配在崇福医院，我时常会在工休时间来探望她，崇福又有了属于青春的记忆。

在成为司马高桥之前，南高桥在明洪武年间即已落成，距今足有六百多年的光景了。此刻，秋阳正浓，司马高桥却有着意料之中的寥落，两岸鳞次栉比的民居悉数人去楼空，古桥像一个佝偻老人孤寂地耸立在古运河之上。梧桐、香樟、构树及不知名的灌木均野蛮生长，窄巷之中孩童的嬉闹再不可闻，唯有寂静的风依然执着地吹过。是那贴在墙上的旧日店名，还在默默陈述着昔日的繁荣。很少有船打它身下经过了，尽管它是桐乡市京杭大运河上原有的十八座古石桥中仅存的一座古石拱桥，作为一座桥的功能它正在渐渐地褪去，而作为一段历史的钩沉和见证，它却显得越发弥足珍贵。晴日之下，草木纵生，人烟稀至的古桥岸边，我谛听到的是繁华落尽后的寂静，数百年的光阴，记住它的仿佛只有古运河里经年不息的流水。

东侧桥联的南端紧贴河岸，抬首间就读到联石上的楷体阳文："白栏依雉堞情深秋水溯伊人。"据说作为上联的北岸应是："碧浪驾舆梁事隶夏官资共济。"只是探寻不易，但也不妨碍遐想，原来余知县也是在这样秋光潋滟的晴好之日，溯水望伊人。比余知县更执着的是桥顶四角望柱上的两对石狮，风雨日复一日侵蚀着它的肌理。从过尽千帆，到人迹罕至，仿佛不过是一场春日快梦，就算几幢现代化的高楼从旧屋后突兀拔起，石狮亦不曾抬一抬它的眼帘。

它是也想着过去，是在等晚村先生夹着书本披发佯狂踽踽独行而至的吗？是在等那对油纸伞下着麻布衫的朴素少年相携朝三香吟馆疾步而去的吗？年长的是陈万青、年幼的是陈万全吗？哥哥即是高中榜眼后授翰林院编修，纂修《四库全书》《永乐大典》等大型书籍，又历任乡试、会试同考官及陕甘学政。至于弟弟得二甲一名（传胪）后至兵部侍郎，皆是好儿郎啊！似乎还在等，那星夜下匆匆而来的女扮男装的人影是秋瑾吧！这里有她志同道合的挚友徐自华、徐蕴华姐妹，二人以三十两黄金相助起义军饷，并受鉴湖女侠重托身后之事。或许，还等过康熙二年（1663）四月的那场盛事吧！那个立于船头微仰着头，饶有兴趣一睹两岸风光的落拓身影不正是梨洲老人吗？此刻，他是要去赴晚村先生之邀，共同书写一场诗酒唱和、编著论学佳话的吧！

我站在司马高桥上，远望横街方向，竟然也等不及了，下桥疾步而去。

　　过新式春风大桥,见运河水长,浩浩汤汤穿桥而去。下桥,左侧即见"縣街",半明半暗的光线铺陈在旧式的巷子里,穿行其中的我时而兴致很高在明暗之间迂回。从角门偶有出入的主人,或许相遇的地点还有可能是在羊行弄、保安弄、西寺弄、立总管弄、庙弄、横街……

　　东西走向的横街与各条巷弄之间形成鱼骨状的建筑格局,前店后宅的传统风貌保存完整。有劳作的人影正在堂前敲打着磨具,偶尔抬一眼遇见我们好奇的目光,又波澜不惊低下头去。屋前废弃的水泥槽里,随意扦插的碧草,在阳光里绿意沉沉。至于低处颇有创意的塑料水壶,被抠出的规整破口里,蒜头正探出好奇的幼芽,等西北风起时蒜苔早就亭亭玉立,一碗红烧酥羊面里,它也是要隆重登场的。转角处一簇簇盛开的一串红此刻倒显得庸常了。

　　街弄一条条紧挨着,细长的立总管弄是因为陈万青、陈万全兄弟而被后世记挂。当年兄弟二人从寄宿的南门会馆到西寺去读书,

横街(沈海涛/摄)

走的正是这条巷弄,二百多年过去了,人已非,而物尚在。比陈氏兄弟早一百多年走出这个江南小镇的,是横街上另一座古宅里的劳永嘉,明万历进士,官至山东布政使。这坐北朝南前后三进的院子,后来在民国初年成为地方名绅徐乃宣的住宅,他的长女是徐力民,曾在此办学,她嫁给的那个人,你一定听说过他的故事,他叫丰子恺。

丰子恺与徐力民是1919年完婚,婚后一个月徐力民就跟随丰子恺移居上海。1927年秋天,丰子恺在上海自己寓所,接待了已在杭州出家多年、如今法名弘一法师的昔日老师李叔同。也就是这一年,一个婴儿出生在徐氏崇福老屋旁的程家,他叫程庆国,1993年当选为中科院院士。而当我在灼灼的阳光里默默端详着四进的古屋,不禁异想天开,这位后来的桥梁结构和铁道工程专家,不知道是不是因为幼时对家乡司马高桥的记忆过于深刻,才有了这番情有独钟。

古屋自然没有答案,待到西横街保安弄22号,又一个家族的历史,引人顿足。这座孕育了吴滔、吴衡、吴徵、吴彭一门四画家的庭院,依然故在。老屋边的细窄巷子里,光阴摩挲过的石板路上,细小的青草从缝隙里探出绿意,衬得巷子越发幽静。那个与吴氏祖孙三代均有着深厚情谊的吴昌硕究竟有没有来过呢?我寻思着,在被誉为"海上四大家"之一的吴徵的画幅里,这古屋是不是也曾被铺设在山水墨色间呢?

走到"待雪楼"前,三进的灰白院墙略显老态,屋门紧闭,杭州名士孙元培撰文并书丹的《待雪楼记》砖刻,据说依然嵌于楼下拈花吟馆墙壁上,自然无缘得见。想来,在这深锁的院落里,一百八十多年前,那对酷爱金石和诗文的蔡载樾、蔡锡琳父子,定然是如蒋宝龄所书"任渠风叶扑窗寒,坐拥群编地尽宽。未老已闻从仕懒,爱闲益信在家安。交情郑重诗能见,雪意殷勤岁欲阑"这般广结文友、吟诗唱对、淹雅好古。那个晴烟坠地的冬日午后,振衣而上的清雅书生，不正是嘉兴新篁清仪阁张廷济吗？

狭长的横街空空荡荡，或许，一场热闹是在"兴乐茶馆"的老式茶桌上徐徐展开。不过如此多的故事，一杯茶大概只来得及一个开场。

看不尽的古屋深巷，在正午的秋阳里，我仿佛沦陷在一场寻幽的电影里，一幕幕纷至沓来，又一场场悄然隐去。古镇的人们在自己的时光里，习以为常，而我却在别人的故事里亦步亦趋。

其实我还有一个更想去的地方是庙弄19号，那是徐自华、徐蕴华姐妹的旧居。

徐家为簪缨世家，祖父徐宝谦光绪庚辰（1880）进士，官至安徽庐州知府，父亲是国学生。徐自华生性敏慧，嫁南浔梅家儿郎，婚后七年，夫亡。寡居。南浔富商张牟群创办浔溪女学，聘请徐自华担任校长一职。清光绪三十二年（1906）二月，经嘉兴褚辅成介绍，秋瑾至浔溪女学任教，两人一见如故。经秋瑾介绍，徐自华与妹妹徐蕴华加入同盟会。

秋瑾不久后就离开南浔，徐自华因父亲病重也辞去职务回家侍奉双亲。徐父病故后，秋瑾闻讯前来崇福吊丧，并在徐家留有半月之久。在得知秋瑾缺乏筹办《中国女报》资金时，姐妹二人变卖部分家产凑足一千五百元，送达上海，资助办报。五月下旬的一个夜晚，女扮男装的秋瑾再次来到崇福庙弄19号，一场腥风血雨的革命蓄势待发，谁也没有想到这是姐妹的最后一次相聚。徐氏姐妹再次倾囊相助，当三十两黄金交到鉴湖女侠之手时，她脱翠镯相赠留作纪念，并约定莫忘"埋骨西泠"之约。

当鉴湖女侠英勇就义的噩耗传来时，徐自华悲痛欲绝，笔墨之间全是悲恸："过从夜半叩柴扉，握手心惊瘦若斯。痼疾愈深嗟乏术，重衾犹冷泥披衣。热诚爱国遭诬易，公益忘身力疾归。凄绝一声依去也，至今耳畔尚依稀。"

这世间，总有一种情义是山高水长。在桐城吴芝瑛的资助下，徐自华、徐蕴华姐妹数次往返绍兴，冒着危险最终把秋瑾的灵柩从绍兴荒山偷偷移至西泠桥边安葬。徐自华撰写墓表，实现对知己的承诺。

失去至交的徐自华，投身民主革命，她和妹妹腹有才气，同时为南社的重要女诗人。为承秋瑾遗志，在上海创办的竞雄女学，徐自华受邀担任校长十六年，并在秋瑾之女长大成人后还其予校长一职，并归还了其母亲遗物——翠镯。1935年徐自华病逝于杭州秋社，两年后归葬孤山。一对真正的生死之交，完成彼此的重诺，得以"埋骨西泠"，此后经年均能相对于西湖山水。青山碧水的绵长之中，最重的那笔永远是人间至情至性。

正午的阳光此刻悉数辐照庙弄，我从庙弄1号开始细数，居然数过了20号，就是不见19号的踪迹，来来回回数次，仿佛人间蒸发，我错愕在阳光里。15号附近的小弄处有围了篱笆，一层房舍正在修葺，难窥其容，想来这就是那历经风雨，见证三位杰出女性情义的小楼了。绕至后弄，一座新修的房屋挂着"伯鸿城市书房"的匾额，正呈邀约之势，信步推门而入。书房内鸦雀无声，高挑的二层庭院内设有蒲团和矮桌，四处沿墙摆放了数个满柜的书籍，一对母女正坐在回廊上，各捧着书本安静阅读。"真是个安静的去处。"我和同伴克制着声响，相识一笑。"总有一些安排是恰到好处，比如此刻窗外的晴好和屋内流动的寂静时光。"我踮起脚尖隔着窗棂望着那处正在修缮的房舍，不禁想。

崇福的故事里，还有一个人的名字是无法不提及的，那就是吕留良，号晚村。在紧按着司马高桥的中山公园内，还立着1933年10月蔡元培先生为其题的"先贤吕晚村先生纪念碑"。

吕留良是明末清初杰出的学者、思想家、诗人，康熙年间拒应清廷的鸿博之征，后削发为僧。后又隐居吴兴讲学，子弟众多，提倡反清复明，成为一方大儒。其死后，曾静读其书受其影响颇深，于雍正六年（1728）策动川陕总督岳钟琪反叛，被告发下狱。雍正十年（1732）吕死后四十九年被剖棺戮尸，著作焚毁，子孙及门人等或戮尸，或斩首，或流放宁古塔，惨烈之状列为清代文字狱之首。

有关吕留良各种版本的故事在世代居民中流转，崇福至今有留良村，在我小时候懵懵懂懂的记忆里，女侠吕四娘怒斩雍正替祖父吕留良报仇的故事，常听不厌。在同为嘉兴人金庸先生的武侠故事《鹿鼎记》里是以吕留良见黄宗羲和顾炎武开场的。梁羽生的《江湖三女侠》《冰川天女传》《云海玉弓缘》等，也一再提到吕四娘。虽然是小说中虚构的人事，却足以令人想象这个江南小镇的家族，具有怎样的影响力，在历史的长空里，发出了那响彻云霄之声。

如今，这沉郁古朴的中山公园，时常有各方人士前来凭吊。同处于公园内的清代"孔庙"和明嘉靖年间的"文壁異塔"，仿佛两个慈祥老人陪伴着晚村先生，在这并不全然静默的岁月里，延绵着一代风华。

午后，被古树下的缕缕清风吹拂着，看光阴斑驳。我想，每一个古镇流动的风姿，是以鲜活的日常为底色的，而为这片土地固色的，正是来自岁月深处的精神承继。

新市：赵家有女初长成

1912年5月9日，位于浙江德清新市镇东栅平桥堍的赵宅前厅，赵家居新市三代后第一个孩子出生了。那是一个漂亮的女婴，饱读诗书的父亲赵紫宸取李白诗《古风》四十四"绿萝纷葳蕤，缭绕松柏枝"中"萝蕤"二字，赋予这个可爱的女儿。年轻的父亲，对着这个盈盈可爱的女婴，心底荡起无限爱意。此时，他哪里想到，"萝蕤"二字，似乎已经预示了女孩一生的命运——纤柔的身躯，却有着怎样坚韧不拔的人生。

赵家祖居杭州，其曾祖锡麟先生经商，洪杨之乱时，避居新市。锡麟先生有经商头脑，到了祖父黼云先生时家道中落。父亲赵紫宸少时即敏而好学，在私塾里熟读"四书""五经"，因家境贫寒不得已辍学，预备随其父经商。这段无法继续学业的日子，其独居商铺楼上，潜心练习珠算算账，颇感孤独无聊，一些模糊的宗教膜拜，使其有了一些寄托，也更觉人世艰难："心中觉得与神道接近，也觉得非常愉悦。"同时他又想道，"人皆能仙去，我何独不能。"

赵紫宸因十五岁时受镇上一位基督徒的推荐，有了去往苏州教会中学接受新教育的机会。于1907年（十九岁）考入苏州的教会大学东吴大学学习社会学，并在苏州受洗，成为基督教监理会信徒。进入东吴大学前二年，十七岁的赵紫宸奉父母之命，与镇上的米商之女，比他年长二岁的童定珍结婚。尽管童氏没有接受教育，赵紫宸也曾对婚姻生活迷茫苦恼过，但两人日后相濡以沫七十三载，历经风雨,感情深厚,使他们的子女万般骄傲。

赵萝蕤三个月大时,全家随父亲迁居苏州,四岁前居住于城内濂溪坊,四岁后搬至天赐庄,紧临东吴大学及景海女子师范学校。坐在家中的露台上,就能看到东吴大学校场上的风景,秋天满地黄叶,一院疏林,人若在落叶上行走,就会有索索之声。从阳台上望去,行走的人三三五五的衣裳,裙带与欲醉的红叶、黄叶、半青叶一样的颤动。夏天沐浴完之后,孩子们在凉台上穿着小背心,手里拿着一柄蒲扇,等四点左右姨娘提了那只小红漆黑如意头的罩篮拿着铜板上街去买蟹壳黄去。女孩爱吃葱油的、咸的,那是腰形的;三个弟弟喜欢吃甜的,那是正圆形的。下雨天的时候雨水蓄满了缸,如果父亲在家,孩子们就会央求讲狸奴的故事,或者看父亲取雨烹茶共食饼饵。淘气的弟弟会把小鞋子脱下扑在露台里的金鱼盆上,用小鞋子网金鱼,惹得大人们一起发笑。

1914年,赵紫宸进入美国田纳西州范德比尔特大学神学院,先后攻读文学硕士学位和神学学士学位,并于1917年回国就任东吴大学哲学系教授。这期间,赵萝蕤在东吴大学对面的景海女子师范学校附设的培本幼稚园无忧无虑地玩了三年,七岁时进了该校一年级就读,由于父亲的原因同时开始学习英语和钢琴。但赵紫宸又是一个从小熟读私塾,传统文化修养极深的学者,亲自教导女儿《唐诗三百首》和《古文观止》,并以吟唱的方式,使得赵萝蕤把这种唱法带到学校,让小学同学们也唱了起来。

或许是得益于父亲的亲自教导,赵萝蕤的语文总是名列前茅,三年级未读就升到了四年级,六年级时语文成绩被评为全校第一,甚至超过了高中三年级的同学。1926年春,苏雪林自法国留学归来,原北京女子师范大学国文系主任陈中凡于当年二月应聘为金陵大学国文系教授兼任系主任,并往苏州东吴大学兼课。经陈先生推荐,苏雪林进入景海女校既为国文主任,教学生两班,其后增至三班。上课并不难,每隔一周,学生作文一次,竟也有百多本习作。

二十世纪八十年代前后新市古镇雪景（朱炜/供图）

苏雪林学着安徽一女师杨铸秋先生的做法，圈、点、眉批、总批，为学生认真批改作业。每改一次，虽总要弄到三更半夜，但却深得学生们的喜爱，尤其是作文常常受到她双行密圈的赵萝蕤，更是欢喜。

方继孝2009年出版《碎锦零笺》一书中，就收有苏雪林老师画了双圈的赵萝蕤少时作文。作文是一篇短信，起首问候，后有书及"政海翻腾，内忧外患相迫而来，不知国民将何以济其时也"。少女字迹端正娟秀，忧国忧民之心跃然纸上，被爱才的苏老师多处画了双圈。不过在其云"穷居寂寞悲戚良多"的句子旁又作了批语："此种颓废语，非十三四龄女孩子所当说，无病的呻吟，最易戕贼人格，宜急戒之。"

1925年，燕京大学神科改名为燕京大学宗教学院。校长司徒雷登邀请赵紫宸赴燕京大学宗教学院任教，因一场意外受伤而搁置，行程因而拖到了来年的1926年。大概在1925年7月底，每日奔忙、劳疲，心中有离别的苦痛，恰逢黄梅雨季，砖入青苔湿滑，从学校归家时风雨中一跌不期跌至腿骨，卧床两月有余。妻子和女儿不辞辛劳地昼夜服侍他。他在病榻上不上二十日完成了《基督教哲学》，这是中国人自撰的第一本基督教哲学著述，出版后影响深远。家中经常有师友同僚前来探望交谈，放学后的小姑娘，刚一回家，就端了一盅清茶给年长的伯伯。安静倾听这些伯伯们讲了许多宗教科学的话题，小女孩有点明白，也有点不明白。有一天晚上，她坐在父亲卧榻前灯下读书，忽然问父亲："学校里的《圣经》教员常说，宗教与科学并没有冲突，爹爹，这话对吗？你讲一些给我听听，我的数学已经预备好了。"

博学的父亲很惊讶，没想到十三四岁的女孩子已经要问起这种话来，真怪不得大人们要彻底地讨论了。虽然他很疲倦了，但孩子们有意思的话题终不肯不回答。

小女孩又问："爹爹，《圣经》里与科学冲突的话真多呢，我们若信《圣经》，怎么又可信科学？黑是黑的，怎么又可说是白的？我真不懂。"

父亲笑着回答："你慢着些吧，先举出些冲突的地方，讲来我听，我们切不可说笼统的话。倘使我问你，你为什么要读书，你说因为要得到学问，有什么意思呢？你且说几段《圣经》与科学冲突的地方来。"

女孩接着说："也不难，童女玛利亚生耶稣，水变酒，拉撒路复活，海面上走路，五饼两鱼给五千人吃饱了，……这难道不与科学冲突吗？我们信耶稣，自然也要信这些事是实在的。信这些事，怎又可信科学呢？科学不是要讲常理吗？"（《赵紫宸文集》第一卷《基督教哲学》）

……

父女两个人的谈话，母亲笑眯眯站在旁边听。炉火印在家人们的脸上，好像大家的脸上都发光一样，屋子被浓浓的暖意所包围。女孩还是似懂非懂，钟声响了十下，她渐渐睡去。终其一生，她和三个弟弟都未入基督教。这位日后的世界基督教会联合会唯一的东方主席,作为父亲对孩子们的教育是民主而自由的。但是这个外表轻柔的女孩内心一直都是理性的,长大后,她一直秉承理性的思维。1979年,她给挚友萧乾的信中,谈起从前的文章便是这样的坦言:"看我当时散文比现在是否稍有点血肉,但还是不大女性。我的模样呈女性,我的个性确实有点男性,奈何?"后来她虽然也写诗,但绝不肯写风花雪月的浪漫情诗。十三四岁时,似乎已经有了这样的端倪。

《基督教哲学》脱稿之后,赵紫宸又开始撰写《耶稣的人生哲学》。在写到第十七章时,得了父亲的信,说母亲旧病复发,计划好些后当雇船到苏州来调养几时。然没多久,家里就来了一封电报,展开一看顿时方寸大乱,上面写的是"母系气绝,全家速来"八个字。第二日全家雇船,由轮船拖带到菱湖,再由菱湖急桨到新市,母亲已经走了。这是一个有洁癖的老人,在赵萝蕤的心里祖母是最爱她的。十岁那年返家,祖母的疼爱依然历历在目,在少女眼里,祖母那粉刷的雪白炫目的柴灶,像贞洁的处女般,不沾兽肉的气膻。祖母的光洁而滑亮的头边,时时环绕着水烟的雾气,墙上挂着一束一束的煤头纸,而灶膛里一个凹进的窟窿装着肥皂和牙刷牙粉。似乎老人的大半生就可以安然地在里面劳碌不休了。如今,祖母那苦笑着的清秀的脸庞和她那琅珰的耳环的遗像挂在了小厅里。那几套茶几桌椅、琴条、琴条上庞大的蓝瓷花瓶、铜屏、香炉和靠壁的里口竹厨,是那般孤寂,没有一点灰尘,而亲人已经离去。

赵萝蕤回新市的次数并不多,六年级那年夏天,父亲带她回老家玩,在赵萝蕤1928年燕大一年级写的《自述》里这样描述家乡(方继孝,《陈梦家和他的朋友们》第58页):

湖州是浙江的大府,离苏州不算远,上午乘了没有蓬的小船到轮船码头,那种轮船因为很小,南方叫做"小拖机",在很狭窄的河道里头都可以行走,我很记得的,并且永远不会忘了。……湖州远没有苏州清秀,不过草色很葱茏,也很稚嫩,住了一天在湖州,明天到我的生产地新市去了。

我们是坐客船去的,所以摇得很慢,路上只见菜花黄金似的闪着,青色兼之,真是好玩。

后来,再回新市是赵萝蕤与陈梦家结婚时返籍,并在1937年战事起时长住了三个月(赵萝蕤,《读书生活散札》之《浙江故里记》):

民国二十六年八月,我和母、弟为避难而重又回到家乡。从苏州到嘉兴,嘉兴乘河轮到家,沿途清秀的山纹水浪,田间的菜花耕牛和长岸一点的十里凉亭,使我感觉像一个失败的英雄,在千颠万簸之余重又退役到久别重逢的山庄上去似的,使我的并没上过战场的心,充满了悲慨的情绪。

故乡小镇短暂的安宁,寄予了无限的感情,接纳了这份不安与悲慨,于后来长长的或欢乐或清寂甚至不堪的生命里,做一份纪念。现在,走进这哪怕是一个简单的夏日黄昏,也有的无限诗意与恬淡:

每天傍昏,在市梢石桥头纳凉,看着黄橙的月亮从桑树头上出来,不多时碧天为之澄澈,天光为她所透照,看远远一条矮矮的山缘,由亮而暗,随即跟着天色的昏黑而浓浊下去。天渐黑,月亮却更白亮,河身也藏在丛绿下面,但月华照到的地方,一泓鳞波,习习地喘着,好像那区区的人被这山色丛树和穹顶所抱紧,却留下这一片灵极而至的光明,为它所启照。然后凉风徐徐的来,虫蚊渐渐的稀少,活活一支小舟,一篙轰赶着群鸭,呼啸疾驶的过去。然后天黑了,路显得白幽幽的,我们拍拍蒲扇也回家去了。

这些光景后来一直在她的记忆里不变不灭。哪怕是清晨推开一排堂窗,漏进来的缕缕晨光,露出行灶的洁白,亦是足以激动到她私情的干脆。特别是当她嫁做人妇,不得不围着灶台,手中又舍不得放下的狄更斯,在大西南的异乡时。

而现在,这个十四岁的少女,将要随着父亲举家去往燕京大学，父亲赵紫宸任宗教学院哲学教授，并兼任中文系教授，讲授陶渊明诗、杜甫诗。由于学校在西郊，父亲不愿女儿进城上学住宿，请了家庭教师补课。聪明伶俐的赵萝蕤十四岁就考上了高三，父亲又觉得女儿年纪太小，让其读了高二。1928年赵萝蕤考入燕京大学中文系，同年，赵紫宸出任燕京大学宗教学院院长。

与对故乡的眷恋一样，少女时期的情谊也是最让人珍视的。一封署名"云"的信大约写于1927年，即赵家搬离东吴大学后，赵萝蕤一直保留着（方继孝，《品味书简：名人信札收藏十五讲》第186—187页）：

萝蕤好友：

隔绝了云山重叠，遮断了笑貌音踪，痴望着帘外的夕阳，怅念着夕阳外的知己，但暮雁一声带着心音而俱来了，谢谢您一幅素笺，把一番苦忆打消了……

满满的两页纸，是小女生对远方知己的相忆，抄录的几阕宋词，想来是从前相交时形成的习惯，还有那些小小的愁事，是长大的不解和对复杂现事的考量。不知这个"云"姑娘后来怎样？但一定存在了赵萝蕤少女时期的青葱记忆里。

2019年与一帮朋友来到新市，古街依然古朴，有着旧日小上海的气象。问了沈铨纪念馆前的两位当地居民，却不知赵家为何人？倒是在沿河的影壁上见到赵家父女的简介，画像粗糙，看着有些心疼，河岸上石桥无数，亦不知哪一座是那座特别的平桥？坐在河岸，看水波在艳阳下静静流淌，那习习的暖风，不知可曾记得那个文静的少女，摇着蒲扇缓缓地经过。

庾村：我见青山多妩媚
—— 黄郛、沈亦云的故国家园

"我见青山多妩媚，料青山见我应如是……知我者，二三子。"这是沈亦云在《亦云回忆》里引用辛弃疾名句安慰夫君黄郛及勉励自己的，而这山便是莫干山，位于浙江湖州德清境内，属于天目山余脉。

沈亦云先世早年从湖州府归安县迁居嘉兴，曾居于嘉兴东门外角里街，沈亦云及父亲沈秉钧、二妹沈性仁均出生于角里街东头的东栅口。我在角里街比邻的湖滨生活了十数年，早年这里临河搭满棚屋，小弄曲折逼仄错综复杂，船只往来不息。如今早已不是旧日模样，东栅口也隐没在了现代都市的日新月异之中，再难寻觅旧踪。

嘉兴为水乡，并无山，而沈亦云前前后后差不多二十年时间与这山林瓜葛实在因为迁就夫君黄郛。而从迁就到胜似家园的热爱，这个一直以辛亥政治风云人物背后贤内助身份存在的静默女子，曾经也是辛亥"上海女子北伐敢死队"的队长，且不知经历了多少悲欣交集。沈亦云和黄郛正是相识在这一时期，彼时，黄郛从日本东京振武学校留学归，是为当年八千名留日学生中的一员。在日期间，黄郛加入同盟会，结识了蒋介石、张群等人。1910年毕业回国，在朝廷军事官报局任职。辛亥革命爆发，陈其美作为孙中山的得力助手主持光复上海，黄郛和蒋介石分别从北京和东京赶到上海帮助陈其美。三人结拜为异姓兄弟，陈其美是大哥，黄郛是二哥，蒋介石是三弟，三人相约"安危他日终须仗，甘苦来时要共尝"，蒋介石还把这句誓言刻在两柄宝剑上送给两位义兄。"二次革命"失败后，黄郛被袁世凯通缉，即携夫人沈亦云逃亡日本，转南洋后到美国，至护国运动归国。1924年参加冯玉祥发动的北京政变，代理内阁总理，并摄行总统职权。至段祺瑞复出，被迫辞职。彼时，苦闷的冯玉祥常隐北京西郊的天台山，黄郛亦时应邀到山中做客，这是他第一次的山居生活。从此，他对山发生更多情意，山亦屡次给他无言的慰藉。

北伐期间，蒋介石力邀黄郛南下。南京国民政府成立后，被任命为上海特别市市长。任职一个月零五天，蒋下野，即辞职。这一年是1927年，到11月底，好友郑仲完（沈亦云天津女师的同学及"上海女子北伐敢死队"的重要发起人之一）陪夫妇二人往莫干山，借住于莫干山疗养院隔壁空屋。此时，远离俗世的山隐生活，再次留下印象。来年2月，黄郛应蒋之邀就职外交部长，一年前发生的"宁案"（国民革命军进南京时，一部分兵队抢劫外国领事馆和伤害侨民，引起英美军舰以保护侨民为借口炮击南京的案子），此时到了黄郛手里公开磋商办理，随之而来的是两个月后的"济南惨案"（北伐进行到山东，日本侵略者在济南开火屠杀大量中国军民）。

此时据九一八事变亦不足四年。"济南惨案"发生时的中国，于外，国民政府尚未得到国际承认；于内，政府组织散漫，正值北伐焦灼时期。黄郛愤而抗议日本帝国政权，废寝忘食，沈亦云劝其辞职让贤，他答："待北伐完成，中国统一，当辞职以谢天下，将一切办理不当之过失，归于一己，今如何临阵脱逃？"拳拳之心，令人动容。然，事与愿违，几番交涉无果，五月底，蒋请黄郛改任外交委员会委员长，黄即遵嘱辞职，亦不瞻顾兼职。至此，一副疲惫身心交付山野。

再次上莫干山是当年的六月底，居铁路旅馆，这次他们买下东顶509号英人廖平思和琼司家的春园，打算常住。春园四周种有不少枫树，入春满园红叶，自是一番情趣，颇得主人之心。除了一些生活所需物品，主人最爱的自是书籍，以两人"他日终老山间，读书为乐"，取"白云山馆"，名字中又含二人名讳（黄郛字膺白），自是顺理成章。两年前，我从庚村一乡野山路进山，穿竹林，过剑池，在莫干山的山林间兜兜转转。那些现下流行的网红民宿并未让我留恋，怦然心动的正是这些散落在山路边，如今静默无声的旧日小楼。它们尘封在旧日的光阴里，于山风的呜咽和四周的苍翠里，恍如一个睿智的老人沉默不语，笑看来来往往的芸芸众生。我相信，那时我曾经离这个山馆一定很近。

既有淡泊之心，又有宁静之心的夫妇二人，此时并不知道，他们将与这山有着深厚的联结，他乡成了故乡。山居生活在中国文人和士大夫心里终究成了最后一片净土。陶渊明是，黄郛夫妇亦是。读书临帖登山，与贩夫走卒成莫逆之交，如果仅仅这些，也不过是一段隐世佳话。早在1925年，熊希龄先生邀请黄郛参观位于北京郊外香山的慈幼院，并做演说。慈幼院内的学生都是孤儿，黄郛的第一句话就谓自己是个不满七岁丧父的孤儿。夫妇二人那时就为之讨论，念着这许多孩子和将来他们在社会上的立场，如何成家立业？他们立下"受诸社会，报诸社会"的愿望，在莫干山终究有了可实施之天时地利。

在郑性白（郑仲完弟弟，莫干小学第一任校长）的《黄先生与莫干小学》中记载的一段谈话：

我（黄郛）从小没有父亲，家境困难，除母教外，全靠国家和社会的培植。近年常居于莫干山，每次经过乡村，总看见许多小孩，或逗留道旁，或嬉戏山间，一无所事，这当中不知耽误了多少聪明有为的青年。我国自古以来，成功的将相以及各种大学问家，多半是穷乡僻壤的农家子弟。在这样山清水秀的莫干山四周的乡村中，正不知蕴藏着多少聪明可造的儿童，但是他们的父母都无知识。在国民教育还不能普及的我国，眼看着他们又得学着他们的父母，岂不可惜？把一个国家建设在这样的国民身上，又岂不危险？回想吾幼年曾受社会的帮助，现在也应做些社会事业，这也是应尽的义务。所以，我在购买山上509号房子的一年，同时在山麓的庾村也买了十几亩园地，想将来在那里办一个小学，同时做一点改进农村的工作……

我后来站在庾村的"黄郛东路"上，入眼皆是仿民国时期的建筑，这个因为一对夫妻而获得巨大改变的乡村，后世，又有几个人知道这一切的根源？莫干小学的旧址，如今是一个广场，有钟楼和民国建筑，均是仿建。民国图书馆的旧址正是当年的小学礼堂，据说前些年建筑时不小心被工人推倒，又重建，尤感惋惜。广场上有司令台，孩子们在台上玩耍。高楼顶上有成群结队的鸽子，不时俯冲落到人前，亦不惊慌，闲庭信步，在孩子的追逐间四下散去，不多时又有新的鸽群降落。天空有些阴雨天的积云，水墨稀释的灰，聚聚散散。穿过木香花浓郁的马路，行过错落的几间屋舍，这些房屋有着七八十年代蚕种场的痕迹。在一僻静处，寻得"黄郛、沈景英之墓"（沈亦云又名景英）。清明刚过，墓前尚留三个花篮，墓边竖立一原石，上刻沈亦云为黄郛写的《归山》：

墓道务小，遵遗志也。旁植松柏海棠丁香若干株，生前所爱好者也。附近隙地数亩，为莫干小学实验园圃。其南数百步，为小学校舍，弦歌之声可达，魂兮所乐闻而呵护者也。其西数百步，为文治藏书楼，纪念亲恩而筑，亦庾村书卷中心，我他日将读斯居斯以终余年者也。推窗相望，葱郁可接，虚左待我，宜无憾也……

文治藏书楼正建于这墓西侧的山坡上，黄郛的父亲友樵公讳文治，藏书楼因此得名。这是黄郛夫妇投注莫干山教育，准备做"莫干山图书馆"之用途的。建筑是为思亲，黄郛1936年正月作《怀抱思亲图记》：

民国二十五年丙子春，予年五十七，距先父弃养正半世纪，爰筑藏书楼于莫干山麓庾村，莫干小学之前，以先父讳曰"文治藏书楼"。

　　事先请章太炎先生作有《文治藏书楼记》,门前"文治藏书楼"五字横额,是吴稚晖先生写的篆书。

　　我在山坡下仰望,藏书楼前树木峻拔,四周白色花丛围成篱笆墙,书楼隐于这葱茏间难窥全貌。院门紧闭,爬山虎郁郁葱葱覆满围墙,坡上犬吠密集,无人问答。后据莫干山朱炜先生告之,藏书楼已为私人所有,早已面目全非,闻之甚感惋惜。

　　藏书楼再西行,即见黄郛莫干农村改良展示馆。早在辛亥"二次革命"前,黄郛曾与黄兴讨论未来努力方向,就非常有远见地提出:

　　凡有志趣或有能力参加国家建设的人,共同向一目标,分四个步骤工作:调查、设计、改良、创造。他预拟调查工作即须一二年。如此,以做事而言,不至于拾人皮毛,谈兵纸上;以做人而言,趋向专业,不必定从政治讨生活;以政治而言,人才深入民间,国民方真个了解国事,中枢亦不至脑充血。

　　"二次革命"失败后,夫妇二人流亡异邦两年半间,参观横滨工业展览会、巴拿马万国博览会,并在日本遇陈其美,几次劝其留心近代工商业建设。以政治家的敏锐,对国家建设颇有见地。1918年至1920年间,黄郛潜心研究国内国际大势,抽丝剥茧,先后出版了《欧战之教训与中国之将来》和《战后之世界》两书,全面阐述了民族复兴、建设发展的思想。夫妇二人隐居山中的岁月,正是农村崩塌之时,一批有识之士也正在思考改变现状,以复兴农村事业为主题的实验也开始在全国各地有所推演。黄郛的莫干山农村改进事业,开始了他的建设心愿。

　　黄郛认为,农村乃国家之本,如以当时"农民知识缺乏,技能之低劣,性情之偷薄"的现状,何以建设近代国家,抗战图存?于是,在兴办教育的同时,着手农村改进事业,作为改良中国农村的实验,以资倡导。旨在"扶植农村,辅助其生产,改进其生活,使农村自有其乐趣"。

　　以庾村为改进，根据学校为中心原则，于1932年6月设莫干小学，建校舍，辟荒地为运动场，半年落成。1933年3月，组织"莫干农村改进会"，按步骤实施预订计划：一、自教；二、自养；三、自治；四、自卫。尤其值得一提的是，在自养方面推广改良蚕种，设立押米仓库，旱灾救济。四十年代，沈亦云在黄郛离世后，仍情寄莫干山，以一己之力建设了莫干山蚕种场和奶牛场。同时期，黄郛还发起了"莫干山住民公益会"和"新中国建设学会"，并有定期《复兴月刊》。沈亦云入教育组，研究开明书店和世界书局的小学教科书，并有一篇《复兴？匹妇有责》登在《复兴月刊》。

　　莫干山静而为乐的岁月不过四载，远离时局的夫妇二人本欲"隔院着花不可攀"，不料，沈阳"九一八"的霹雳，瞬间击碎了这短暂的宁静。黄郛多次受到蒋介石邀约：

　　惟今后华北时局，无论外交、军事、政治方面，均益加重要，特恳请吾兄北上匡助，代为主持。

　　黄郛几经瞻顾踌躇，未与成行。

　　1933年，长城抗战爆发，蒋介石连续致电莫干山的黄郛，"时局艰危至此，兄等有何卓见""举世处境最艰苦者莫弟若，层累曲折亦太多。深盼兄即日命驾来南昌，群商一切"。此时此刻的黄郛，毅然跳入这火炕，救国救难。面对沈亦云的心有余悸，他说："勿以为我们长可在山中做'事外遗民'。国家垮下来将无山可入，不经努力，他日必悔，尽最后之力，则心安无怨。"沈亦云忍着心，作乐观语，送黄郛北行。几年来夫妇二人夫唱妇随，沈常为书记和译电员，伴其左右，此次是唯一一次不与同行。

　　黄郛北上前在蒋的授意下，于沪上探询日本军方动向和日本关东军的态度，秘密接洽停战途径。整个华北局势风雨飘摇，黄郛北上的首要任务是秉承授意，保全平津。此时，日方也存在"强硬派"和"稳健派"分歧。黄郛日夜筹谋，席不暇暖，苦心孤诣亦不能力挽狂澜，被日后口诛笔伐的《塘沽停战协定》，于1933年5月31日签订。黄郛以"兄泪内流，兄胆如裂"电呈蒋介石。日方代表冈村宁次此时哪里想到，十二年后，他将再一次成为历史的见证者，率侵华日军向中华民国政府投降，于南京签署投降书。

深陷对日外交旋涡的黄郛，自知力薄难以回天，面对国人如潮水般的谩骂深感悲凉。就连自己的小妹沈性元、钱昌照夫妇都难理解，颇有异议。黄郛几求去职，均未果。1934年6月，蒋介石与黄郛夫妇在杭州会晤，一日，黄郛欣然告诉妻子，蒋先生谅解他不再回北平，态度如释重负，夫妇二人决议次日一早上莫干山。就寝不久，来电请明晨稍迟动身，尚有要事面谈。次晨，出席中央航空学校典礼后的蒋介石入门呼沈亦云："为何阻膺白（黄郛字）北行？"沈亦云当时有点火气，答言："辱国差事，宜派人轮流充当。"蒋说："学佛，当知'我不入地狱，谁入地狱'之旨。"沈谓："华北一片亡国景象。"蒋云："惟其如此，吾们更不可放手。"此时的杭州热气紧逼，沈穿着蓝夏布衫，摇扇不止，蒋身穿军装，主人欲开电扇，他止不用。黄郛见此情景，示意妻子再勿多言，无言再上征途，始终无补于国，其不得已之情可见。当年八月，天津《大公报》记者王芸生采访了黄郛，他说：

这一年来的经过，一般人则以为我黄某天生贱骨头，甘心做卖国贼……尽做矮人；我并非不知道伸腰……但国家既需要我唱这出戏，只得牺牲个人以为之……

时局一直在恶化，地方与中央的各自为营，内外夹攻之下的黄郛身体每况愈下，苦撑一年后请假，回到阔别已久的莫干山。这里有等待他的妻子，有带着明日之希望的莘莘学子，有正在改良后呈现变化的农村气象，这是他最后的慰藉。1936年12月，黄郛病逝于上海，归葬莫干山。其死前所知道的最后国事是百灵庙大捷，病榻上断断续续言"第一路……第二路……进……退……"等句。

1945年11月28日,蒋为沈亦云作黄郛《家传》写序:

回溯膺白许身报国,见危授命,志足以慑强寇之气,而势不能弭烁金之口。其忍辱负重,诚有非常人所能堪者。自来志士仁人,临汤火而不避者易,受疑谤而不辞者难。当其困心衡虑,不计毁誉,以一身翼卫国族之安全,谓非大仁大勇,曷可臻此。

这迟来的举国胜利和臻言足以告慰亡灵和生者。

沈亦云与黄郛自辛亥以来,无不与其共同经历浮沉与劫难。夫妇二人曾说其心境,黄言,世人不了解他不要紧,朋友不了解则要反省;朋友不了解犹可,太太不了解则要深切反省;太太不了解犹可,若自己而不了解,则无地自容了。彼此心之所系的良人,即使身已远去,留下孤清一人亦要循着他的路继续的。

抗战爆发后,沈亦云辞朋友之挽留,执留于莫干山,并在白云山馆边办起了莫干山临时初中。乱世下的一张书桌,心之安矣。1938年起,在曾季肃、黄绍兰等人的邀请下,沈亦云在上海捐助胶州路的三层楼房做校舍,创办南屏女中。1939年正式授课,第一堂课教《孟子》,并编撰《国学入门讲稿》。虽为教诸生为学,实则教诸生为人,立足于教书,却着眼于人生社会。在国家危亡的抗战时期,沈亦云以一弱女子之声,发爱国之情,跃然纸上:

吾侪今为中国人,欲保持中国之特色,必先认识中国之特色,然后吸人之长,可以消化为吾长,从而发挥我东方文化,使未来之新中国兀然光耀而有所贡献于未来之新世界。此吾讲国学入门之微意而亦所望于莘莘诸子者。

抗战胜利后,令沈亦云切心而刻不容缓的事情是庾村的复兴。沈亦云的外族家,为嘉兴葛家,沈的姨母敬诚、敬和与她一起读天津女师,一起参与"上海女子北伐敢死队"。五舅葛敬恩与黄郛曾是浙江武备学堂的同学,是杭州光复的领导核心,并驰援南京光复。后在陆军大学学习,并在国民政府担任要职,同时业余时间自学成才为农业家。另一舅舅葛运成曾经做过中国蚕丝公司总经理,舅母胡咏絮是蚕种繁殖和改良专家,加上之前就推广的改良蚕种的经验,使沈亦云萌生创办蚕种场的念头。从1945年9月到次年清明,她倾注全部心思进行蚕种场的设计和筹建。于1946年夏成立"莫干蚕种场",以藏书楼及莫干小学部分校舍为制种场地。1947年,"天竺牌"蚕种已经上市,到1950年已成为浙江省的第二牌子。

我从农村改良展示馆门口,即见到的一间间临街的屋子正有着蚕种场的痕迹,此时它们早已不做蚕种场的用途,是以一个个工艺作坊或者临街网红铺子而成。带着疑惑再次询问莫干山的朱炜先生,答曰:"非早年的屋子,建于七八十年代。"但,土地还是这片土地,这个被沈亦云倾注于热血的贫瘠山村,再次焕发了新生。由1945年到1949年,庾村从屋破场荒到有桑有蚕有牛,不但陆续修葺了破屋,还添设了六间蚕种室,一座牛舍。是的,这个娴静的上海教书先生,还在这个山村兴建起了"莫干牧场",那是1947年的事情,到了来年"莫干牧场"的牛奶和白脱油都应市。

因"济南惨案"而上山,又因九一八事变而下山的黄郛夫妇,几经家国之变、时局之动荡,在退与进之间,山予了他们慰藉,他们也为这片土地赋予热血。黄郛离去后的十年,沈亦云依然情系莫干山,复兴山村,殚精竭虑。沈亦云多年后隐居美国,撰写《亦云回忆》的结束语,写道:"我与膺白自比如运动场上的障碍竞走,我一个人亦跌倒爬起几次,现在只好回忆青山,祝下一代,再一代,竞走得更好更快。"

我想,青山最是多情。就算物是,人已非,亦会留待他们的传奇,于山风中轻轻吟诵。正若像我这样的故乡之人。

后来有好事者有诗曰:"云白峰高绕短墙,绿阴门巷午风凉。民生事业谁能继,说到桑麻话最长。"

白马湖：大师云集耀春晖

这是寻找陈梦家足迹第三年，我和子仪早就计划着去上虞，禾塘亦对上虞心心念念，行程更改几次后，终于在4月18日成行，隔日即是陈梦家诞辰110周年纪念日。

正是晴好的日子，蔚蓝的天空如陈梦家的诗，天上看不见一片走乱了的云。

车子穿过距百官镇外不远的铁路涵洞，很快，就有一汪盈盈的湖水扑面而来。行驶在湖中间蜿蜒的水泥路上，把湖切成左右两个，连绵的青山拦在湖的彼岸，有零星的农舍散落岸边。离城市那样近的一处寂静山坳，青色的山峦，满溢的晶亮的水光匍匐在山脚下，在风里轻摇的野花向着太阳柔柔软软地笑着，空气也是静的，没有一丝吵闹。"这一定是白马湖了。"三个人不约而同地兴奋，再没有比这更让人欢喜的清幽处，承载百年前那些才子的教育理想。

后来才知道，我们所行使的这条水泥路正是朱自清笔下的煤屑路，也是陈梦家1931年1月拍下照片的那条路。1924年4月12日，已经来到白马湖畔的春晖中学教书一月余的朱自清，写下了《春晖的一月》：

在车上看见"春晖中学校"的路牌，白底黑字的小秋千架似的路牌，我便高兴。出了车站，山光水色，扑面而来……

走向春晖，有一条狭狭的煤屑路。那黑黑的细小的颗粒，脚踏上去，便发出一种摩擦的噪音，给我多少轻新的趣味。

连绵的白墙黑瓦的复古建筑群耸立在左侧对岸，巨大的香樟绿的几乎要滴出水来，连绵成片。右侧路边紧挨着的几座平屋，车子经过，还来不及细看，想来便是那一个个名人故居了。

停下车，三人皆已是迫不及待。风是柔软的，夹着一股淡淡的香樟花的幽香，叫人更添欢喜。穿过那座建于1991年的春晖桥，正对的是春晖中学的北门，悬挂的白色木牌上的黑色字体，正是春晖中学的第一任校长经亨颐的手迹"春晖中学校"。

因是周末，校内极其安静，保安很尽职，拦住了我们对春晖中学的好奇。我们也不着急，在静等禾塘联系的朋友前来的空暇时间，又折回马路，抬脚上了石桥对面的一处山坡。这是"章家花园"的旧址，花园的主人章培被称为"中国装甲兵之父"。1927年时，这里曾是一座高大平房，背靠象山，门对白马湖，有三十年的光阴是花木扶疏、景色宜人。待到阖家移居后，毁圮。昔日的繁华光景被斑驳的光阴一一收纳进了山坡、石路、青草、古井、石碑之上，他们长眠于此，有青山绿水和校园的琅琅书声相伴。山上有小石亭，廊柱上刻的是弘一法师的手迹"天意怜幽草，人间爱晚晴"，横批篆书"美意延年"。

是了，白马湖畔，也曾留下弘一法师的佛影禅音。

1929年春，夏丏尊、丰子恺、刘质平、经亨颐等人醵资为弘一法师在白马湖畔筑下了三橡平房——晚晴山房。当年的山房建于经亨颐的"春社"西侧山坡，后被日寇飞机炸毁。近年，得以重建，位置向东移了数百米，紧邻丰子恺的"小杨柳屋"。

如今的"晚晴山房"与当年旧影相照，几乎是原样。屋子依然建在山坡上，拾级而上，门前有一片竹林，只是周边未有修剪，杂树亦生长不少，稍显凌乱。门口的匾额是赵朴初所题——晚晴山房。入门即是大大的"禅"字，弘一法师的铜像端坐于屋内，背景是一片茫茫的原野和山峦。屋内陈设的是弘一法师传奇的一生和他在白马湖的至交好友。

山房建成后的1930年至1932年间，弘一法师每年都来白马湖畔或法界寺（上虞境内）收集整理《华严集联》，编写《清凉歌集》，此后足迹多留于闽南。

早在1923年，弘一法师就应好友夏丏尊之邀首次"自温州之白马湖"，住在刚刚建好的"平屋"。夏丏尊和弘一法师曾在浙江一师任教，共事七年。多年后两人的学生丰子恺在《悼丏师》的文章里，深情回忆：

李先生（弘一法师）做教师，以身作则，不多讲话，使学生衷心感动，自然诚服。譬如上课，他一定先到教室，黑板上应写的，都先写好（用另一黑板遮住，用到的时候推开来）。然后端坐在讲台上等学生到齐。譬如学生还琴时弹错了，他举目对你一看，但说："下次再还。"有时他没有说，学生吃了他一眼，自己请求下次再还。他话很少，说时总是和颜悦色的，但学生非常怕他，敬爱他。夏先生则不然，毫无矜持，有话直说。学生便嬉皮笑脸，同他亲近。偶然走过校庭，看见年纪小的学生弄狗，他也要管："为啥同狗为难？"放假日子，学生出门，夏先生看见了便喊："早些回来，勿可吃酒啊！"学生笑着连说："不吃，不吃！"赶快走路。走得远了，夏先生还要大喊："铜钿少用些！"学生一方面笑他，一方面实在感激他，敬爱他。

夏先生与李先生对学生的态度，完全不同。而学生对他们的敬爱，则完全相同。这两位导师，如同父母一样。李先生的是"爸爸的教育"，夏先生的是"妈妈的教育"。夏先生后来翻译的《爱的教育》，风行国内，深入人心，甚至被取作国文教材。这不是偶然的事。

夏丏尊的"平屋"位于东首边，1922年建成，取"平屋"之名，不仅仅是因为平房，更寄寓了夏先生"平凡""平淡"之意，被后世称颂的《爱的教育》一书，正是在此屋翻译而成。春光照进了这座历经百年的"平屋"，檐下是钱君匋撰写的隶书——平屋。

夏丏尊本是上虞崧厦人，在春晖教育史上，是极其重要的存在。在《春晖》第二十期他发表了《春晖的使命》，被看作是春晖办学的宣言书。在春晖教学的这帮气味相投的教师，大都是由夏丏尊先行联系，说定了以后再由校长经亨颐发出聘书应聘而来，这里包括了：丰子恺、朱自清、刘薰宇、匡互生、刘叔琴、章育文。毫不夸张地说，这是中国历史上最豪华牛气的中学讲师团。他还多方接引同志，打开"无门之门"力邀到著名的专家学者、知名人士给学生讲演。在这样一个几乎隐匿在山间的普通中学里，看看当时究竟是哪些名人涉足于此，给年青的学子带来深远的教育之音，他们是：蔡元培、沈泽民、杨贤江、白眉初、陈望道、黄炎培。

平屋的书房，又被夏丏尊称为"小后轩"，旧书桌上是摊开的一本已经发黄的英文原版——《爱的教育》和两本由夏丏尊翻译的中译本。书桌搁在窗台下，窗外树木苍翠峻拔，窗下一石板路顺着山坡呈上扬势，逐渐没入山林。1923年，正是在这个书桌上，他把意大利作家亚米契斯的小说《Cuore》日译本译为中文本《爱的教育》，在上海《东方杂志》连载，风行全国。

平屋的邻居便是朱自清。散文名篇《荷塘月色》中开头描述的闰儿便是于1925年出生在白马湖畔。在朱自清怀念白马湖岁月的文章里，他曾这样描述：

湖光山色从门里从墙头进来，到我们的窗前、桌上。我们几家接连着，丏翁的家最讲究。屋里有名人字画，有古瓷，有铜佛，院子里满种着花。屋子里的陈设又常常变换，给人新鲜的受用。他有这样好的屋子，又是好客如命，我们便不时地上他家喝老酒。丏翁夫人的烹调也极好，每回总是满满的盘碗拿出来，空空的收回去。

是了，这正是文人的神仙日子。有意趣相投的友人常伴左右，紧挨着朱自清的是丰子恺的小杨柳屋，几人时常诗书作伴，恳谈人生，又有贤惠的女主人一双巧手弄作炊，儿女承欢膝下。山峦寂静，湖泊盈柔，如古铜镜般的湖面，在以后相离的岁月相信会多次入了他们的梦吧!要不然怎么会感叹,在这里享受到了一生中最难得的惬意时光!

后来成为美学家的朱光潜,他的处女作《无言之美》,正是在夏丏尊和朱自清的鼓励之下在白马湖畔完成;而成为中国现代漫画事业先驱的丰子恺,他的第一幅公开发表的漫画作品——《人散后,一钩新月天如水》也是在这里完成,并且发表在朱自清、俞平伯主编的《我们的七月》杂志上。

子仪说几年前来过白马湖,却无缘进故居。这一次,禾塘联系了丰家的后人,一间间小屋静静为我们打开,我们仨兴奋地走入这些尘封的世界。

白马湖无疑是美的,但还不足以载入史册。它独特的美是这群纷纷而至的文人,这个庞大的作家群,这群在中国近现代史上留下不朽名作的大师,让白马湖成了传奇,让"北有南开,南有春晖"成为美谈。

出生在白马湖的闰儿(朱闰生)写下了《父亲朱自清的春晖情》,春日迟迟的光阴里,站在寂静的小屋内,细细读着,一种柔软的情愫荡在心底:

父亲爱春晖,还因为他感到这里有"真诚",人与人相处的温馨和谐。师生亲密无间,没有那无形界限,父亲说:"感情既无隔阂,事务自然都开诚布公,无所用其躲闪。学生因无矫情饰伪,故甚活泼有意思。又因能顺其天性,不遭压抑;加以自然界的陶冶,故趣味比较纯正。"父亲把春晖中学的自然美和人文美概括成"美的一致,一致的美",再确切不过了。

是啊!这才是理想教育该有的样子。

湖畔的杨柳,屋后的香樟,岸边的矶石,也见证了这些志同道合的教育家在这里的理想光阴。我站在这些故居门口,四下望去,总觉得看不够。门外的青山绿水,门内的丰富世界,总让我觉得美得像另一个世界。哦,一定还有这样的夜晚,年轻的朱自清停不下来手中的笔：

　　白马湖最好的时候是黄昏。湖上的山笼着一层青色的薄雾，在水里映着参差的模糊的影子。水光微微地暗淡，像是一面古铜镜。轻风吹来，有一两缕波纹，但随即平静了。天上偶见几只归鸟，我们看着它们越飞越远，直到不见为止。这个时候便是我们喝酒的时候。我们说话很少，上了灯话才多些，但大家都已微有醉意，是该回家的时候了。若有月光也许还得徘徊一会；若是黑夜，便在暗里摸索醉着回去。

　　微醺后，朱自清的背影消失在月色里，丏师应该也去了东头的家。清风徐来，带着湖水的凉轻轻摇晃着竹帘，如水般的新月悬挂在了窗前，年轻的丰子恺拿起了画笔，美好的时光，成了永恒。

　　在丰子恺的"小杨柳屋"内，还留着一架当年的钢琴，年轻时的蜡像坐在钢琴前。那是真的年轻啊！手臂有力打开着，一脸的真挚和热情，像是给学生正在上着音乐课。是那首《游子吟》吗？被他谱曲后作为春晖中学的校歌，传唱至今。1922—1924年，是他在这里的闲适光阴。丰子恺离开后，弘一法师的另一个学生吴梦非在1926年入住了"小杨柳屋"，并由其夫人改成为"蓼花居"。经亨颐曾以《柳蓼》一诗相赞：

先生学种先生树，春色秋光两澹如。

白马湖滨何处是，小杨柳屋蓼花居。

如今的"小杨柳屋"正是左丰右吴的纪念陈设，还原了一段简朴光阴。

　　终于走进了春晖中学的校园，周末的日子，偌大的校园里，只有一名热心的工作人员陪同我们三人，保存完好的民国建筑看得我们啧啧赞叹。寂静的校园内仿佛只有风的声音，让人有种恍若在世外桃源的错觉。

　　那座因拍摄《围城》"三闾大学"而闻名的"曲院"，建于1922年，早期曾是师生宿舍，现辟为名师馆。站在二楼扶栏望去，庭院内青绿的树木，白色的墙，红色的廊柱，没有一丝闲云的蓝色天空，叫我如何不沉醉其中？

曾经的仰山楼始建于1922年，1989年因鉴定为危房后拆除，早年是春晖中学标志性建筑和教学楼，2011年4月原址复建，现在是校史馆。校史馆有一段3分多钟的视频，原影再现了当年先生们从驿亭小小的火车站兴冲冲出了站，走向那条煤屑路，有"春晖中学"的路牌横悬着。对了，还要经过两个木桥，是那种黑色的，这边慢慢隆起，到那边又慢慢低下去的玲珑的木桥。朱自清爱它，把它写进了文章；陈梦家爱它，坐在桥栏上留下珍贵的一刻，是我们寻踪而来的凭证。

坐在巨大的树荫下，听凭春风的温柔吹拂，我想，这样幽静的校园，学生怎会不爱读书？你看，心已然静了下来，只想翻一翻书，只想留置在光阴里做一场淋漓尽致的吸纳。或许，在所有的学校，门口应该遣散小卖部，最好连外卖都无法送到，学子们在简朴的光阴里，才能不被打搅，不陷溺于享受。

我们又回到了那条水泥马路，穿过十字路口再向前探去，是一段破败的泥路，远远看见铁路，仍有绿皮火车呼啸而过。铁丝网笼住了路基，有一处台阶的痕迹正对着这条路向着春晖中学的方向，猛一抬头，那个校史馆内视频中的春晖中学路牌依然悬挂着，藤蔓攀附和风雨的侵蚀，使它看起来苍老而荒凉。翻下路基下的田野，走向茂盛的蒿草，试图想要寻找"驿亭"的蛛丝马迹，无功而返。

重新走回水泥路，我们已经非常确定，陈梦家坐过的那座木桥，就在眼前。我们一再把照片和现场来比对，山峦的轮廓、马路的转角，有着八九分的相似。恁惠禾塘像陈梦家那样坐上了桥栏，左腿自然下垂，左手搁在右腿上，给他留了影。

这是1931年的1月，二十岁还不到的陈梦家，却有着成熟的面容，英挺的眉宇间没有一丝笑容。神情严正的他，是在酝酿那首诗吗？

陈梦家在白马湖（子仪/供图）

白马湖告诉我：
老人星的忧伤，
飞过的水鸽鸽，
月亮的圆光。

我愿意想象那是一月的冷风吹的，要知道，这时的他，正是张开的一片风帆。就在这个月，他的第一本诗集《梦家诗集》由新月书店出版，新月诗派的两大领袖徐志摩和闻一多都对他欣赏有加，徐志摩甚至为他的诗集题写了书名。还是在这个月，作为后期新月派形成标志的《诗刊》季刊创刊，作为主编的徐志摩一再强调，《诗刊》的创刊，正是因为少数几个朋友的兴起。而这少数几个朋友就是陈梦家和他的朋友方玮德、方令孺等人。而陈梦家也是担负实际编辑的主力军。在创刊号上，陈梦家发表了诗歌《悔与回——献给玮德》《雁子》《西行歌》三首。这样的经历，也为他在这一年的九月完成《新月诗选》这本新月诗派重要选集的出版打下了扎实基础。这位彼时在国立中央大学法律系就读的年轻人，写着清新的诗集,于细微处敏感着世间的悲欣总总,路边野花的摇曳是他看出了对太阳的发笑;他倾心于不知疲倦的雁子,不管留在哪片云上,只管唱过,只管飞扬。

白马湖畔盛开的野花,美得真像陈梦家的诗。我们仨不约而同俯下身去,摘下了原野里的一簇簇白色野花,要带到他的家乡,放在他的碑前。

要离开白马湖了,真有种依依不舍想要留下的情绪,如诗人一样的心情:

我悄悄的走了,

沿着湖边的路,

留下一个心愿:

再来,白马湖!

去公墓前,我们打算先到百官镇寻找小桃园的位置,那是陈梦家祖居地。来之前子仪咨询过陈梦家侄儿陈泽行先生,他告诉子仪,小桃园已经没有了,大概位置是市中心,解放路步行街一带,是老"百官"的地方。我和子仪站在解放路步行街,除了能看到一个"桃园服饰城",其他再无半点信息。问了很多年长的人,竟有大半是外乡人,即使当地人也一片茫然。人来人往的街道,真有种遍寻不着的怅然。

我们还是不想放弃,直到我们在横街路上一家彩票店再次询问,终于有人指着与解放路相交的横街,笃定说道:"我们这里就是陈家道地。"店主还帮我们指出具体的区域:"从靠近滨江豪园到这边的解放路段。"

有时候,稍微有点年代的地名或建筑都很难在现实中寻到实际可对应的实物甚至痕迹时,对于我们来说是一种深深的遗憾。

陈先生还在微信里给子仪留言:"这里是墓地,有个陈梦家纪念碑(胸像),我爷爷在最高处,白色的,很显眼。"

墓地叫"百福陵园",驱车十来分钟就到了,依山而建。

守墓的人并不知道陈梦家，于是我们换一个问法："有没有很有名的基督教徒的墓？"守墓人指着东边的山坡："那个高处，杨梅树下。"

山坡实在太大，我们只能朝着那个依稀的方位向上走去。待到杨梅树林快到时，我率先停下脚步打算歇一歇并且找找时，跟在我后面的子仪向左边看了一眼，惊呼："看那里，是陈梦家的'白马湖'。"原来，竟是这样的巧，我们正站在陈家的墓地旁。最靠外面的是陈金镛的母亲钱太夫人的墓碑，碑风化得比较厉害；第二个是陈家子弟为父亲陈金镛和母亲蔡灵恩树的纪念墓碑；第三个即是雕刻有陈梦家胸像的纪念碑，是2011年上虞市乡贤研究会纪念其诞辰百年时所立，而明日就是他诞辰110周年的纪念。碑的正面写着：诗人、古文字学家、考古学家陈梦家。其余三面分别刻着陈梦家的诗《一朵野花》《葬歌》《白马湖》，寄托了家乡人民对他的怀念。

我们仨每人献上一束从白马湖采来的野花，读着碑上的诗，默默拜别。

辰光尚早，我们又驱车赶到曹娥江畔的曹娥庙，陈金镛幼时上的教会小学就在附近。而那个高大且不通文字的陈玉兰（陈梦家祖父）正是以曹娥江上航船谋生。

曹娥庙正位于江畔的孝女庙村，立于雍正年间的牌坊保存完好，字迹清晰可辨。整个建筑群，无论是横梁、金柱、木撑、砖雕、石雕，还是鸱吻，均雕工精美、古风沉郁。槛窗下沿镀金花板浮雕尤为细腻传神，都是传统戏剧片段，一眼认出《三英战吕布》。查百度知悉，始建于东汉元嘉元年（151）的曹娥庙几经修复，最后全庙毁于1929年7月的一场大火，我们现在看到的是1936年重建的。

一块刻于宋元祐八年（1093）的石碑，尤为引人注意，碑额是篆书——后汉会稽孝女之碑，碑文行楷，落款是蔡卞重书，他是王安石的女婿。历经近千年的石碑保存依然完好，碑文字迹清晰，笔力遒劲，正是这久远历史的最好见证。

庙的两边各有一条狭长而古朴的石板里弄，弄内均无人影。农舍紧挨着弄堂，大都紧闭，看不出是否住人，而一大半的房屋呈倒塌状，两颗菩提树的树根穿透了斑驳稀松的砖墙，突然闯入眼帘，那枝干长出绿色嫩叶，在灰扑扑的旧墙边，有一种突兀的生机。再外面就是开满野花的荒地，我不禁无厘头地想，不知道陈梦家见到这大片的野花，诗会不会成了"一地野花"？

里弄的尽头是一条横卧的溪流。没有人知道，那个一百多年前的教会小学在哪里？估计也就在这里弄两边不远处，至少这个里弄瘦小的陈金镛应该是有走过的。虽然庙是重建的，但依然有许多的古物尚在，清晰流转着江边的动人故事。

我和子仪走上江边的观景台，曹娥江的江面宽阔而浩荡，载重的船只依然穿梭不停，近处的岸边几个小年轻玩着一艘小艇，四五个阿姨勤劳浣衣，一个大爷背着手闲闲地看着，不远处有山的清晰轮廓。

江上闲数清风，四月的江边芳菲开尽，用行走来纪念一个人刚刚好。

那个人，叫陈梦家！

南河头：鸣喜桥畔筑书楼

癸未年（2003）金秋，位于西子湖畔的西泠印社迎来了百年社庆，日本篆刻界泰斗、西泠印社名誉副社长小林斗盦将一枚由吴昌硕刻于古稀之年的"西泠印社中人"印章归还了它阔别八十六年的故土。镇社之宝的回归圆了印人的夙愿。这枚印章为青田封门青，边款刻有"石潜、辅之两兄属刻，持赠书徵，三兄社友、金石家。丁巳春仲，安吉吴昌硕"。这是吴昌硕所有篆刻作品里唯一有西泠印社字样的印章，一度在人们的视野里失去踪迹达五十余年。早在1962年，这位号"书徵"的印社早期社员，精选出自己珍藏的四十三方印无偿捐献给西泠印社，这其中包括了稀世珍品：文彭的"琴罢倚松玩鹤"、何震的"听鹂深处"、邓石如的"江流有声断岸千尺"。

这书徵究竟何许人也？

书徵，葛姓，名昌楹，平湖人，祖居当湖镇南河头（旧名鸣珂里）。葛家一门鸿儒，在南河头以"传朴堂"为号，经过三代人的耕耘，到葛昌楹时期藏书达四十万卷，宋元书画三百七十六轴，地方志二千数百种，宏富的收藏，闻名于江南。同时，又心系教育兴文办学，由葛昌楹的父亲葛嗣浵创办"稚川学堂"，成为当地的教育世家，许多稚川学子均在成年后拥有盛名。

2020年6月，我和海涛决定去一探究竟。梅雨季偶有的晴天，午后，暑气渐盛，我们依然兴趣盎然。从永凝桥堍沿河向南，河畔是人去楼空的旧式二层民居群，几棵巨大的枫杨树排开，沉郁在屋前。寂静的午后，阳光悉数被阻挡，河面有风轻拂至岸上，吹落枫杨的碎叶细果，在风里蹁跹飞扬，我还看见从远处的光影里，一个老者推着老式的自行车缓缓而来。

转过民居，入小巷，遇见两三个当地居民，均和蔼友善，并为我们指向葛氏的老宅。出小巷，河岸渐宽，并纵深，附近建筑上有巨大的"拆"字。路口，向北开阔，一座连绵的老屋侧墙呈现，墙粉稀松剥脱，砖石间有裸露。抬眼望去，同一水平位的屋脊能见数个，依次排开。向南的墙身上，密密麻麻的电线交织下，蓝色的门牌在阳光里尤其醒目：南河头。横卧河岸的第一座桥是迎瑞桥。

整个南河头居民全部搬迁，狭长的河岸空无一人，于夏日冗长的时光里尤显寥落。与两岸连绵的古屋群落相伴的是几株老树，北岸一株虬结的紫藤随势而上；对岸的合欢树枝叶繁茂，合欢花全数盛开；空气中送来的缕缕香气，一定是来自几株荷花木兰的白色花蕊。河水宁静而悠长，水中沙洲一株美人蕉似聚拢了所有阳光，使你不得不正视着它在夏日午后的水中央，灼灼发亮。

沿着北岸自西向东，二层古屋坐北朝南一间间紧密相连，不同的氏族，在这个江南水岸曾经同气连枝、密不可分。很快，我就见到了我要寻找的葛宅，它位于南河头的65号。再向东，即见"稚川学堂旧址"白色匾额，它的斜对面，临河的旧屋上悬"葛氏茶楼"字样。

就是这里了，四点的阳光还有些灼人，我眯着眼睛，看阳光照射过水面，粼粼的波光又跃上白墙，闪闪烁烁，涟漪无数。我和海涛迎着波光，啧啧赞叹。

路过那条叫"大弄"的深巷，再不过百米就是莫氏庄园的南门了。

我们在清寂的长廊上走走停停，鸣喜桥畔驻足良久，偶遇常驻于此的老徐。老徐二十世纪五十年代生人，健谈，其岳母正是当年葛家的看家人，如今，他是唯一住在这老宅子里的了。老徐见我对葛家历史略知一二，索性带领我们跨过鸣喜桥，去看南葛荒废的院落。南葛的老屋被后来沿河建造的一溜排仓库用房遮挡，当我们穿过累累荒草和废墟，才发现里面别有洞天。老徐带领我们在围屋外前前后后寻访，指着澄澈天空下的破败老式江南屋脊，赞叹它往日的风采，惋惜之情溢于言表。

后来，我和老徐在岸边闲聊，他问我："知道平湖为啥有这么多富贵的家族吗？"面朝河水，老徐自问自答，"咱平湖自然灾害少，并且水系发达，乍浦港靠海，交通便利。"他指了一下莫氏庄园方向，"葛家和莫家都做木材生意，葛家的女儿嫁给了莫放梅。葛家与海盐徐家（徐用仪）、张家（张元济），海宁陈家都有姻亲关系。"

复旦大学历史系教授吴景平先生说："家族关系是人类社会最基本、最稳定的重要关系，它对家族成员的影响深远，而从家族出发，还可延伸考察不同家族间的关系，以及家族与政治、文化、外交的关系，研究领域相当广泛。"

明代以后，浙西北部极为富庶，嘉兴作为江南的核心地区之一，其经济文化的发展都走在全国前列，在明清时期出现众多名门望族也就不足为奇了。

葛昌楹祖籍浙江东阳，先祖以武起家，到高祖葛肇基时期已迁居平湖乍浦，此时家道中落，遂弃武从商。乍浦靠海，是重要的商贸集散地，福建的木材通过海运到此处再转运销往各地。时值太平军滋扰江浙一带后，百废待兴，重建需要大量木材，葛家抓住这个机遇，发家致富。

大概在同治四年（1865），致富后的葛肇基、葛丕基兄弟俩由乍浦迁入当湖镇南河头，历经三年营建五进"葛氏居宅"，占地八亩，建宗祠。鸣喜桥分跨南北两岸，从此南葛（葛丕基）、北葛（葛肇基、葛承基）置地建宅，延绵数代。"福绥堂"及"传朴堂"分别为南、北葛的堂号。

221

葛氏藏书是从葛金烺开始的,他是葛肇基的长子,光绪年间进士,号毓珊。

葛金烺天资聪颖,饱读诗书,又善画书印,心胸豁达,乐善好施。嘉兴沈曾植在《葛府君家传》中赞曰:"君归而纲纪家事,宦情义薄。独尽力乡井义惠,桑辞恭敬。……悠游艺圃,寄情书画。其收藏都有关乡邦先哲儒林掌故者。不佞高古,绚俗尚也。"

"爱日吟庐"是葛金烺的斋号,因得伊秉绶(墨卿)书"爱日吟庐"横幅墨迹,尤喜其质朴浑厚之气势,而制成匾额悬于斋中。二十世纪三十年代初,文史、目录学家谢国桢曾到访过传朴堂,他在《三吴回忆录·平湖传朴堂》中写道:"走过重门,便到了大厅,大厅上正中挂着伊秉绶(墨卿)写的'爱日吟庐'隶书匾额,非常的瑰奇雄伟……"

葛金烺随父葛肇基辗转宁杭、沪、闽等地从商之余,热衷于搜集古籍善本及名家书画。他后来在《爱日吟庐书画录·自序》中写道:"余自束发,癖耽于此,见即罗而致之。然距江村(高士奇)、退谷(孙承泽)殆将二百五六十年,宋元名迹日湮,况中更兵燹,存者益复无几,偶有一二流传,又为强有力者负之而趋,岂寠人子所得而蓄之哉。计二十年来,南走闽,北走燕,物色于风尘,遇有赏心,辄不惜倾囊以购。惟是食贫居陋,所得无多。若前人著录中之煊赫有名者,百不获一焉。"

葛嗣浵是葛金烺的季子,亦是少年有才名,被当时的军机大臣海盐徐用仪看中,将女儿徐佩瑶许配与他。十九世纪末叶,闭关锁国的大清朝已经走向了末路,徐作为军机大臣,站在权利的顶端,因政见不和曾遭驱,退出军机处和总理各国事务衙门。戊戌变法后又被重新启用,等待他的却是一场灭顶之灾。

在同是嘉兴人(平湖隶属于嘉兴)的民国女子沈亦云的回忆录里曾写道:"因在朝不住启衅,忤旨被斩首之大吏许景澄、袁昶、徐用仪三人均为浙江籍。徐与许是嘉兴人……这件事情妇孺皆知。"

鸣喜桥畔(沈海涛/摄)

有人避乱到乡镇。"灾祸来临之前,徐用仪嘱咐女婿携家人星夜南归,退隐世外。从此,江南水乡多了儒雅清正的藏书世家。

在葛金烺、葛嗣溁(葛金烺次子,香港著名影星夏梦的外曾祖)去世后,传朴堂的集藏,为葛嗣浵所承续。他多次出游北京、上海、苏州、杭州以及陕西、江西等处。每到一处,搜访书市甚勤,每次必满载而归。日积月累,藏书充盈,致原先的书屋不敷使用。清光绪二十五年(1899),他于鸣珂里宅址内,建起了一座藏书楼,名"守先阁",并请海盐张元济先生题额。葛嗣浵与张元济早年在建设沪杭铁路筹集资金时认识,两人都有搜集古籍的同好,又结为儿女亲家,一生互为知音。张元济先生曾评价说:"传朴堂藏书之富,骎骎乎为浙西之冠。"葛嗣浵虽在科举上不如父兄,却是平湖葛氏传朴堂中至关重要的人物。

后来,老徐指着鸣喜桥北岸的几栋从古屋背后探出的高层建筑,很确定地说:"藏书楼就是那个地方,从前还有两条小河,有祠堂,里面可大了。"

对于所收藏的珍本,葛家是乐于传播的。有些孤本经商务印书馆刊印传世,如盛枫之《嘉禾征献录》、金兆蕃之《槜李丛书》、张寿镛之《四明丛书》、张元济之《四部丛刊》、王欣夫之《纪年丛编》等，其中不少摘自葛氏藏书。

葛家藏书精华，地方志最为丰富，平邑的先哲遗书、秘本也都尽数收藏，明人集部也极为完备，丛书从小者到大者，种类极多。再加上主人仰承先志热心乡里，供人抄录查阅，一时间在江南藏书界博得美名，传播广矣。

葛嗣浵不仅于此，还立志保存先哲遗文，如同邑胡昌基收集自清初至嘉庆间先哲一千九百余家诗稿，辑成《续槜李诗系》四十卷，葛嗣浵得知后出资千金，刊行于世。而花费更多心血的就是他与张元济、金兆蕃等人合辑的《槜李文系》续辑。王善兰在《葛嗣浵先生传略》里说："嘉兴忻虞卿先生收集嘉兴先哲文章《槜李文系》四十卷，告之嗣浵，意欲集资付印，实属艰巨。直至1921年征得张元济、金兆蕃两老协助，并征集各县目汉唐至清末的先哲文稿千余篇，由葛、张、金三老审定，文四千另四十一篇，分订八十卷，目录就有四册，可谓洋洋巨著矣。但刊印需要四五千元，未克成行。后由嗣浵先生将《槜李文系》全稿亲交嘉兴图书馆保藏，今转存上海图书馆。"

葛嗣浵居北京时，时常为岳父徐用仪打理事务，往来有鸿儒。同时在清政府工部任职时与康有为交往甚密，深受维新思想影响。康有为曾为葛氏题七绝："谁作江村消夏录，平湖又见纲珊瑚。贞元朝士几人在，好事风流得潜夫。"

投身教育是葛嗣浵另一番创举。光绪二十八年（1902）正月，以葛氏宗祠内藏书楼下三楹为教室，兴办新学"稚川学堂"，后来的稚川初中是在原稚川小学（稚川学堂后更名）的基础上，于1924年8月扩建创办。学堂三十余年间为平湖培养了一批优秀的杰出人士，享誉省内外。

而让传朴堂在篆刻界被誉为"一时之最"的那个浓墨重彩的人物，当属葛昌楹，他是葛嗣浵的次子。1916年，他在西泠印社的吴隐、丁辅之、王福庵三人的引荐下入社。葛昌楹喜收藏精鉴赏，琴棋书画、昆曲篆刻皆为行家。在收藏世家熏陶之下，书画典籍自幼耳濡目染，幼年就读于自家的稚川学堂。除收藏古籍善本外，重点为明清印章。悉数收藏三千余方名印，并编辑印谱十多种，传播印林，福泽印人。

葛昌楹二十三岁时汇集吴昌硕、吴隐、叶舟、胡钁、钟以敬、童大年、徐新周、王大炘八家的刻印《晏庐印集》八卷。卷首有郑文焯、况周颐序。葛昌楹迁居上海前，所藏稿本样册毁于日军侵华时的战乱之中，所存散页，亦于"文革"中散佚。

被广为传颂的《传朴堂藏印菁华》初成于1916年，1925年重辑十二卷。由葛昌楹与弟葛昌枌于明清名家刻印二千方中，选其精者四百方辑拓而成。谱中收印人一百二十四人，明清一些重要印家大都在内。童大年题签，吴昌硕题扉页，罗振玉作序，葛昌楹自序。

收吴让之、赵之谦两位大家刻印的《吴赵印存》十卷，辑拓于1931年，其中有吴让之七卷，赵之谦三卷。

1944年葛昌楹与杭州胡洤（佐卿）各出藏印之精者所辑拓，上启文徵明、文彭父子，下至晚清吴昌硕、赵叔孺，汇集明清二百零六位印人的七百多方刻印精品，成《明清名人刻印汇存》。每部十二册，每页一印，印面除朱钤外，益以墨拓。此书也仅辑拓二十一部。

最值得一提的自是《丁丑劫余印存》。这是葛昌楹与其他藏印家合作辑拓的印谱。丁丑正是国难当头的1937年，日寇侵华。11月5日，日寇由杭州湾金山及平湖全公亭一带海岸线登录，意图直指南京。翌日，平湖县城首当其冲，在炮灰中沦陷，葛昌楹避难于沪上。传朴堂之藏书楼"守先阁"、祠堂、学堂悉数被焚，大火把无数藏书、字画化为灰烬。同为平湖人的陆维钊后来有《木兰花慢》词痛陈劫难："惊沙，夜明蜃脚满，碉楼红遍劫余花。是处荒烟废灶，秋坟鬼唱谁家。交加，烽火如麻，人不见，鼓频挝，指马尾旌旗，长星昼出，杀气频霞……"

数十年后，老徐和我站在夕阳染红的鸣喜桥畔，面对藏书楼依稀的方向，回忆起这段历史，深深叹息。

葛家所藏明清名家刻印，因先期埋入地下，得以幸存大半。时浙西藏印家丁辅之、高络园、俞人萃三先生亦避难在沪，因各出劫余所存一千九百余方，共计二百七十三家印作，于1939年拓为此谱——《丁丑劫余印存》。每部四函，共二十册，成书二十一部。王福厂朱文方印以"历劫不磨"四字颂之，最是精辟。1986年，上海书店出版社出版了影印本，精装二册，韩天衡先生新序。1999年，该社又按原样影印线装复制本问世，有叶潞渊、韩天衡两先生新序。

葛氏尤爱邓石如刻印，1944年成《邓印存真》二册，成为研究邓印之最珍贵资料。

从葛氏一族弃武从商到藏书崇文的转变来看，虽然离不开环境和时代洪流的趋向，但也从某种程度上说明江南儒商虽公开言利，却并不沉迷于此。他们在物质享受的同时，将大量的精力与财力付诸文化艺术活动，提升精神追求。他们在经商之余，读书作文，结交文人雅士，收藏品鉴古物，关心乡邦文献，同时仍不忘兴办书院，教育子弟。正是江南儒商身上的文化气息毫无保留地滋养了这片土地，才焕发出生命的一种永恒姿态，延绵不息。一个传统江南家族的几代传承，正是典型的中国历代文人的理想家国。纵然，过往的繁华与落寞都已随波逐流，而正是这生命里的坎坷和坚韧凝结为人间如梦的感慨，才催生出一代代的理想生活。

葛氏一门鸿儒，历经一百五十多年沧桑巨变，如今后人散居于海内外，故人依稀不见，古屋一丝尚存。那些隐隐的故事，依然是这片土地上的人们犹爱提及。

夕阳下，目送老徐的身影隐入旧时院墙，我站在岸边凝视这静谧的河水，白墙覆着绿水，余晖映照古桥，晚风里是丝丝的凉意。

石门湾：真是一个好地方

"走了五省，经过大小百数十个码头，才知道我的故乡石门湾，真是一个好地方。"这是四十二岁的丰子恺，历经两年多的颠沛流离，带着十多个老少家人被迫远离故土，跋山涉水，于1939年9月在广西思恩写下的《辞缘缘堂》。

这石门湾究竟是一个怎样的地方？

隋大业六年（610），江南运河开凿，运河水自杭州经崇福而来，至石门忽然折了一百二十度的大湾后东流嘉兴，故石门又有玉湾、玉溪、石门湾、湾里的别称。而镇得名"石门"却大概要从春秋时期算起。作为吴越交界之处，兵戈铁马、战事迭起。清光绪《桐乡县志》载："春秋时吴越争霸，两国以此接壤，越勾践垒石为门，以为屏蔽，吴亦筑城于其地，以拒越兵，洵险要之地，因称石门。"石门镇名因此而得，并以垒石巷（今称垒石弄）为界，巷之东、北隶吴国，巷之西、南为越境。这样算起来，石门作为地名有两千五百年的历史，是一个真正的古地名。而在历史上，石门不仅仅是一个镇名，还曾作为一个县的名字存在了二百五十多年，这也是极其罕见的一种现象。唐时，设有石门驿，似已有市，宋室南迁后，于石门驿中设行幄，作为皇帝往来的行宫。更为世人熟知的是清乾隆皇帝下江南，六次至石门镇驻跸。明宣德五年（1430），崇德县东境合募化、千金等六乡置桐乡县。自此，石门镇域以接待寺以东及新桥北隶属桐乡县，寺弄以西及下塘（运河以东）隶属崇德县，合二县所属的镇域以为市。清康熙元年（1662）因崇德之名，与清太宗年号同，故避讳改称石门县，同时改石门镇为玉溪镇，而民间习称石湾镇或石门湾。直到1914年，石门县复称崇德县，玉溪镇称石门镇。中华人民共和国成立初期，镇域仍以寺弄为界，分属崇德县石门区及桐乡县石湾区。1950年，石门、石湾两镇合并称石门镇，曾隶属于崇德县，后又随崇德县并入桐乡县。

到底是丰子恺的故乡，随意拐进一个小弄，只见粉墙上便涂鸦着暖融的一家三口，绿荫茂密，扑出院墙。或者是矮墙上，依着上锁的旧木门，画中的娇儿跷着二郎腿，家猫半蹲，窗外，是一抹正待怒放的浅红。大井路是二十世纪七八十年代的模样，水泥浇筑的连廊，横跨在二楼。路上极安静，偶有中年人趿着拖鞋骑着脚踏车缓驶而过；老人提着菜篮归来轻推着自家的屋门；短发的少女，蹬着脚踏车呼啸而来，手中还握着作业本，神情肃然。

再往前，便是丰子恺纪念馆，馆外是丰子恺笔下时常提到的"后河路"，河上横跨的单孔砼拱桥，上有丰一吟所题"木场桥"。长在桥边的丰子恺，对这里每块石板的形状和颜色都非常清楚，原本的石桥与缘缘堂一起被战火毁去。如今的桥建于1974年。

1898年11月9日，丰子恺即出生于这后河的丰同裕染坊店里。染店是丰子恺的祖父所开，抗战时烧毁。祖父早逝，而祖母是像《浮生六记》里芸娘一样的妙人，管店、教儿子读书，为人豪爽，爱读书又喜欢戏文，是家风的支配者。十来岁的丰子恺，每逢年假店忙的时候，便被母亲派到店里帮忙，因此学得了染店账簿上所惯用的种种简笔字。再早些年岁，便在染坊店里，就着溶化在小盅子里的颜料，用笔蘸了为书上的单色画着色。涂一只红象，或一个蓝人，甚至一片紫地，得意之后，第二天上书可能就是要被父亲打手心，依然乐此不疲。这大概就是一代漫画宗师最早的画作了。

跨入紧靠着后河路的丰子恺漫画馆，庭院中央矗立着一尊丰子恺全身像，手握书卷，凝视远方，石基上题有"人生短艺术长"。三十多年的香樟已经枝丫极盛，高高探出墙外。缘缘堂即在院子的西侧，正门朝南，小院内植有芭蕉、樱桃。雕嵌有"欣及旧栖"四字的门楣下，是被大火炙烤成焦黑的两扇木门，这是1938年被日军炸毁后的缘缘堂仅剩下的旧物。

众所周知，缘缘堂是丰子恺建于1933年，毁于1938年1月，在这五年多的时光里，著书、绘画、陪伴垂髫小儿的成长，是丰子恺和家人的黄金时代。庭院里在骀荡的春光中摇曳的柳条，堂前低回软语的燕子，欢跳伶俐的稚儿都是他画笔下那惹人心动的内容，到如今，依然是人间最深长的情谊。是侵略者的战火，无情地摧毁了这份和平幸福的宁静时光。在举家逃难的一路上，惊闻故园焚毁，无数个灯孤人静的夜晚，丰子恺均不免想起石门湾的缘缘堂来：

形式朴素，不事雕琢而高大轩敞。正南向三开间，中央铺方大砖，供养弘一法师所书《大智度论·十喻赞》，西室铺地板为书房，陈列书籍数千卷……五年以来，我已同这房屋稔熟。现在只要一闭眼睛，便又历历地看见各个房间中的陈设，连某书架中第几层第几本是什么书都看得见，连某抽斗（儿女们曾统计过，我家共有

丰子恺在缘缘堂作画（石门镇政府/提供）

一百二十五只抽斗）中藏着什么东西都记得清楚。现在这所房屋已经付之一炬，从此与我永诀了！

　　丰子恺的绘画别具一格，现实中富含哲理，幽默中带出温情，浓浓的人情味，影响了一代又一代人。这颗温柔之心，带着对人世的深情和体贴，即使在纷乱流离中，仍然画出美好和诗意。当你站在这宁静古镇，在河水环抱的后河路上，你会不经意联想，叽叽喳喳的孩子在屋子里嬉戏，屋窄也没有关系，老祖母乐呵呵被挤出在河岸。到了夏天傍晚，索性就穿了一件竹衣，坐在河岸上栏杆边吃蟹酒。四季的光阴亦是这般隆重，两株重瓣桃戴了满头花，在门前招摇着春天，门内朱楼映着粉墙，蔷薇衬着绿叶，院中秋千亭亭立着，檐下铁马叮咚地响着。到了夏天，红了樱桃，绿了芭蕉，葡萄新叶繁密，芭蕉荫下到了夜晚支起小酌的座位。秋天，儿童们任棚下的梯子爬上爬下，沉甸甸的果实说不定就能在淘气的小脑袋上拍个正着，夜来明月照高楼，楼下的水门汀映成一片湖光。冬天，自有乐趣，屋子里一天到晚晒着太阳，炭炉上时闻普洱的香气，周六的晚上是儿童的天堂，因为可以在火炉上烘年糕、煨白果，直到北斗星转向。是这样的人间温情与安逸自在，滋养了丰子恺的艺术人生吧！他在1928年创作的《废止艺术科——教育艺术论的序曲》中就写道：

　　倘能因艺术的修养，而得到了梦见这美丽世界的眼，我们所见的世界，就处处美丽，我们的生活就处处滋润了。一茶一饭，我们都能尝到其真味；一草一木，我们都能领略其真趣；一举一动，我们都能感受到其温暖的人生的情味。

　　如今在原址按原貌所建的故居，落成于1984年，堂内悬挂之"缘缘堂"匾额是集马一浮先生隶书手迹刻制，东西两壁悬挂的十二条《大智度论·十喻赞》为后人仿弘一法师字体书写。二楼所陈设的床、台、橱、椅等旧物为上海日月楼旧居中的丰子恺遗物。书桌临窗，翠绿的芭蕉长至二层楼高，是埋头书画间偶然抬头便能见到的为之舒畅的一种惬意。故园已毁,而在丰子恺的笔墨和书画间,这人间四季的温柔岁月,越发隽永,那背后的辛酸,定是时不时令这位为艺术而生的大师为之魂牵梦绕。一颗赤子心亦不为这逆境和流亡岁月而失却。后来,我还在一个大雨滂沱的午间,独自坐于廊下,望向急骤雨势中那背向我的雕像,想着丰子恺吟成于流亡途中的那首七绝:"江南春尽日西斜,血雨腥风卷落花。我有馨香携满袖,将求麟凤向天涯。"雨势稍收后,又去院中执伞听雨打芭蕉,这潇潇的雨声,一定也曾多次出现在从这里出走的人的梦里吧。

在漫画馆里静静欣赏丰子恺的艺术人生,出馆后沿着后河路向南缓行。那些紧贴纪念馆的旧屋,敞开着,有老人从屋里出来与我们攀谈,古檀色的旧木门上镶嵌着"绵纱弄"路牌。据说,明清时这里有规模甚大产品远销江浙各地的东庄布作坊,纺纱织布俱在弄内,故名绵纱弄。1913年,由丰子恺大姐丰瀛创办的振华女校就位于弄西,而一个传奇的石门女子张琴秋,也曾在这所新兴的女学里打开了视野,后来与同样有着高远志向的沈泽民结为夫妻,把一生都献给了革命事业。

站在西圣埭港的马家桥上,西望的河道上一艘艘渔船连排停着,主人整理着渔网,岸上即是自家的院落,艳丽的野花旁落无人地热闹开着。下了桥向东行二三百步,所见那自南而来的大河即是京杭大运河了,浩浩汤汤,不舍昼夜。长长的历史被浓缩成一块"古吴越疆界"的石碑竖立在运河岸边,河道的转弯处,大型的船舶停靠着,不知又将驶向何处?与马路成T字形的便是寺弄,是丰子恺笔下"每日上午,你如果想通过最热闹的寺弄,必须与人摩肩接踵,又难免被人踏脱鞋子"的地方。可当他被迫逃亡,离开十年后重返故乡,所见到的寺弄却是"草棚、废墟,以及许多不相识的人"。从前只是读读的诗句,十年的背井离乡,一朝归来却已成了"儿童相见不相识,笑问客从何处来"诗中的主角。而眼前的寺弄，又过了数十年，繁华早就退场，那座寺弄里曾经辉煌一时的接待寺亦已归入尘土。街道旁的商店懒懒的虚掩着门，梧桐树叶在热风里沙沙轻响。寺弄路口有一座新建的亭子，亭子旁有一石块无声竖立，据说这里曾有石城墙，不知此石是否为城墙遗物？近处有小弄，即为"磊石弄"，亦称"垒石巷"。明代时，曾有《石门故垒》诗云："古塞千年尚有基，断垣残石草离离。风烟不散英雄气，犹似吴兵百战时。"说的大约就是此处吧！

攀上路边近乎废弃的楼房，从临河的一排排玻璃窗口望出去，拐了弯的大运河犹如一条巨型的绸带，系在石门湾的腰间。这个被拓宽后能纳五百吨货轮畅通无阻的四级航道，依然履行着它的使命。俯瞰着那些货轮在我的眼底来来往往，我却知道在丰子恺的笔下，这条河曾经更具诗意：

每大早晨从石门湾搭轮船，溯运河走两小时，便到了沪杭铁路上的长安车站。由此搭车，南行一小时到杭州；北行一小时到嘉兴，三小时到上海。到嘉兴或杭州的人，倘有余闲与逸兴，可屏除这些近代式的交通工具，而雇客船走运河……无数朱漆栏杆玻璃窗的客船，麇集在这湾里，等候你去雇……开船时间由你定，不像轮船火车的要你去恭候。一也。行李不必用力捆扎，用心检点，但把被、褥、枕头、书册、烟袋、茶壶、热水瓶，甚至酒壶、菜榼……往船舱里送。船家自会给你布置在玻璃窗下的小塌及四仙桌上。你下船时仿佛走进自己的房间一样。二也。经过码头，你可关照船家暂时停泊，上岸去眺瞩或买物……倘到杭州，你可在塘栖一宿，上岸买些本地名产的糖枇杷、糖佛手；再到靠河边的小酒店里去找一个幽静的座位，点几个小盆：冬笋、茭白、荠菜、毛豆、鲜菱、良乡栗子、熟荸荠……烫两碗花雕。你尽管浅斟细酌，迟迟回船歇息。天下雨也可不管，因为塘栖街上全是凉棚，下雨是不相干的。

这从容自由的行路，大概就是"三里一村，五里一市，十里一镇，二十里一县"的江南水乡的情趣。也还是从前的人会享受生活啊!

　　在石门湾的崇德县立第三高等小学校毕业后的那个夏天,丰子恺与他的同班沈同学,在沈家父亲的陪同下搭了快班船到长安去乘火车赴杭,投考浙江省立第一师范学校,在那里他师从李叔同、夏丏尊。行囊里是母亲准备的糕和粽子,与父亲丰鐄从前去杭州考乡试时如出一辙,祖母也是准备这样的点心,寓意"高中"。

　　每三年秋天在杭州贡院举行的乡试,丰鐄连着参加了三次,依然每一次都是从石门湾坐着船去。好强而又旷达的祖母,是这般临行叮嘱自己的儿子:"到了杭州,勿再埋头用功,先去玩玩西湖,胸襟开朗,文章自然生色。"九年后,从南高桥驶来的报事船终于带来了好消息,红纸的报单上写着:"喜报贵府老爷丰鐄高中庚子辛丑恩正并科第八十七名举人。"谁能想到,这是最后一科,此后就废弃科举,没有会试,也没得官做的丰举人,在家里设私塾授徒,也成了丰子恺的先生。

　　南高桥与东高桥均是横跨于运河的两座大石拱桥,始建于明代,高俊雄伟,即使桅高八九米的货船均可扬帆而过,居桥下仰望,恰有横空出世之感,远望如长虹卧波,壮丽至极。只可惜在二十世纪七十年代拓宽运河时,均拆除后建了双曲砼拱形大石桥,并在九十年代再次拓宽运河时,均又拆除,在原桥址旁四百米处重新建造了预应力混凝土简支桁架梁结构的新高桥。一座桥有一座桥的使命,在滔滔不绝的河水奔流里,桥更像是一个个镌刻的烙印,它横渡了许多人的希冀和未来,它是远方的游子孤立舟船奔赴故乡时,望眼欲穿时第一眼的热泪奔流。

　　在运河东路上走走停停,一边是宽阔浩荡的河水,一边是寂静的二层连绵民居,这些旧居,相比繁忙的运河是显得寥落了。年轻人都离开了这个寂寞的小镇,去往更广阔的天地,我想定也是有这流淌的河水时不时入了梦来。中年人依然忙碌着一家人的生计,他们用这个小镇上自己的熟络语言,沟通着这个熟悉的世界。他们或许会把留言用白色粉笔刷写在木门上，言简意赅，似有王子猷雪夜访戴逵兴尽而返的那份率直洒脱，令人不禁会心一笑。而老年人，就更悠然一些，在新式高桥下，搬出老式长凳，借一份阴凉，闲散聊着那些在大城市里儿孙的近况。

东高桥上长风浩荡，运河之水在脚底一路蜿蜒，江南又有多少个这样灵秀的古镇依偎在运河之畔，又有多少人像丰子恺一样，坐着船离开了故乡。

1975年4月，丰子恺在弟子胡治均的陪同下重返故乡，两人在石门镇小的旧址留下了合影。照片中七十七岁的他身材消瘦，须发皆白，靠坐在藤椅中，双手紧握着手杖，他的弟子也已不再年轻。就在这一年的九月，丰子恺因肺癌与世长辞，他的骨灰后来也安葬在了故乡。

从故乡出走的游子，每一帧梦回的画卷里，都离不开故乡的风物，那些影影绰绰的梦境里，总是有故乡的轮廓，更不要说一生都献给了艺术的丰子恺。后来，当我再次阅读丰子恺在五十年代寄示辞缘缘堂之作，而给友人写下的《浪淘沙》，只起头一句："长忆石门湾，碧水回环。"便已觉心弦被深深触动，我亦想起我的故乡。

拙政园：庭院深深旧事了

抗战前夕，童寯遍访江南园林，写下《江南园林志》，其中有云："江南园林，创自宋者，今欲寻其所在，十无一二，独明构经清代迄今，易主重修之余，存者尚多，苏州拙政园，其最著者也。"拙政园作为苏州最大的古典园林，历经明清两代数百年，从最早明正德四年（1509）建园的王献臣起，园林几度易主，园林的兴衰与主人的命运荣辱共存，与时代变革息息相关。打开这些尘封的记忆，我们会在园林主人的身影里见到三位嘉兴人。

一

故事要从那一年的豪赌讲起。王氏家道中落后，不肖子孙以拙政园为赌资，徐少泉诈赌赢之，徐氏遂取得此园。五世之后传至清初徐树启，因遭镇将占领，以二千金出让给海宁大学士陈之遴，这一年大约是顺治五年（1648），也有人说是顺治十年（1653）。

陈之遴出自海宁盐官大名鼎鼎的渤海陈氏，是家族史里继往开来的人物，也因前朝遗民降清为官而招后世诟病。陈之遴的一生可谓跌宕起伏，崇祯十年（1637）一甲二名进士（榜眼）。中进士前，三次落第，但依然被苏州人光禄丞徐子懋相中，把次女徐灿许配其为继室。徐家是大家族，徐灿曾祖一代的徐泰时是花步里东园的主人；祖姑徐媛嫁给范允临，也就是天平山庄的女主人。拙政园归徐氏历经五世，值清兵南下，苏州城内一片兵荒马乱，人心惶惶，园子也成了清军将弁驻扎的地方，主人迫于无奈出让。对于累世而居的家园，自然是要托付给可靠之人，徐树启是徐灿的从叔伯，陈之遴自然是尤佳选择，如此拙政园虽然易主，但情感上依然未出徐氏族门。

陈之遴的父亲陈祖苞官至明朝顺天巡抚，因明末天下大乱城池失守而获罪入狱，且"饮鸩卒"，引起崇祯皇帝震怒，直接影响了陈之遴的仕途。因皇帝的永不叙用，陈之遴刚刚欲大展宏图的政治生涯短短时间就告破灭，灰头土脸回到海宁老家。陈之遴曾效命于南明小朝代，但于顺治二年（1645）降清。陈之遴是极有才气的，写诗做文章是一把好手，著有《浮云集》。在清初朝廷大量启用汉人中读书人的时期，陈之遴很快受了重用，一路高升，历任尚书、弘文院大学士，有"海宁相国"之称。但也因弄权而获罪，先后五次被告发，顺治皇帝惜才又继续重用，顺治十三年（1656）三月有过一次短暂的流放东北，七月后就被皇帝召回。然而到了顺治十五年（1658）再次获罪，并于隔年流放至尚阳堡（今辽宁开原），最终于康熙五年（1666）死于尚阳堡。

再来说说徐灿，同为女子，笔者对于徐灿尤感兴趣。在明末清初之际，徐灿因其才情享有极高的盛名，在《清史稿·列传》就有《陈之遴妻徐传》，在其丈夫的侄子陈元龙执笔的《家传》中，称其为"幼颖悟，通书史，识大体"，更被阳羡词宗陈维崧极力推许为"盖南宋以来，闺房之秀，一人而已"。

浮世千变，这对才情相当的夫妻，有过乱世流离之苦，有过流放残缺之殇，有过扶摇直上之势，也有过举案齐眉之情深。尤其在顺治四年（1647）之后，两人有过一段安宁生活，彼此诗词创作也尤为丰富，时常互为唱和。顺治七年（1650），陈之遴替徐灿整理词作，辑得"百首"（今所见九十九首），冬至为之亲自作序。到顺治十年（1653）孟冬，由徐灿四个儿子：坚永、容永、奋永、堪永题跋，并以《拙政园诗余》命名。另有《拙政园诗集》，收录二百四十六首，于后一百五十年，由海宁收藏家吴骞刊刻而成。

徐灿身为女性，于写情摹物上词格清正、婉转娴雅、丽而不佻,更值得一提的是其兼容于故国山河之忧思的含蓄怅惘和沉痛悲慨,在女性写词的题材上不仅开拓深化,更以其独特的情致与气格,获世人赞颂。身经易代,多历患难,丈夫的变节仕清无疑使其忧思敏感的心绪更添刺痛,身为古代女子以夫为纲的无奈,她有更多的无以纾解的不得已。她顿挫沉忧的低吟呜咽,在以后几百年的岁月里,依然睹之动容。难怪黄裳先生为其作序,叶嘉莹先生多次讲授徐灿的词作。

可叹的是,陈之遴作为拙政园真正的主人,却因宦海风波而从未亲自到园。而徐灿大概在顺治九年至十年孟冬之间,携子回江南娶亲,在这盘桓故乡的一年多里,想必是有机会到拙政园里去看一看的。谁能想到,丈夫用来购买以养老休憩的理想之所,数年后就随着丢官而被充公。陈之遴死后,徐灿"即停吟管,不留一字落人间矣"。大概在康熙十一年(1672)前,徐灿扶亲人尸骨回到海宁。此时,三个儿子也已经客死他乡,除儿子奋永陪伴外,还有族女徐文琳侍奉在则,隐居在海宁新仓小桐溪的南楼。在经历了沧桑

拙政园(宋庆阳/供图)

巨变之后,这位坚韧明慧的女词人,以经声佛理作为最后的皈依。

有一年暮春,前往拙政园一游,只见园中花木扶疏,景致之盛而游人如织,身为海宁人的我,不由得想起陈之遴的亲家吴伟业当年写下的那首《咏拙政园山茶花(并引)》而感慨万千:"相国自买此园,在政地十年不归,再经谴谪辽海,此花从未寓目。"尘世里的苍凉和无奈,在被时代裹挟之下,如滔滔江水远去,正如徐灿自己当年笔下所叹:"故国茫茫,扁舟何许,夕阳一片江流去。碧云犹叠旧河山,月痕休到深深处。"

二

嘉庆十四年(1809),也就是吴骞刊刻《拙政园诗集》后的第六年,拙政园的主人再次易主,这一次,他的主人叫查世倓,出自海宁袁花婺源查氏。

查家在元代至正年间(1341—1368)由安徽(今属江西)婺源迁至海宁袁花,至今六百余年历史。明清两代,查家人才辈出,到了清代查家更是科甲鼎盛,有"一朝十进士,兄弟三翰林"之称。但于顺治初年及雍正四年(1726)遭受的两次文字狱,使查家受到了重创。

盐官的陈家与袁花的查家皆为名门望族,又同居一县,历代多有联姻。康熙二十七年(1688)戊辰科二甲第二名进士查昇(1650—1707)就娶了恩师盐官陈潮生之女。查升任职内廷,是康熙时期的名臣,到了其孙子查懋时,查氏罹经文字狱之灾,家族衰落,家境渐贫。查懋十四岁丧父后,拮据度日,不得已将自己继承的二十亩田交给逼债的债主,孑然一身来到京师,谋求生路。

此时,天津业盐中来之宛平查氏(俗称"北查")达到了巨大成功,天津水西庄亦正处于兴盛时期,查日乾、查为仁父子广招四方名士,查懋的兄长查奕楠就住在水西庄。不久,查懋在宛平查氏父子的扶持下开始经营盐业,几年便小有家资,最终成为巨富。查懋父子以业盐所得重振"南查",贡献巨大。查懋的三子即是查世侒（1750—1821），字恬叔，号憺（澹）余，以沧州籍应院试。于乾隆三十五年（1770）庚寅中举人，后"屡荐不售"，遂放弃科举，专心与父亲查懋一起业盐。查世侒大概在1805年，将家业交付侄子查有圻后南归浙江，后常住苏州。

由此看来，查世侒的富有，买下拙政园是情理之中的事情。据说，在嘉兴甪里街亦有他的私家林园"竹素园"（清代时甪里街为绅商所居，门楣连亘），购买的顺序可能是先嘉兴甪里街后苏州拙政园，查世侒另在苏州西部光福置有"邓尉山庄"，亦在拙政园之前。查世侒归隐在苏，此时做起了出版商，现中国科学院图书馆藏有的《唐书合钞》，就是其在嘉庆十八年（1813）刻于吴中。查世侒另有《憺余诗文集》《憺余尺牍》。

查世侒如他父亲查懋一样，是个乐善好施的人。清代著名诗人，乾隆嘉庆年间人士，钱塘人陈文述，嘉庆六年（1801）春赴京应试，第一次名落孙山后，原想离开京城，后被查世侒挽留，并邀至横街的寓所一住就是三年。这段经历在陈文述的《颐道堂诗

盐官陈阁老宅　（王超英/供图）

选》卷三里有诗——《将出都门查憺余比部见招假馆》为证:"曲江红杏避骅骝,旅食京华动客愁。高谊感君吟适馆,羁怀为我赋登楼。"后又在卷五中有云:"寓横街查氏者三载……三冬膏火堪供读,万卷图书许借看。"陈文述在杭州时期深受浙江学政阮元的器重,并以"陈团扇"美名誉之。题外插一句,嘉庆三年(1798)戊午科,陈文述中副榜,这一年乡试第一的是一位来自嘉兴新篁里的青年,他的名字叫张廷济。

到底是书香门第诗礼传家,虽为盐商,查世倓依然走的是读书阅卷广交文友的文艺路线。在他的朋友圈里,还有一位四川遂宁人张船山,亦是著名的诗人、书画大家,被誉为清代"蜀中诗人之冠"。张船山辞官后居吴县,两人交往甚密,曾为查世倓写下《邓尉山庄记》。

查世倓购进拙政园后,历经一年左右的修复,终于恢复旧馆。但拥有园林的时间也不过十载,陈文述后官江都、崇明、常熟等地知县,多惠政。常熟知县任上还曾为嘉兴柳如是修墓,不知道后来的岁月,拙政园里可有陈文述的身影?

后来,笔者与朋友两度前往海宁袁花金庸故居参观,厅内高悬的"澹远堂"匾额,即为康熙赐予查世倓曾祖父查升。明清两代,查氏以进士及第者有二十人,乡试中举人者七十六人,是名副其实的东南世家望族。而查氏后人金庸先生所撰写的第一本长篇武侠小说《书剑恩仇录》里,盐官陈家的故事更是神秘诡谲引人入胜,笔者幼时居海宁,亦是听着这样的故事长大。

前几天翻书偶得杨自强在《嘉兴有意思》里谈到《红楼梦》里的一段话:"红学界有不少论著认为《石头记》原始作者是海宁人查继佐,查氏水西庄为曹雪芹避难处,'金陵十二钗'是指'海宁陈家',妙玉原型为海宁陈家大学士陈之遴继室徐灿。"

故事是不是越来越有趣了?

三

查世倓之后，拙政园的新主人是吏部尚书协办大学士平湖人吴璥。

吴璥，字式如，又名菘圃。潘光旦在《明清两代嘉兴的望族》里云："吴氏本徽州人，兆庆（璥五世祖）迁钱塘，之琦（璥曾祖父）又于清初迁平湖。惟史传于嗣爵（璥父）、璥始终作钱塘籍。"这也很好解释了笔者在吴璥留下的《吴菘圃府君自订年谱》中所见"钱塘吴璥式如甫书"初看时的疑惑。

清道光二十六年（1846），海盐戏曲家黄燮清从平湖友人吴修梅处见到一把铁琴，为其上弦，后有戏曲家吴廷燮弹奏，并作《铁琴歌》记之："丙午余馆当湖吴氏，修梅主人出铁琴一见示……其下有项子京印，亦镌于铁，子京天籁阁以此琴名焉。嘉庆年间菘圃相国购得之。"

"天籁"铁琴，现藏于故宫博物院。该琴琴底龙池上方有寸许嵌金丝双勾小篆"天籁"琴名，其下有嵌金丝小篆"孙登"款，并"公和"篆印。池下方有篆书"明项元汴珍藏"，并嵌银丝篆文"墨""林"方形连珠小印及"子京父"小印。腹中无款。

孙登乃魏晋时一位传奇人物，与嵇康有交往。项元汴，字子京，号墨林，明嘉靖、万历时嘉兴人，精收藏，筑"天籁阁"贮之。

这菘圃相国就是吴璥，吴修梅则是其五十八岁那年老来得的第九子吴公谨，此人幼时聪颖，颇有才学。《清史列传》载："公谨，一品荫生，引见，命以通判用，现官山东平度州知州。"吴公谨想来是个可爱有才后生，不然阮元也不会把第三个女儿嫁与他。眼下吴公谨尚在襁褓之中，不过三月，吴璥的长孙吴若准即生，父亲是吴璥的长子吴元凯。吴元凯是个孝顺孩子，几乎是在儿子刚出生时，母亲患病，床前侍奉汤药四十余日得咯血症而亡，当年在东湖第一观前有建孝子坊为证。

吴若准幼年失怙，好在受到祖父叔伯护佑，敏而好学。道光二十一年（1841）辛丑进士，官至江西学政、太仆寺卿，又长于考据、善作画，著有《洛阳伽蓝记集证》。这样的家世和才情，自然又是各大家族联姻的热门人物。很巧，那个幸运的姑娘是查世倓的孙女，查元偶的女儿。

吴璥与其父亲吴嗣爵（雍正八年进士，以吏部右侍郎致仕）一样，一生最大的工作皆是治理水患。吴璥是吴嗣爵的三子，乾隆四十三年（1778）的进士。历江南河道总督，吏部、兵部、刑部尚书，太子少保，协办大学士。农业社会水大成灾，无水成旱，水利工程也成为历来各级官员政绩考核的关键，做好了是飞跃式升迁，做不好自然也是难辞其咎。治水有功的吴璥也算是位极人臣，乾隆皇帝赏了顶戴花翎。吴璥是个彻彻底底的劳模，历经乾隆、嘉庆、道光三帝，从政四十三年，有四分之三的时间都忙于水利。

不过，官运也是一波几折，嘉庆十一年（1806）就河东河道总督时，被革职留任，后又起复。至道光元年（1821）因病申请退休，这一年已经七十五岁了。也就在这之前，拙政园在查氏手中经过十年归吴璥所有。

吴璥所购得的拙政园只是其中的三分之一，其余部分售给潘师益父子，潘家用来构建"瑞棠书屋"，而吴璥也不知作何想，居然用来作为"质库"，好歹是个美轮美奂的园林啊！相国开当铺，听起来总有那么点不合时宜，似乎是生怕人家不知道自己的钱多。很快，已经退休的吴璥就因那彦宝治河不力的牵连，于退休的第二年就被夺去花翎。秋后算账这种事，翻翻明清两代的历史，便知绝非孤例。好在下场不算太惨，拙政园还是一直被吴家拥有，一直延续到咸丰十年（1860）。

吴璥退休后，大概于当年十一月回到平湖故里，于第二年为孙子吴若准娶了江南道监察史查元偶的女儿。被夺花翎想来是件极不愉快的事情，没有享几天清福便撒手人寰，葬于平湖县金家桥畔。

远在平湖的吴氏一族，似乎也没有过多的精力去打理苏州府的拙政园，园林疏于管理，池馆日渐萧条。不知吴若准与查氏，可曾有暇共叙这园子里的过往种种，或追忆祖父们的跌宕人生。

后 记

2020年4月，和子仪结伴寻访新月诗人陈梦家的足迹，子仪是国内研究陈梦家的专家，彼时大作《陈梦家先生编年事辑》已经完成，正等待出版。那一日走访了瓜村和庚村，写下两篇寻访文章，之后把目光渐渐锁定在身边的古镇。海涛是我的发小，她喜欢摄影，遂结伴同行。本书大部分照片均为她拍摄。同年9月，《古镇路仲》的文章刊发于《嘉兴日报》副刊《人文地理》，后来寻访的文章陆陆续续见诸报端。这些就在身边的古镇，很快拥有了读者，他们中有少小离家的老者，有关山远隔的故人，也有热爱探索和寻求真相的阅读者。一个地方，当你了解更多，就会越发深爱，这是毋庸置疑的事情。在文献里爬梳，在历史里纵横，然后回到原地，与现实有所连结，这样的探寻更具活力与趣味。

三年多来，我所认真走过的三十多个古镇（或名园），它们均位于长三角这片富饶的土地，它们在江南的烟云里，繁华有时寂寞有时，名垂青史的名人也好，寂寂无闻的村夫也罢，都是一抹自在的颜色。那些记忆深处的故事、身影、情怀，让我们在古老的建筑和遗迹中，寻觅到一丝真相。走出书斋，去抚摸属于江南独有的触感，也渐渐清晰，那些云淡风轻下的坚韧，经过岁月的洗礼触动心弦。比如许景澄等，庚子之乱力排众议敢于发声招来杀祸的五大臣中三人来自柳色如烟的江南；比如明清以来，江南藏书楼数目之多、藏书之丰沛、藏书家又多为布衣之身的现象；比如易代之际，像李因、徐灿这样的女子发声，像徐自华对亡友秋瑾的一诺千金。

在走读的过程中，因为共同的喜好，结识了禾塘，很多时候他即是向导也是司机，还提供资料，并通过他结识很多地方的文化人士，给予帮助。子仪与禾塘及另一位芦墟的书友根据柳亚子先生创导的"大分湖"文化概念，组建了"分湖书社"，以期传承分湖文化，联络大分湖圈书友，营造新的分湖文化氛围。分湖作为长三角的核心地域，与我的理念也不谋而合，此后加入书社，并先后主编两期专刊。为本书定名时，故选用了吾乡名人朱彝尊句"江乡最好是分湖"。

《嘉兴日报》副刊编辑周伟达先生，一直鼓励并支持我的古镇写作。感谢范笑我老师为本书提供了吴藕汀的画作，吴藕汀先生一生不出江南，写尽、画尽江南之风流，被誉为江南最后的名士，选用他的画，最合我意。感谢嘉兴作协主席杨自强先生为本书作了序，感谢北京师范大学查律先生为本书题写书名，同时感谢我的篆书老师陆晓峰先生为本书刻印，还要感谢诸位师友为本书供图。还有很多曾经帮助过我的师友，这里无法一一列举，他们对我的支持，更是心理上的，作为一名刚刚尝试写作的新人来说，来自身边朋友和前辈的鼓励与支持是一种巨大的动力。

也许，这只是一个开始，如果你也喜欢我的文字。

癸卯年十月　南湖畔亦斋